Hellmut Butterweck

Österreichs Kardinäle

Von Anton Gruscha bis Christoph Schönborn

Ueberreuter

Bildnachweis:
Bildarchiv der Österreichischen Nationalbibliothek: 9, 125
Diözesanarchiv Wien: 61, 171, 197,
Votava: 71, 213

Die Deutsche Bibliothek – CIP-Einheitsaufnahme

Butterweck, Hellmut:
Österreichs Kardinäle : von Anton Gruscha bis Christoph Schönborn / Hellmut Butterweck. - Wien : Ueberreuter, 2000
ISBN 3-8000-3764-5

AU 0512/1

Coverabbildung: König (Votava), Groër (Diözesanarchiv), Schönborn (Fotozentrum Reiberger)

Printed in Austria
7 6 5 4 3 2 1

Ueberreuter im Internet: www.ueberreuter.de

Inhalt

Einleitung

Eine lange Vergangenheit ist keine Garantie für eine lange Zukunft, darum sorget euch um die Kirche – auch das Reich der Pharaonen währte Jahrtausende und ist dann doch den Bach hinuntergegangen. Einen Spruch ähnlichen Inhalts könnte der Nachfolger Johannes Pauls II. mit seinem Wappen über irgendeinem der zahlreichen steinernen Portale im Vatikan einmeißeln lassen. Er hätte nicht nur die Zustimmung vieler Katholiken, denn die katholische Kirche wird aus etlichen Gründen immer wieder gebraucht. Sie ist die effizienteste und verlässlichste karitative Organisation, sie wäre in der Entwicklungshilfe schwer zu entbehren, sie gibt Menschen Halt und vielleicht können ihre Warnungen vor jenseitigen Strafen doch das eine oder andere Verbrechen verhindern, wogegen freilich die abendländische Geschichte spricht. Doch selbst der entlaufene Priesterzögling Stalin wurde vor seinem Ende von der Angst vor der Hölle gepackt, behauptete zumindest der Komponist Dmitri Schostakowitsch.

Dieses Buch handelt von den sieben Wiener Erzbischöfen des 20. Jahrhunderts, die alle zu Kardinälen erhoben wurden. Ihr Leben und Wirken wurde noch nicht zusammenfassend dargestellt. Dies soll hier knapp, seriös und möglichst fesselnd geschehen. Dabei werden die sieben Kardinäle, von denen das Buch handelt, in den zeitgeschichtlichen Zusammenhang gestellt. Mehr als in anderen Ländern war die Kirche in Österreich nicht nur von den politischen Ereignissen betroffen, sondern selbst politische Kraft.

Die sieben Kardinäle amtierten in einer Epoche, in der sich die Existenzbedingungen der katholischen Kirche grundlegend verändert haben. Diese Veränderungen sind von ganz anderer Art als alles, was der Kirche begegnete, seit der

Staat das Christentum an seine Brust drückte. Im 20. Jahrhundert ging der Kirche die Grundlage verloren, auf der sie eineinhalb Jahrtausende lang ihr Überlebenskunststück vollbracht hat. Denn die Welt ist, wenigstens theoretisch, nicht mehr hierarchisch organisiert und es wird zwar noch über Menschen geherrscht, doch nicht von Gottes, sondern von des Volkes Gnaden.

Die Darstellung basiert hauptsächlich auf der wissenschaftlichen Literatur bei den verstorbenen und auf den zeitgenössischen Medien bei den lebenden Kardinälen. Eine Fülle aufschlussreicher Einzelheiten, die es wert sind, einem breiteren Publikum zur Kenntnis gebracht zu werden, schlummert in Dissertationen und wissenschaftlichen Werken. Den Autoren dieser Publikationen sei an dieser Stelle gedankt. Ohne sie wäre dieses Buch nicht möglich gewesen. Für etwaige Irrtümer und Fehlschlüsse ebenso wie für die von ihm geäußerten Meinungen ist selbstverständlich der Autor allein verantwortlich.

Rom ist fern, auch wenn zu Ostern nicht nur die Glocken, sondern auch immer mehr Katholiken hinfliegen. Kirche wird vor Ort gelebt und erlebt. In Räumen, die zwar kleiner sind als die Welt, doch größer als Dorf oder Stadt. Die überschaubare geografische Einheit des kirchlichen Lebens ist die Diözese, die Erzdiözese, die polnische, französische, italienische, deutsche, österreichische Kirche. In Österreich spielt der Wiener Erzbischof, »der Kardinal«, eine bestimmende Rolle. Das Erzbischöfliche Palais, der Bau mit dem Blick auf den Stephansplatz, mit dem alten Portal in der Rotenturmstraße und dem Eingang in der Wollzeile, ist Machtzentrum der katholischen Kirche Österreichs, wenn der Erzbischof, Kardinal und Vorsitzende der Bischofskonferenz ein standhafter, kompetenter, Souveränität ausstrahlender Mann und die Kirche insgesamt in einem Zustand ist, der eine solche Persönlichkeit begünstigt. Ist dies nicht der Fall, wird an diesem Ort ihre Schwäche manifest.

Ein alter Mann, der die Welt nicht mehr versteht

Anton Josef Gruscha
1820–1911; Erzbischof von Wien 1890,
Kardinal 1891.

Wahlspruch: In nomine Jesu – Im Namen Jesu

Mit liebenswerten, verbindlichen Umgangsformen lassen sich selbst die radikalsten Gedanken vertreten. Die Zeitgenossen schildern Fürsterzbischof Kardinal Anton Josef Gruscha als freundlich, ausgleichend, angenehm. Als Denker war der erste Wiener Erzbischof und Kardinal im 20. Jahrhundert aber ein Radikaler. Mit derselben Unbedingtheit, mit der ein Karl Marx die Verhältnisse vom Kopf auf die Füße stellen wollte, verfocht Anton Gruscha die Idee, in der Gesellschaft habe nur Gott zu bestimmen. Gott aber spreche zur Menschheit durch die kirchliche Hierarchie. Daher sei Demokratie, Gestaltung der Verhältnisse von unten her, abzulehnen. Ein Irrweg. Ein Übel.

Das 20. Jahrhundert begann für Gruscha mit einer weiteren unangenehmen Situation. Er hatte in den letzten Jahren schon einige erlebt, hatte sich mit den Christlichsozialen überworfen, sich im Vatikan in die Nesseln gesetzt. Man schrieb den 28. Juni 1900. Da Erzbischöfe keine Memoiren schreiben und sich auch keinen Eckermann halten, ist nicht überliefert, was Kardinal Gruscha in den Tagen vor und nach diesem Datum tatsächlich gedacht hat – und erst recht am 28. Juni selbst, gegen zehn Uhr, während der düsteren Zeremonie in der Geheimen Ratsstube der Wiener Hofburg, zu deren stummem Zeugen er ausersehen war.

Ein bequemer Mann, ein Jasager, war er nie gewesen. Davon konnte selbst der Kaiser ein Lied singen. Aber die Rolle, die er an diesem Tag zu spielen hatte, dürfte selbst ihm, der selten einem Konflikt aus dem Weg ging, Kopfschmerzen bereitet haben. Zwar hatte er nur ruhig dazustehen und als Zeuge des Geschehens zuzuhören. Doch er könnte gedacht haben, hat sogar sehr wahrscheinlich dem Inhalt nach ungefähr Folgendes gedacht: Das hat mir noch gefehlt. Wir kennen ihn doch. Ein Mann mit einem Elefantengedächtnis. Nachtragend. Sehr, sehr nachtragend. Ein aufrechter konservativer Mann wie alle Habsburger. Hochintelligent und von tadelloser Moral, was man leider nicht allen Habsburgern nachsagen kann. Vor allem aber nachtragend. Sagen wir ruhig: Rachsucht ist diesem Mann nicht fremd. Ich stehe hier als offizieller Zeuge seiner tiefsten Erniedrigung. Sobald er Kaiser ist, werde ich es zu spüren bekommen. Immer, wenn er mich sieht, wird er sich an diese Stunde erinnern. Dabei, was kann ich dafür. Der Fürst Montenuovo hat mir das eingebrockt. Er wollte, dass ich hier stehe. Zum Glück bin ich ein alter Mann. Vielleicht erlebe ich seine Thronbesteigung ohnehin nicht. Schließlich ist der Kaiser um zehn Jahre jünger als ich.

Kardinal Gruscha stand im achtzigsten Lebensjahr, und als der Thronfolger Franz Ferdinand in Sarajevo ermordet wurde, amtierte in Wiens Rotenturmstraße, Hausnummer 2, bereits der Nachfolger seines Nachfolgers.

Der Monarch und der Kardinal: Zwei tief in den Ideen des Vormärz verwurzelte Männer führen den österreichischen Vielvölkerstaat und seine katholische Kirche ins 20. Jahrhundert. Nicht nur durch sein schieres Alter, viel mehr noch durch die frühe Erstarrung seines Denkens verkörpert dabei der Kardinal den ganzen Ballast, den diese Kirche ins neue Jahrhundert mitschleppt. Es wird ihr radikal veränderte Überlebensbedingungen bescheren. Mit seinen extrem hierarchischen und patriarchalischen Ansichten steht Anton Gruscha für alle bis über die Mitte des 20. Jahrhunderts hinaus weiterwirkenden Denktraditionen, für die eingespielten Verhaltensweisen und Parteinahmen des österreichischen Episkopats. Ohne Kenntnis seines Lebens und Wirkens wäre es schwerer, die Kardinäle Friedrich Piffl und Theodor Innitzer zu verstehen.

Das Jahrhundert der Umbrüche, Krisen und Atavismen beginnt in Wien mit einem weiteren dumpfen Paukenschlag. Es hatte schon mehrere gegeben. Die Erschütterung ist heute kaum mehr nachvollziehbar. Doch die als peinliche Feierlichkeit inszenierte Ablegung des Renunziationseides durch

Erzherzog Franz Ferdinand war ein weiterer Riss im Gebälk. Ein künftiger Kaiser musste hochoffiziell auf die Erbrechte seiner Nachkommen verzichten. Das hatte es im Hause Habsburg noch nicht gegeben. Franz Josephs ungeliebter Neffe war nach dem Selbstmord von Kronprinz Rudolf und dem Tod seines eigenen Vaters Karl Ludwig der legitime Thronerbe. Daran führte auch für den Kaiser kein Weg vorbei. Das Verhältnis der beiden war noch nie gut gewesen. Aber dass Franz Ferdinand auf der nicht standesgemäßen Ehe mit der böhmischen Gräfin Sophie Chotek bestand, war für den unnahbaren, starren alten Kaiser völlig unbegreiflich.

Der große, helle Raum im habsburgischen Neobarock war voll. Auf Allerhöchsten Befehl waren alle großjährigen Erzherzöge und alle Träger von Hofämtern uniformiert angetreten. Vor dem Kaiser, der auf einem Thronsessel saß, hatte Erzherzog-Thronfolger Franz Ferdinand die Hand auf die Bibel zu legen und für seine zukünftige Frau sowie für seine noch ungeborenen Nachkommen auf sämtliche kaiserlichen, königlichen und sonstigen Titel und Rechte zu verzichten. Ein ausführlicher Bericht wurde sofort nach der Zeremonie der Presse übergeben. In diesem Falle war Öffentlichkeit ausdrücklich gewünscht. Eine gewaltige Ausnahme. Erst nach der Ablegung des Eides durfte der Thronfolger die Frau seines Herzens heiraten. Dass dabei kein einziger Erzherzog und keiner der Brüder Franz Ferdinands anwesend war, gibt einen Begriff von der Kälte in dieser Familie.

Godfried Marschall, der Hauslehrer des Erzherzogs, hatte auf Ersuchen des Kaisers der Gräfin Chotek ins Gewissen geredet, ihr Glück der Staatsräson zu opfern und den Schleier zu nehmen, was den Thronfolger zu der zornigen Bemerkung veranlasste: »Der kann froh sein, wenn er letzter Kanonikus von Gurk wird!«

Über den letzten Jahren der Monarchie liegt heute jenes

herbstlich milde Licht, in dem der gelernte Österreicher die k.k. beziehungsweise k.u.k. Spätzeit am liebsten betrachtet. Wie wir im »Mann ohne Eigenschaften« von Robert Musil in einem der ersten Kapitel lesen, war diesseits der Leitha alles entweder k.u.k. oder k.k., kaiserlich und königlich oder kaiserlich-königlich, Ungarn war auf der anderen Seite der Welt. Heer, Marine und Kriegsministerium waren k.u.k., das Ministerium für Landesverteidigung aber k.k., der Minister des Allerhöchsten Hauses war k.u.k., das Haus-, Hof- und Staatsarchiv ebenso wie die Post aber k.k., doch was nun jeweils k.k. war oder k.u.k., das war eine kakanische Geheimwissenschaft. In der Literatur war Joseph Roth, der Autor des Romans »Radetzkymarsch«, Meister dieses herbstlich milden Lichts. Die Katastrophe stand vor der Tür, aber sagen sollte man es lieber nicht. Jedenfalls nicht laut. Und bitte schon gar nicht in der Zeitung. Und das Erzhaus war für die Zeitungen sowieso sakrosankt. In den ausländischen Blättern fanden die Österreicher die Karikaturen Kaiser Franz Josephs, die in Österreich nicht erscheinen konnten. Zum Beispiel in einer französischen Zeitung den Kaiser als Seiltänzer zwischen Österreich und Ungarn. Unter seinen Füßen geht der Knoten auf, mit dem das Seil mehr als schlampig zusammengebunden ist.

Die alte Ordnung wackelt, aber sie steht noch. Das Bündnis von Thron und Altar garantiert seit dem Aufstieg des Christentums zur Staatsreligion vor über 1500 Jahren die Existenz der Kirche. Es hat die Bauernkriege überlebt und der Französischen Revolution getrotzt. Wiens Kirchenfürsten waren seit Jahrhunderten mindestens gräflicher Geburt, Gruscha ist erst der fünfte Kardinal bürgerlicher Herkunft im Erzbischöflichen Palais. Der alte Herr in der Hofburg besitzt im Jahr 1900 als letzter Monarch noch das Ius exclusivae, ein aus dem 16. Jahrhundert herrührendes Gewohnheitsrecht, mit dem er einen ihm nicht genehmen Papst verhindern kann. Es kann durch einen Kardinal seines Vertrau-

ens im Konklave ausgeübt werden, doch während eines Konklaves nur ein einziges Mal, und zwar vor der Wahl eines missliebigen Kandidaten, niemals nach erfolgter Papstwahl. Das Ius exclusivae war einst den Herrschern Spaniens, Frankreichs und Deutschlands beziehungsweise Österreichs vorbehalten, doch hatten die österreichischen Habsburger am häufigsten (1721, 1799 und 1823) davon Gebrauch gemacht. Jetzt, am Beginn des 20. Jahrhunderts, ist Franz Joseph der letzte Monarch, der es besitzt.
Anton Gruscha wird das Ende des Ius exclusivae, das dem Vatikan stets ein Dorn im Auge war, noch erleben. Schon 1903 wird der Krakauer Kardinal Kniaz de Kozielsko Puzyna vor dem dritten Wahlgang im Namen des Kaisers Kardinalstaatssekretär Rampolla für unerwünscht erklären. Man hat vorher bei Kardinal Gruscha vorgefühlt, ob er bereit sei, im Namen des Kaisers das Ius exclusivae auszuüben, doch der Wiener Kardinal hat sich dafür als Werkzeug nicht hergegeben. Rampolla bekam auch nachher noch 30 Stimmen, hatte aber nach Ansicht der Kirchenhistoriker auch ohne Ius exclusivae keine Chance auf die notwendige Zweidrittelmehrheit. »Die Abneigung des Kaisers beruhte auf der deutlich frankophilen Haltung Rampollas und der ihm zugeschriebenen kühlen Reaktion Roms auf den Tod des Kronprinzen Rudolf«, schreibt Heiner Boberski in seinem Buch über den nächsten Papst. Der 1903 zum Papst gewählte Patriarch von Venedig, Giuseppe Sarto, wird als Pius X. schon ein Jahr später den Kardinälen die Entgegennahme jeder Mitteilung verbieten, welche die freie Papstwahl behindert – bei Strafe der Exkommunikation. Damit ist das Ius exclusivae gestorben.
Die Menschen, auf deren Votum in der Republik alle vier Jahre die Mächtigen gebannt starren werden, haben im Jahr 1900 noch nichts zu reden. Die Kleinbürger haben vor 17 Jahren eine Stimme bekommen. Bis 1882 war das aktive Wahlrecht an eine Steuerleistung von mindestens zehn Gul-

den jährlich gebunden. Mit der Herabsetzung des Steuerzensus auf fünf Gulden wurden auch die kleinen Selbstständigen, die »Fünfguldenmänner«, wahlberechtigt. Für den ersten großen Wahlerfolg Karl Luegers 1895 hat dies genügt. Der Amerikaner Charles A. Gulick behauptete, mit der Herabsetzung des Steuerzensus habe der Feudaladel »aus Hass gegen das aufsteigende ›Großbürgertum‹ dem Kleinbürgertum das Tor zur politischen Macht« geöffnet. Die breiten Volksschichten durften vor drei Jahren, 1897, zum ersten Male ohne Rücksicht auf Steuerleistung und Besitz wählen. Man hat für sie die so genannte V. Kurie geschaffen, zusätzlich zu den vier alten Wahlkörpern Großgrundbesitz, Handelskammer, Stadt und Land, deren Wahlberechtigte aber auch in der neuen Kurie mitwählen dürfen. Für die Masse der Ärmsten ist die Situation drückend bis katastrophal. Ihnen ist völlig egal, was am 28. Juni 1900 oder an irgendeinem anderen Tag in der Wiener Hofburg geschieht. Den meisten ist längst auch die Kirche samt ihrem Kardinal egal. Der Kardinal wiederum müsste schon die »Arbeiter-Zeitung« lesen, um zu erfahren, wie sie leben. Aber die »Arbeiter-Zeitung« ist die Zeitung der Sozialdemokraten, die Gruscha schon vor einem halben Jahrhundert zum »ersten Feind der Menschheit« erklärt hat. Seit ein paar Jahren schreibt in ihr ein junger Journalist namens Max Winter kleine Meisterstücke der Sozialreportage. Er besucht zum Beispiel das Haus »Zum Bienenstock«:

»Im Wiener Gemeindebezirk Landstraße, sieben Minuten Straßenbahnfahrt vom Ring, steht ein Zinshaus. Es hat 216 Mietsparteien, insgesamt mehr als tausend Bewohner. Man zählt dort etwa 300 Schulkinder. Es hat, obgleich es seine Einwohner auf vier Stockwerke verteilt, nur einen einzigen Wasserhahn und als hygienische Einrichtung hatte es, wenigstens vor einigen Jahren noch, eine eigene Totenkammer, wohin die Verstorbenen gebracht werden mussten. Jeder Mieter hat hier nur ein Gelass. Es ist ihm und seiner Familie

Geburts- und Sterbestätte, Koch-, Speise-, Arbeits- und Schlafraum; es ist den Kindern Spielstube, Krankenzimmer, Lernraum, kurz ihre ganze Welt. Jede Stube ist etwa zweieinhalb Meter breit, fünf Meter lang und drei Meter hoch. In ein Drittel der Stuben, in die Hälfte aller, die im Parterre und im ersten Stockwerk liegen, dringt nie ein Sonnenstrahl ... Das Haus hat die Jahre hindurch Jahr auf Jahr ein Reinerträgnis von 36 000 Kronen abgeworfen und dieser Profit heiligt auch den Kindermord, wie er den Vater- und Muttermord heiligt.«

Das vom christlichsozialen Bürgermeister Karl Lueger regierte Wien von 1900 ist eine Stadt der glänzenden Fassaden. Die Ringstraße ist eine der schönsten Prachtstraßen Europas, die Mietzinse in den Arbeitervierteln zählen zu den höchsten Europas. Die Kinderspitäler sind nur für die Wohlhabenden da, die Arbeiter müssen froh sein, wenn von fünf Kindern zwei überleben. Die allgemeine Schulpflicht wurde zwar schon von Kaiserin Maria Theresia eingeführt, doch leider kommt die Stadt mit dem Bau neuer Schulen nicht nach, sodass die meisten Arbeiterkinder, schreibt Max Winter, »im Jahr nur 2 oder 3 Monate in der Schule« sein können. In den städtischen Kindergärten ist die Prügelstrafe an der Tagesordnung, in den Waisenhäusern werden die Kinder zur Arbeit gezwungen.

Winter beschreibt die erstbeste Wohnung im dritten Stock eines Hauses in der Klosterneuburger Straße in der Brigittenau. Durch die finstere Küche gelangt man in das einzige Zimmer. Darin schlafen außer der fünfköpfigen Familie des slowakischen Maurers, der die Wohnung gemietet hat, noch drei Männer und ein erwachsenes Mädchen, zusammen sechs Erwachsene und drei Kinder. Der Raum hat eine Bodenfläche von 20 Quadratmetern. So wohnen im Wien der Jahrhundertwende nicht etwa Tausende, sondern Hunderttausende. Die Stadt platzt aus allen Nähten. Die Zahl der Unterstandslosen ist explosiv gestiegen. Sie schlafen zu

Hunderten auf den Drahtrosten der Obdachlosenasyle, Bett neben Bett, in Massenquartieren, in den Kanälen, in den zugigen, im Winter stillgelegten Ringöfen der Ziegeleien. In den Asylen sind sie vor Polizeikontrollen sicher, in den Massenquartieren, Kanälen, Ringöfen und auf den Straßen nicht. »Bei heutnächtiger Streifung«, zitiert Winter einen Polizeirapport, »90 Obdachlose im Simmeringer Ringofen aufgegriffen. 10 davon dem Werkhaus, 5 den Bezirksgerichten nach § 1 und 2 des Vagabundengesetzes überstellt, 15 als subsistenzlos zur Abschiebung in die Heimatsgemeinde bestimmt, der Rest, seit kurzem arbeits- und unterstandslos, aber nicht nach den angezogenen Gesetzesstellen zu behandeln, wurde in Freiheit gesetzt.« Die »Heimatsgemeinde« hat der »Subsistenzlose« oft nie gesehen. Er ist zwar in Wien geboren, deswegen aber noch lang nicht in Wien beheimatet. Die Abschiebung in eine »Heimatsgemeinde«, die man nicht kennt und in der man unerwünscht ist, wird besonders gefürchtet, aber unbarmherzig gehandhabt.

Das Wien der Jahrhundertwende ist ein größerer Schmelztiegel als New York, es ist ein sozialer Drucktopf und politischer Hexenkessel. Die innenpolitische Situation ist zum Zerreißen gespannt. Die 50 Millionen Untertanen Kaiser Franz Josephs gehören 12 Nationen an, von denen keine annähernd die Mehrheit erreicht. Österreich zerfällt buchstäblich, und zwar in Cis- und Transleithanien. Diesseits des Leithagebirges haben die Deutschen, auf der anderen Seite die Ungarn das Sagen. Aber nicht einmal auf ihrer Seite bilden sie jeweils die Mehrheit. Die Anerkennung des ungarischen Staatsrechts in der Verfassung von 1867 ist ein Stachel im Fleisch der Böhmen, die sich auf ein ebenso altes Staatsrecht berufen. Jedes Zugeständnis an die Tschechen bringt die Deutschnationalen auf die Barrikaden. Kaiser Franz Josephs Regieren ist nur noch Rodeo im Zeitlupentempo.

Der Liberalismus herrscht brutaler als heute der Neoliberalismus und das Großkapital ist bei der Durchsetzung seiner Interessen noch viel rüder. Meister gehen in großer Zahl zu Grunde. Massen von Gesellen werden arbeitslos. Gemeinsam mit ihren ehemaligen Meistern sacken sie ins Nichts. Die Entstehung einer katholischen Massenpartei war unvermeidlich. Vor zwei Jahren erst, 1898, hat Lueger die Kraftprobe mit den »Gas-Engländern« gewonnen. Die Versorgung Wiens mit Leuchtgas war das gewinnträchtige Monopol einer englischen Gesellschaft. Lueger schrieb die Entprivatisierung der Gasversorgung und der Tramway auf seine Fahnen. Aber als die Stadt für den Bau der kommunalen Gaswerke, eine sichere Investition, die notwendigen Kredite aufnehmen wollte, statuierte das Großkapital ein Exempel. Während in ganz Wien die Erdarbeiten für ein neues Gasleitungsnetz in Gang waren, stieß die Stadt an sämtlichen europäischen Finanzplätzen auf einen lückenlos durchgezogenen Boykott. Erst der Großindustrielle Werner Siemens verschaffte der Stadt die benötigten 60 Millionen Kronen und rettete Luegers Christlichsoziale Partei vor einem Debakel.
Sie steht im Zweifrontenkrieg, von den Liberalen verhöhnt, von den Deutschnationalen begeifert. An den Universitäten nehmen die Feindseligkeiten deutschnationaler Studenten gegen die katholischen Korporationen überhand. Die Sozialdemokratie ist dabei, ein ernsthafter Gegner zu werden. Doch der 80-jährige Kardinal Gruscha eifert nicht nur gegen Sozialisten und Liberale, sondern ist auch ein unerbittlicher Gegner der christlichsozialen Bewegung. Was steht dahinter? Welche Positionen vertritt der noch im Vormärz aufgewachsene Kardinal wirklich, welche Einflüsse haben ihn geprägt, wie kam es zu seinem Aufstieg, wie ist er der geworden, der er ist – und wer ist er überhaupt?
Anton Gruscha wurde am 24. Jänner 1890 durch kaiserliche Nominierung an die Spitze der Erzdiözese berufen, ein hal-

bes Jahr später von Rom bestätigt und 1891 mit dem Kardinalspurpur bekleidet. Der Kaiser verfügt über das landesfürstliche Nominationsrecht für verwaiste Bischofsstühle: Der Landesfürst bezeichnet den Kandidaten, der Papst erteilt diesem nach Prüfung der Tauglichkeit die kanonische Institution. Das landesfürstliche Nominationsrecht war noch in vielen Ländern gebräuchlich. Heute besteht es nur noch in Elsass-Lothringen, Macao, einigen lateinamerikanischen Staaten und für den spanischen Armeebischof.
Schon nach dem Tod von Kardinal Rudolf Kutschker im Jänner 1881 hat jeder mit Gruschas Ernennung gerechnet. Keine geistige Auseinandersetzung, an der er nicht teilgenommen hat. Er ist »ein Mann von ziemlich hohem Wuchs, kräftigem Körperbau, ernster, aber edler Gesichtsbildung mit geistigem Ausdruck, sein Auge sprüht Feuer, sein Gebärdenspiel ist rasch wie der Gedankenstrom, der aus seinem Innern kommt, und sein mit gewaltiger Kraft gesprochenes Wort kündet Mut und Entschlossenheit an« hat die »Kölnische Zeitung« einst über ihn geschrieben. Das ist nun Jahrzehnte her. Doch noch lang danach war er ein berühmter Kanzelredner. Sein Bass sei wohltönend, seine Gesten bei der Predigt seien edel, er habe die Ausstrahlung einer Autoritätsperson, sagten in seinen besten Jahren die Zeitgenossen über ihn. Nur manchmal frage man sich hinterher, was er mit all seinen rhetorischen Künsten in seiner Predigt denn nun eigentlich gesagt habe.
Gruscha ist von Kaiserinwitwe Carolina Augusta bewundert, protegiert und Franz Joseph ans Herz gelegt worden. Mit Erfolg. Er genießt seither das Allerhöchste Vertrauen und bekleidete lange die Funktion des Apostolischen Feldvikars. Bekannt geworden ist er aber als Österreichs sozial engagierter Bischof und Leiter der österreichischen Kolping-Bewegung. Er galt als populärer, Gegensätze ausgleichender Mann der Mitte und konnte mit allgemeiner Zustimmung rechnen. Das liberale Prager Tagblatt schrieb be-

reits, seine Vergangenheit lasse annehmen, dass er »dem neu erwachten ultramontanen Übereifer weise Selbstbeschränkung« auferlegen werde. Umso größer war das Erstaunen, als Anton Gruscha seine Ernennung zum Wiener Erzbischof mit aller Entschiedenheit zurückwies und davon nicht abzubringen war. Welch sicherer Kandidat er tatsächlich war, geht wohl vor allem daraus hervor, dass er nach dem Tod von Kutschkers Nachfolger Josef Ganglbauer doch noch Erzbischof von Wien wurde. Diesmal soll vor allem Armee-Generalinspektor Erzherzog Albrecht dafür gesorgt haben, dass der Kaiser wieder auf ihn zurückgekommen ist. Er kennt Gruscha nicht nur als Armeebischof, sondern auch als Hauslehrer und geistlichen Erzieher seiner Töchter.

In der Jugend hat Gruscha gegen den damaligen Wiener Fürsterzbischof Milde aufbegehrt. Selbst Fürsterzbischof und Kardinal, ist er jetzt im Alter ein erbitterter Verteidiger seiner Autorität. Als sozial engagierter Priester, als »Vater der Handwerksgesellen«, hat er die katholischen Gesellenvereine in Österreich aufgebaut. Doch Selbstbestimmung seiner Schutzbefohlenen kommt für ihn nicht infrage. Als junger Geistlicher hat er sich für die Rechte des niederen Klerus stark gemacht. Als Kardinal bügelt er den aufmüpfigen niederen Klerus nieder. »Der wesentliche Charakter unseres Zeitgeistes ist der Kampf zwischen christlichem und antichristlichem Prinzipe«, lesen wir in seiner Dissertation, interkonfessionelle Kämpfe seien überlebt. Der Fürsterzbischof stößt sich daran, dass die Christlichsozialen nur christlich sein wollen und nicht ausdrücklich katholisch. Als junger Mann ist er als Mitbegründer einer Zeitung seinen Oberen auf die Zehen getreten. Unter der Ägide des alten Gruscha erscheint eine Instruktion an den Klerus, in der es heißt, es sei bedauerlich, »wenn Geistliche sich an Blättern beteiligen, ja sogar herausgeben, die den Geist des Ungehorsams gegen die Autorität mit ungezügelter Freiheit

und mit unüberlegten Reformen betreiben«. Seine Karriere ist die Frucht einer Kehrtwendung um 180 Grad. So scheint es wenigstens auf den ersten Blick.
Gruscha ist alles andere als feudaler Abkunft, aber das, was der streitbare Historiker und Kulturphilosoph Friedrich Heer »feudalisiert« nannte, ist er in hohem Maß. 1901 wird in Wien der erste Klerustag einberufen, ohne ihn vorher zu verständigen. Doch der Heilige Vater hat die Versammlung gesegnet und sie sendet Huldigungstelegramme an Papst, Kaiser und Kardinal. Als das Präsidium vorspricht, um die Wünsche Hunderter Priester aus der ganzen Monarchie zu überreichen, lässt Gruscha durch einen ins Vorzimmer hinausgeschickten Lakaien ausrichten, er habe keine Zeit. Ein Jahr später soll ein weiterer Klerustag stattfinden. Gruscha unterbindet ihn im letzten Moment. Echt fürstlich war der Fürsterzbischof der Meinung, die Abweisung durch einen Lakaien vor einem Jahr hätte seine Missbilligung doch deutlich genug zum Ausdruck gebracht.
Wieso steht ausgerechnet der Vater der katholischen Gesellenvereine Österreichs jedem Versuch der katholischen Laien, ihr politisches Schicksal selbst in die Hand zu nehmen, mit solcher Verständnislosigkeit gegenüber? Die Antwort liegt in seiner grundlegenden Überzeugung: Alles Gute, alles Heil kommt von oben, hat von oben zu kommen, nur von oben. Alles, was nach Demokratie riecht, gilt ihm als gefährliches Übel. Er ist durch und durch hierarchisch geprägt und konnte nie anders als in hierarchischen Strukturen denken. Dass die Monarchie zusammenbrechen und die Katholiken gezwungen sein könnten, sich in der Parteienlandschaft einer Republik zu behaupten, lag völlig außerhalb seines Horizonts.
Dabei kannte Gruscha die Not der kleinen Handwerker und vergaß sie auch nicht. Er kannte vor allem die Nöte der Absteiger im aufsteigenden Industriezeitalter. Er wurde am 3. November 1820 auf der Wiener Schottenbastei Nummer

130 geboren. Am selben Tag stirbt Clemens Maria Hofbauer. Die Vorfahren waren kleine Bauern und Handwerker, Anton Gruschas Großvater ein Kleinhäusler, ein »Chalupner«, wie das damals in Böhmen hieß. Das wienerische Wort »Kaluppen« für ein schäbiges oder baufälliges Haus erinnert daran noch heute. Vater Johann Wenzel wanderte wahrscheinlich kurz nach den Napoleonischen Kriegen aus dem böhmischen Tuhanzel nach Wien aus und heiratete Elisabeth Till, eine typische Verliererin der Zeitläufte. Ihr Vater war aus Krakau nach Wien gekommen, hatte es hier zum Sattlermeister in der Leopoldstadt gebracht und die Tochter eines kaiserlichen Proviantoffiziers geehelicht, aber Elisabeth arbeitete als Stubenmädchen in Liechtental, als sie Johann Wenzel Gruscha kennen lernte. Anton war das älteste Kind der beiden. Er »ist aufgewachsen in einer typischen Achtung vor der geltenden Ordnung, die für ihn eine Gottesordnung war. Dazu kommt, dass in seinem kleinbürgerlichen Milieu, im frommen Elternhaus, das anerzogene Moment der Ehrfurcht vor dem Adel vorherrschend war, welcher Umstand besonders in seiner Hauslehrerzeit (Hoch-Wolkersdorf) deutlich wird«, schreibt Ferdinand Bischof.
Otto Posch meint, dass Anton Gruschas Vitalität und langes Leben ein väterliches, die geistige Beweglichkeit und schnelle Auffassung, durch die er zu den besten Schülern seiner Klasse in der Gumpendorfer Trivialschule zählte, ein mütterliches Erbteil war. Der Vater war zwar ein »befugter Kleidermacher«, also Schneidermeister, doch hatte die Familie mit Not und Arbeitslosigkeit zu kämpfen und konnte sich nur über Wasser halten, indem der Vater niedere Taglöhnerarbeit annahm. Die Gruschas kamen auch später auf keinen grünen Zweig. Ganze drei Gulden war 1861 der Nachlass Johann Wenzel Gruschas wert. Ein typisches österreichisches Handwerkerschicksal im Vor- und Nachmärz.

Ein Nenn- oder Wahlonkel, der Seelsorger Anton Kriesche von Wiener Neudorf und Rodaun, soll Anton einen Freiplatz am Akademischen Gymnasium der Universitätskirche verschafft haben. Der Student Anton Gruscha bringt sich mit Schneeschaufeln und Ministrieren bei den Franziskanern durch. Seine Lehrer leiden am »morbus theologicus austriacus«: Sie wagen keine selbstständigen Gedanken zu haben und auszusprechen, wie es Posch formuliert. Es handelt sich dabei wohl eher um einen allgemeinen morbus austriacus der Zeit. Die wichtigste Grundlage, auf der das Kirchenrecht gelehrt wurde, waren die kaiserlichen Verordnungen in kirchlichen Angelegenheiten. Die legitime Quelle des Kirchenrechts, das Corpus Iuris Canonici, wurde nur als Subsidiarquelle herangezogen. An den Sonntagen erteilten die Priesterseminaristen in den Pfarrkirchen den Lehrlingen Glaubensunterricht. Die Teilnahme war gesetzlich vorgeschrieben. Für viele Alumnen war es eine lästige Pflichtübung, doch Kardinal Gruscha bedauerte später die Abschaffung dieser Einrichtung sehr.
Mit 22 Jahren hatte er sein Priesterstudium abgeschlossen. Zu früh für die Priesterweihe. In der Zwischenzeit wurde Gruscha als Diakon in Pillichsdorf eingesetzt und durfte sich als Kooperator in den Dörfern und Märkten der Wiener Umgebung bewähren. Mit genau 22 und einem halben Jahr empfängt er vom Wiener Erzbischof Milde – Wiens erstem Erzbischof bürgerlicher Herkunft – die Priesterweihe. Mit 26 Jahren erhält er die ersehnte Versetzung nach Wien, in die Pfarre St. Leopold in der Leopoldstadt.
Der junge Gruscha ist ein feuriger Prediger. Die Probleme, die ihn bewegten, die Kämpfe, in denen er mitfocht, sind längst Staub in den Grüften. Vieles davon mutet uns heute unverständlich und fern an. Für die Bürger verkörpert Metternich den verhassten Polizeistaat. Das Aggressionsziel der jungen Kleriker ist hingegen Erzbischof Milde. Er verkörpert das von ihnen abgelehnte josefinische Staatskirchen-

tum. Sosehr die Nachfolger Kaiser Josefs II. in fast allen Punkten von seiner Linie abrückten – an der josefinischen Kirchenpolitik hatte sich zu Zeiten des jungen Gruscha noch wenig geändert. Der josefinische Staat betrachtete die Kirche als Werkzeug zur Erfüllung seiner vornehmsten Aufgabe, nämlich der Förderung des allgemeinen Wohls. Der Staat bestimmte alles und jedes und beschränkte die Kirche auf die Rolle eines moralisierenden Assistenten.

Die jungen Geistlichen in der Zeit von Erzbischof Milde stellten die kirchliche Hierarchie nicht infrage, sondern wollten sie stärken. Was ihnen widerstrebte, waren das ständige Eingreifen des Staates in das kirchliche Leben und die Zweckentfremdung der Kirche als geistlicher Arm der staatlichen Autorität. Gruscha schwimmt mit, er ist eine Randfigur. Auch bei seinem späteren Aufstieg werden immer wieder Anstöße von außen die entscheidende Rolle spielen. Er ist kein Ehrgeiziger, kein Aufsteiger, kein Ellbogen-, dafür aber ein unbedingter Prinzipienmensch. Er wird nicht aktiv Karriere machen, sondern geholt, herangezogen, entdeckt werden. Zweimal werden andere in ihm ihren Mann erkennen. Gruscha ist beide Male genau der Richtige für die ihm zufallende Rolle.

Zunächst aber wird die Freundschaft mit dem Studienkollegen Sebastian Brunner sein Schickal. Durch ihn gerät er in einen Kreis unzufriedener junger Theologen. Als Seminaristen haben sie sich ohne Wissen der Seminarleitung sogar atheistische Zeitschriften gehalten, um sich im Widerlegen zu üben. Eines von Brunners Projekten ist die Herausgabe einer Kirchenzeitung. Erzbischof Milde hat nichts dagegen. Er stellt bloß die Bedingung, dass sämtliche Manuskripte für drei Jahre im Voraus bereitliegen. Ein sicheres und sehr österreichisch-vormärzliches Mittel, den Plan zu killen. Wenige Monate später, im April 1848, kann die Kirchenzeitung doch erscheinen. Ihr Ziel sei die Förderung des wahren Glaubens, heißt es in einem der ersten Ausgabe beige-

hefteten Prospekt. Sie will den Nachweis erbringen, dass »einzig und allein das frei sich entwickelnde Leben der Kirche die hochempörten Wogen des Proletariats, das im Sturm des Kommunismus über die Gesellschaft zu brausen droht, einzudämmen vermag«. Karl Marx weilte übrigens vom 28. August bis 7. September 1848 in Wien. Möglicherweise hat der Vielleser auch die Wiener Kirchenzeitung gelesen.
Auf welcher Seite der Barrikaden schlägt 1848 das Herz des jungen Priesters Anton Gruscha? In der fünften Nummer vom 25. April 1848 veröffentlicht er eine Adresse an die Bürger, die akademische Legion, das technische Korps und alle Wiener Garden: »In Euren Schutz, nötigenfalls in Euren bewaffneten Schutz, stellt sich die ganze Geistlichkeit.« Steht er deswegen auf der Seite der Revolutionäre? Etliche der gegen den alten Gruscha aufbegehrenden Christlichsozialen hielten ihm genau dies vor. Sie waren damit wohl auf dem Holzweg. Die jungen Kleriker lassen sich vom Zeitgeist tragen. Wenn niemand mehr bevormundet werden will, soll auch die Kirche nicht mehr vom Staat bevormundet werden. Im Verhältnis zwischen der Kirche und den Gläubigen hat dieser neue Zeitgeist aber nichts verloren. Hier soll und muss es weiter streng hierarchisch zugehen. Eine Haltung, die geradezu aktuell anmutet. Auch heute hat die Demokratie in der Kirche nichts verloren, denn in der Kirche werden ja bekanntlich nicht veränderliche Meinungen gebildet, sondern ewige Wahrheiten verkündet.
Der junge Gruscha gilt, neben Sebastian Brunner, 1848 als einer der Rädelsführer im Wiener Klerus. Am 17. April findet im Hörsaal der Pastoraltheologen in der Universität eine stürmische Klerikerversammlung statt. Angeblich wollen die Veranstalter 6000 Wiener Bürgern zuvorkommen, welche angeblich die Absicht haben, Erzbischof Vinzenz Eduard Milde gewaltsam zum Rücktritt zu zwingen. Professor Füster, der an der philosophischen Fakultät Theologie liest, macht sich für die Forderung der Bürger stark, hat

damit aber unter anderen gerade Brunner und Gruscha gegen sich. Das hieße, rufen sie Füster zu, die hohe Würde des Priestertums für 30 Silberlinge zu verkaufen. Füster wird aus dem Saal gedrängt. Die Versammlung beschließt etliche Resolutionen, darunter ein Ersuchen um Recht und Freiheit für die Kirche an den Innenminister. Der Klerus lehne jede staatliche Einmischung in die kirchlichen Angelegenheiten ab, stellen sie in einer Erklärung fest. Deswegen sei aber die Zeit für »das ehrfurchtsvolle Stillschweigen des niederen Klerus dem hohen gegenüber« noch nicht wieder gekommen. Der Oberhirte verhalte sich gegen seine Mitbrüder wie ein Kanzleichef gegenüber seinen unterstellten Beamten. Genauso wird sich Gruscha später als Oberhirte selbst verhalten. Und seine Gegner werden dem alten Kardinal diesen Widerspruch genussvoll unter die Nase reiben.
Er ist Mitglied der Klerikerdeputation, die am nächsten Tag von Milde feierlich empfangen wird. Das Papier, das verlesen wird, ist eine Mischung aus Untertänigkeit und Frechheit. Nicht als Revolutionäre, sondern als Söhne, die ihren Vater bitten, für »sein eigenes Heil und das Heil seiner Angehörigen zu wirken«, seien sie gekommen. Die Umgebung des Erzbischofs habe »aus Unwissenheit oder aus unhaltbaren Gründen« die der Kirche, ihrer Freiheit und ihren Rechten drohenden Gefahren verschwiegen. Der Orden der Redemptoristen sei schmachvoll verjagt worden. Klöster und Stifte fühlten sich schutzlos, die Presse hetze gegen Kirche und Klerus. Die Gläubigen wüssten nicht mehr, wohin sie sich wenden sollten. Sie wünschten eine »markige, entschiedene katholische Sprache«. Genau dasselbe werden wir noch öfter von den Christlichsozialen hören. Wenn der Erzbischof nicht mehr die physische Kraft und Ausdauer zu diesem Kampfe habe, möge er die für das Wohl der Kirche notwendigen Anstalten treffen. So weit werden die Christlichsozialen nicht gehen. Ein Delegationsmitglied, das sich so pathetisch gebärdet, dass die anderen das Lachen

kaum verbeißen können, vermasselt den ganzen Auftritt. Mit der Weigerung, ihm das verlesene Papier auszuhändigen, da es im Druck erscheinen werde, vergrößern sie den Ärger des Erzbischofs. Form und Begleitumstände der Aktion sind revolutionär, die Forderungen aber erzkonservativ. Schon ihr Eintreten für die Redemptoristen lässt merken, auf welcher Seite sie stehen. Johann Nestroys ebenso köstliche wie scharfe Karikatur in seiner »Freiheit in Krähwinkel« illustriert die aggressive Stimmung, die den »Ligorianern« aus der Wiener Bevölkerung entgegenschlug. Der 1732 von Alfons Maria von Liguori gegründete Redemptoristenorden galt als Einflüsterer des Metternichschen »Zopfensystems«. Der Vorstoß der klerikalen Jungtürken blieb offenbar nicht ohne Wirkung. Jedenfalls erließ Milde am 25. April einen Hirtenbrief, in dem er den Gläubigen ihre Pflicht gegenüber der Verfassung vom 25. April einschärfte, aber auch positive Worte für die Redemptoristen fand. Damit brachte er mehrere tausend Demonstranten gegen sich auf die Beine, worauf er sich in die erzbischöfliche Sommerresidenz in Kranichberg zurückzog. Wiener Bürger, die Bittgesuche zugunsten der Redemptoristen eingereicht hatten, wurden gezwungen, öffentlich Abbitte zu leisten.

Der Erzbischof nahm eine Beschwerde des Innenministers vom 8. Juni, der Klerus »mische sich auf der Kanzel und im Beichtstuhl in politische Angelegenheiten«, zum Anlass für die Wiederherstellung seiner Autorität. Er erließ eine »Warnung des Klerus vor politischen Umtrieben«. Sollte eine weitere Anzeige erfolgen, würde er »durch strenge äußere Maßregeln einem derlei unfolgsamen und dem ganzen Klerus nachteiligen Betragen einzelner Individuen ein Ende« machen. Die Priester hielten fortan mehr Disziplin und Milde hütete sich, den Bogen zu überspannen. Gruscha aber hatte sich mit seiner Statistenrolle im innerkirchlichen Revoluzzerspiel einen Schlechtpunkt eingehandelt. Er war allerdings längst dabei, die Kurve zu kratzen.

Nachdem eine weitere Klerusversammlung als rebellisch untersagt worden war, hatte er bereits in der Kirchenzeitung vom 9. Mai einen etwas ungeschickten Versuch unternommen, die Absichten der Aufbegehrenden abzuschwächen. Das Aufbegehren, seines jedenfalls, sei gar kein Aufbegehren gewesen, sondern im Grunde Gehorsam. Er habe damit bloß den schon vor längerem ergangenen erzbischöflichen Erlass befolgt, das wissenschaftliche Leben im Klerus zu fördern. Bevor kirchenrechtliche Fragen im Reichstag behandelt werden könnten, müssten sie in Kleruskonferenzen beraten werden. Schon daher seien diese eine Zeitnotwendigkeit. Die Versammlung vom 17. April sollte denn auch keine »reaktionäre, noch eine revolutionäre Bewegung im Schoße der Kirche zutage fördern; sie sollte die Zeitbewegung zum Heil der Kirche in sich aufnehmen, ohne deshalb vom Strom sich fortreißen zu lassen«. Die Presse habe ihre Absichten falsch dargestellt, als Söhne und nicht als Zölibatsstürmer seien sie zu ihrem Vater gekommen: »Nichts ohne – nichts gegen den kirchlichen Oberhirten.« In den Augen des josefinischen Klerus war Gruscha trotzdem vorerst als Revolutionär abgestempelt. Noch Jahre später blieb der fürsterzbischöfliche Sekretär (und spätere Weihbischof, auch noch unter Gruscha) Eduard Angerer einem Diner von Kardinal Fürsterzbischof Rauscher fern, als er erfuhr, dass auch Gruscha eingeladen war: Mit einem Revolutionär setze er sich nicht an einen Tisch.

Wieso behinderte die Affäre Gruschas spätere Karriere in keiner Weise? Dies wird verständlich, wenn wir bedenken, dass sich die Forderungen des aufbegehrenden Priesternachwuchses mit jenen Positionen deckten, denen im Vatikan die Zukunft gehörte. Die jungen Kleriker fochten den Kampf eines Papsttums, das dabei war, seine Autorität zu festigen. Hand in Hand damit ging die Rückkehr zur Substanz des Glaubens und zur Spiritualität, wofür in Österreich der 1784 in den Redemptoristenorden eingetretene Clemens Maria Hofbauer stand. Die Demontage des Josefinismus in der Kirche war ein Schritt auf ihrem Weg vom willenlosen Werkzeug des österreichischen Staates zu dessen starkem Partner. Gemeinsam standen Monarchie und Kirche sodann gegen Aufklärung und Demokratie. In dieser Hinsicht ließ es Gruscha nie an Eifer fehlen. Brunner und Gruscha waren zwar kräftig in die Fettnäpfchen der josefinischen Hierarchie getreten, aber auf dem richtigen Weg.

Gruschas Verhalten 1848 passt nahtlos ins Verhalten des Klerus. Dieser übte sich in vorsichtigen Sympathiebekundungen, ebenso hielt es auch er. Klöster und Stifte verteilten beträchtliche Geldsummen unter die Arbeiter, um Brandschatzungen und Plünderungen zu verhindern. Auch Gruscha sammelte unter Klerikern 195 Gulden, sandte sie dem Innenministerium als »Beitrag zur Erleichterung der Staatslasten« und wurde in der »Wiener Zeitung« ob seiner Vaterlandsliebe belobigt. Sollte ihn der Geist des Fortschritts jemals angehaucht haben, hat er es tief in seiner Brust begraben. Mit fortschrittlichen Gedanken wurde man nicht Bischof, schon gar nicht in Österreich, auf gar keinen Fall Erzbischof zu Wien. Fortschrittliche Gedanken disqualifizierten für jedes höhere Amt. Als Sigismund Waitz, der zeitweilige Religionslehrer und Erzieher des späteren Kaisers Karl und spätere Fürsterzbischof von Salzburg, 1912 Weihbischof und Generalvikar in Vorarlberg werden sollte, musste er »zunächst die Bedenken des Wiener Nuntius Emidio Taliani wegen seiner fortschrittlichen Einstellung in einem persönlichen Gespräch ausräumen«, wie wir in Maximilian Liebmanns Innitzer-Biografie erfahren.

Dass sich Gruscha am 17. August 1848 auf eigenen Wunsch als Ehrengarde in die vierte Kompanie des fünften Bezirkes der Nationalgarde aufnehmen ließ, illustriert den bekannten Konflikt der revolutionären und gemäßigten Kräfte im Revolutionsjahr. Er sah in der Nationalgarde »die Stütze der konstitutionellen Monarchie gegen alle Umsturzversuche von unten her«, wie Otto Posch schreibt. Tatsächlich stritten Radikale und Gemäßigte um Einfluss auf die Nationalgarde. Gruscha war nur einer der Kleriker, die vor allem in der Innenstadt und in den Bezirken Leopoldstadt und Landstraße erfolgreich gegen den radikalen demokratischen Verein agitierten. Gruschas Linie war die Abwehr radikaler Strömungen. Die Kompanie, die ihn als Kameraden im Dienste »für das Wohl unseres viel geliebten konstitutionellen Kaisers« begrüßte, unterdrückte wenige Tage später die Arbeiterunruhen vom 21. und 23. August.

Eine der wirkungsvollsten Missfallenskundgebungen des Jahres 1848 war die Katzenmusik, eine Lärmorgie vor der Wohnung des Missliebigen. Pfarrer Wiesinger, Gruschas Chef in der Pfarre St. Leopold, trat »infolge einer der gräulichsten Katzenmusiken, die ich je in meinen Ohren vernommen, und bei der an 6000 Menschen zugegen waren« (Gruscha), zurück. Gruscha wurde bis zur Installation eines neuen Pfarrers zum Spiritualprovisor ernannt. Doch Gruscha kämpfte im Wien von 1848 noch einen anderen, heute vergessenen Kampf. Der Anlass ist verweht, erinnerungslos dahin, möglicherweise hat ihm aber gerade dieser Kampf geholfen, im Sommer als Verteidiger des Glaubens etwas vom schlechten Ruf auszubügeln, den er sich im Frühjahr als Revoluzzer eingehandelt hatte.

Der Deutschkatholizismus ist den großen deutschen Enzyklopädien seit Jahrzehnten nur noch Stichworte von lakonischer Kürze wert. Viel weiter zurückliegende Ketzereien sind noch lebendiger in Erinnerung. Der Kaplan Johannes Ronge ist so tot und vergessen, dass man sich das Aufsehen, das er einst erregte, kaum mehr vorstellen kann. Doch Wien im Jahr 1848 war ein guter Nährboden für aufrührerische Ideen. Und eines Tages hing plötzlich am Stephansdom ein Plakat mit der Überschrift »Eine neue Religion in Wien«.

Darunter ein neues Glaubensbekenntnis und die Ankündigung, Johannes Ronge werde demnächst in Wien eintreffen. Kaplan Ronge hatte 1844 einen Offenen Brief an den Bischof Arnoldi von Trier geschrieben, in dem er anlässlich der Ausstellung des Heiligen Rocks in Trier gegen die Reliquienverehrung Stellung nahm. Das Aufsehen war ungeheuer. Ronge wurde exkommuniziert und gründete mit dem Vikar Johannes Czerski und dem Demokraten Robert Blum die deutschtümliche, von Rom unabhängige, auf Gewissensfreiheit und Selbstständigkeit der Gemeinden aufgebaute deutschkatholische Bewegung. Wunder, Dreieinigkeit und die Göttlichkeit Christi wurden von den Deutschkatholiken negiert, ihre Priester durften heiraten. Mit 259 Gemeinden, 88 Geistlichen und staatlicher Anerkennung in Hessen-Nassau, Baden und Sachsen (in Sachsen sogar als dritte Landeskirche) erreichten sie 1847/48 ihre größte Verbreitung. In Bayern und Österreich wurden sie polizeilich unterdrückt. Einzelne Gemeinden überlebten bis ins 20. Jahrhundert.
Ronge hatte Sympathisanten im aufsässigen vormärzlichen Wiener Bürgertum, aber auch bei einem Teil des josefinischen Klerus. Als der Diözesanpriester Hermann Pauli in den Vororten Werbeversammlungen für die Deutschkatholiken abhielt und auch in der Leopoldstadt erschien, war Gruschas Aufregung groß. Der Wille sei seine schwache Seite gewesen und immer habe jemand da sein müssen, »der ihn zur Tat schob«, berichtete der Dominikanerpater Albert M. Weiß. Doch in diesem Fall scheint er sich aus Eigenem zur Tat aufgeschwungen zu haben. Dabei treten uns beim jungen Gruscha Züge entgegen, die wir auch beim alten Gruscha, zum Teil verstärkt, wieder finden: Eine gewisse Aggressivität, sobald er einmal aktiv geworden ist, ein Quantum Fanatismus, aber auch Gespür für Taktik.
Ungläubige, Indifferentisten, Vollsäufer und Ehebrecher nennt er die Teilnehmer einer Versammlung der Deutschka-

tholiken im Odeonsaal. Alles, was nach Sozialismus riecht, ist ihm bereits 1848 besonders verhasst. Nur die Kirche könne die Wunden heilen, die der Sozialismus und der Kommunismus dem Menschengeschlecht geschlagen hätten, wird er ein Jahr später in seiner Dissertation zur Erlangung des Doktorgrades an der theologischen Fakultät schreiben. Dass sich die Deutschkatholiken den »sozialistischen Bestrebungen der Umsturzmänner« anschließen, weckt seinen besonderen Zorn. Als Verantwortlicher für alle Vorgänge in seinem Pfarrsprengel richtet er am 18. August 1848 eine Anzeige an das fürsterzbischöfliche Consistorium. Die gefertigte Pfarre und mit ihr gewiss jeder Katholik ehre und achte die Glaubens- und Gewissensfreiheit und die freie Religionsübung, doch »darf und muss der Katholik die volle Glaubens- und Gewissensfreiheit auch für sich in Anspruch nehmen, kann also nicht dulden, dass allen kirchlichen und bürgerlichen Toleranzgesetzen zuwider seine Kirche, Lehre und Priester in den Kot niedriger Spöttereien herabgezogen werden von einem Manne (gemeint war Pauli), der de facto noch ein Glied der katholischen Kirche ist«. Das hochwürdigste Ordinariat möge beschließen, »was zur Wahrung des Glaubens, der Rechte und Freiheit der katholischen Kirche zweckdienlich und ersprießlich erscheint«. Für Gruscha wird die Meinungsfreiheit von unerwünschter Seite in Anspruch genommen, zur Störung der Religionsfreiheit. Das f.e. Consistorium bestätigt den Eingang und lässt zu Gruschas Ärger nichts mehr von sich hören, »auch ward eine Currende erlassen, in der es dem Klerus als minder räthlich dargestellt ward, gegen den Deutschkatholizismus offen und direkt aufzutreten«.
Von drei Kanzeln, in der Kirche Am Hof, in der Universitätskirche und von Gruschas Kanzel in St. Leopold, wird nun in außerordentlichen Nachmittagspredigten gegen die Deutschkatholiken gewettert. Diese Predigten seien ungemein zahlreich besucht und vom sichtlichen Segen Gottes

begleitet gewesen, hält er im Denkbuch der Pfarre fest. Ronge kommt im September, aber mit der Wiederherstellung der alten Ordnung ist auch diese Bewegung erledigt. »General Frank ließ augenblicklich das Odeon, den Herd der Demagogie, in Brand stecken: ›Das ist der Finger Gottes!‹, so lautete das Gottesurteil über diesen Heidentempel aus dem Munde des Volkes ... Den 9. Nov. ward Robert Blum, das Haupt der Demagogie und des Deutschkatholizismus, standrechtlich in der Brigittenau erschossen, nachdem er sich früher durch eine reuig abgelegte Beichte und Kommunion wieder mit der Kirche ausgesöhnt hatte. Andere Hinrichtungen geschahen noch in zahlreicher Menge, teils wegen Waffenverheimlichung, teils wegen Teilnahme am Aufstande. Wien ward in Belagerungszustand erklärt und vom Stephansturme wehte die schwarz-gelbe Fahne.«

Gruscha steht für einen Klerus, der seinen Schäfchen auch politisch den Weg weist. Alle Zeiterscheinungen, schreibt er 1849 in seiner Dissertation, seien auf »christliche oder antichristliche Prinzipien als Triebfeder des Geschehens« zu prüfen. In der Lebensphase, die nun folgt, beginnt sein unaufhaltsamer Aufstieg. Erzbischof Milde stirbt am 14. März 1853, zwei Tage nach dem feierlichen Dankgottesdienst in der Stephanskirche für die Errettung des jungen Kaisers Franz Joseph vor dem Mordanschlag des Schneidergesellen Johann Libenyi am 18. Februar. Mit dem Konkordat von 1855, dessen Vorbereitung noch unter Milde begonnen hat, ist verwirklicht, was Brunner und Gruscha vorschwebte. Das Staatskirchentum ist überwunden, die rechtliche Gleichstellung der Gewalten Staat und Kirche erreicht, der Einfluss der Kirche im Staat gesichert. Nach der Jugendfreundschaft mit Brunner entscheiden zwei weitere Begegnungen über Gruschas gesamtes weiteres Leben: Die Begegnung mit Adolf Kolping und die mit der Kaiserinwitwe Carolina Augusta.

Am 26. September 1850 hält er in der Vierten Generalver-

sammlung der Katholischen Vereine in Linz eine flammende Rede, deren Konzept erhalten ist. Sie ist eine Kampfansage an die Linke: »Der Sozialismus ist der erste Feind der Menschheit, der zweite ist aber ... der sich daran knüpfende Kommunismus«, zitiert ihn Posch. Über den im Gefängnis sitzenden Proudhon gießt Gruscha seinen Spott aus. Mit seinem Aufsatz »Zur sozialen Frage«, der 1852 in der »Zeitschrift für die gesamte Theologie« erscheint, befasst er sich sodann als erster österreichischer Kirchenmann ausführlich mit den sozialen Problemen des Industriezeitalters. An den Ansichten, die er hier niederlegt, wird er kaum mehr etwas ändern. Sein sozialpolitisches Denken hat ein unerschütterliches Fundament: Nur der Glaube und nur die Kirche können die soziale Not lindern. Ohne die Kirche sind alle Bestrebungen, dem Proletariat zu helfen, wertlos, ja von Übel, denn die »primären Lebensfragen der Menschheit« haben in Christus, und nur in Christus, »ihre vollgültige Beantwortung gefunden«. Da aber die Umwälzungen des Jahrhunderts »die ganze Menschheit in den Grundbedingungen ihrer Existenz« erfassen, stehe die ganze Menschheit vor der Wahl, »Christus zum Eckstein des sozialen Bauwerks zu wählen oder über ihn herzufallen und sich den Kopf zu zerschellen«. Ökonomische Zusammenhänge existieren nicht.
Origineller als Gruscha hat wohl niemand das Proletariat definiert. Er lässt die Not der unteren Schichten nur dann als soziales Phänomen gelten, wenn sie sich ihren Glauben bewahrt haben und in die Arme der Kirche flüchten. Sie wird dann mit ihnen teilen »in echt christlichem Kommunismus, Christum in den Armen erblickend«. Haben die Armen aber den Glauben verloren, dann ist das Proletariat kein ökonomisches oder soziales Phänomen mehr, sondern »Folge der ethischen Not«. Denn erst im Verein mit der wirtschaftlichen Not und dem Unglauben werde das Proletariat geboren. Dieses Proletariat sei sowohl in den Fabriken als auch in den Salons zu finden. »Denn nicht die phy-

sische Not gebiert das so sehr gefürchtete Proletariat, dieses Sphinxrätsel der Staatsökonomie, sondern die geistige, ethische Not eines sittlich verkommenen Jahrhunderts, aus dessen Düngerleben die wahnwitzigsten sozialen und religiösen Probleme wie Giftpilze aufschießen und den Nachtschatten der Verzweiflung als letztes Remedium den Betörten bescheren.« Für Gruscha ist also nicht nur der Sozialismus Ergebnis eines moralischen Defekts, verursacht durch den Abfall von Gott, sondern ebenso die Armut selbst, die der Sozialismus mit falschen Mitteln und in einem gefährlichen Geiste bekämpft. Mission der Kirche sei es aber, »diesen Prinzipienkampf aufzunehmen, im Zentrum den Feind anzugreifen«. Der Feind ist nicht die soziale Ungerechtigkeit, sondern der Sozialismus.

Gruscha konnte mit Worten klingeln. Alle nicht christlichen Ansätze zur Lösung der sozialen Frage entstiegen in seinen Augen »als Irrlichter kranker Fantasie aus der Taltiefe eines im Weltschmerz versumpften Gemütes oder sie sind Eisblumen des Hohnes, herabgetaut von den Gletscherfirnen eines sich und Gott leugnenden Menschengeistes«. Gruscha wird sich in Hinkunft ausschließlich für jene interessieren, die für die Kirche erreichbar bleiben und »sich den Vorgesetzten gerne ernennen lassen, die sich gerne fügen, kurz die keine demokratische Ader in sich haben«, wie es der Moraltheologe und Reichsratsabgeordnete Josef Scheicher in seinen Erinnerungen später ausdrücken wird. Für sie dürfte Gruscha als Katechet, Seelsorger und Präses eine gute Hand gehabt, bei ihnen dürfte er durch Menschlichkeit und Wärme starke Eindrücke hinterlassen haben. Zu seiner Promotion widmeten ihm die Schüler des zweiten Jahrganges bei St. Leopold jedenfalls eine rührende Gratulation. Ferdinand Bischof führt die Annahme des Namens Josef als zweiten Vornamen bei seiner Inthronisation als Zeichen dafür an, wie sehr sich Gruscha selbst als Vaterfigur und Nährvater einer Familie verstand.

Selbstverständlich wird er nicht mit den bisher zitierten Ansichten allein zum Pionier der österreichischen katholischen Sozialpolitik. Er hat auch bereits das Feld entdeckt, auf dem die Kirche tätig werden muss. Er weiß, dass Predigen von der Kanzel nicht genügt, wenn immer mehr Menschen von keiner Predigt mehr erreicht werden. Es muss auch an der sozialen Front etwas getan werden, etwas außerhalb der Kirche Sichtbares. Vor allem für jene, auf die sich die katholische Kirche noch stützen kann. Zu ihnen gehören genau die Schichten, die sich später in der christlichsozialen Bewegung formieren werden: die Klein- und Kleinstbürger, die Gesellen, die Meister. Sie sind wenigstens zum Teil noch gläubig, während die Industriearbeiterschaft der Kirche unaufhaltsam entgleitet.

Die katholischen Gesellenvereine waren nicht Gruschas Idee, aber Gruscha war der Mann, der diese Idee als Erster für Österreich öffentlich aufgriff. Durch eine Beilage im kirchlichen rheinischen »Vereinsorgan« und zwei Zuschriften Kolpings an das »Katholische Blatt aus Mähren« war er auf Adolf Kolping aufmerksam geworden. Kolping war wie Gruscha Priester und kleiner Handwerker Kind, hat aber auch selbst das Schusterhandwerk erlernt. Er hatte ab 1846 einen katholischen Junggesellenverein in Elberfeld, der aus einem Gesangsverein hervorgegangen war, nach seinen Ideen umgeformt und zur Keimzelle seiner Bewegung gemacht. Die Idee, die katholischen Handwerksgesellen in Vereinen zu organisieren, lag sozusagen in der Luft. Sie war eine zündende Idee. In Österreich, wo die Habsburger, geschockt von der Französischen Revolution, bis 1848 die Industrialisierung zumindest in der Bannmeile um ihre Residenzstadt nach Kräften gebremst hatten, fand Kolpings Idee einen noch besseren Nährboden als im ökonomisch fortgeschritteneren Rheinland.

Gruscha hat Vorbehalte: Katholische Vereine könnten die Stoßkraft der Kirche gefährden. Aber zu viel steht auf dem

Spiel. Der Gegner hat sich das Assoziationsprinzip zu Eigen gemacht. Mit seinen eigenen Waffen soll er geschlagen werden. Und Kolpings Vereine bekennen sich rückhaltlos zur Religion, Kolping ist ein Mann nach Anton Gruschas Geschmack. Wie er selbst, sucht auch Kolping »in der Mystik, nicht in der Politik ... die Wurzeln der berufsständischen Organisation«, wie Ernst Karl Winter, Historiker und dritter Wiener Vizebürgermeister nach dem Februar 1934, einmal bemerkte. In seinem Aufsatz »Zur sozialen Frage« äußert Gruscha die Hoffnung auf Nachahmung in Wien, »wo das Gesellenwesen mehr denn irgendwo der katholischen Grundlage entrückt ist«.
Und er referiert auch gleich Kolpings Statuten. Hauptzweck sei die »Anregung und Pflege eines kräftigen, religiösen und bürgerlichen Sinnes und Lebens und dadurch einen tüchtigen und ehrenwerten Meisterstand heranzubilden«, die wichtigsten Mittel zur Erreichung dieses Zwecks: öffentliche Vorträge, Unterricht, Gesang, Lesen passender Schriften, Gespräche, Unterhaltung und gegenseitige Hilfe in der Not. Wir dürfen annehmen, dass das von Kolping vorgegebene, streng patriarchalische Organisationsmodell Gruscha besonders sympathisch war: Alles verläuft von oben nach unten. Die wichtigsten Vorstandsmitglieder müssen von den Vereinsmitgliedern unabhängig sein, der Präses hat immer ein Geistlicher zu sein. »Unter Leitung eines hiezu befähigten Priesters« soll der Verein »eine Arche werden in den Tagen der Sündflut, ein Schutzdamm für den Gesellenstand gegen das heranflutende Verderben der Zeit.« Kapitän und Steuermann der Arche, falls Arche und nicht Damm, können aber nur die Kleriker sein.
Gruscha ist nicht der Einzige in Österreich, der Kolping bereits entdeckt hat. Kurz nach Erscheinen seines Aufsatzes, am 25. Mai 1852, trifft Kolping auf Einladung mehrerer Persönlichkeiten in Wien ein. Man sucht einen Präses für

den geplanten Gesellenverein. An Gruscha wird zunächst nicht gedacht. Doch nach zwei Absagen erscheint er unangemeldet: »Nachdem an zwei Türen vergeblich gepocht ward, kam Kolping eines Mittags zu mir. Wir kannten uns beide nicht persönlich. Ich sagte: eines Mittags, denn gerade saß ich mit meinem seligen Vater zu Tische. Fast noch ehe sich Kolping mit Namen mir mitteilte, schritt er auf mich zu und sprach kurz und scharf zu mir: ›Du musst Präses des Gesellenvereins in Wien werden‹, das herzliche Bruderwort ›Du‹ gebrauchend, als wären wir alte Bekannte von Jahren der Studien her gewesen. Mir ward selbstverständlich eigentümlich zu Mute bei solch kategorischer Begegnung, ja Überrumpelung, wenn ich so sagen darf; hatte ich doch auch nicht von weitem eine Ahnung von Kolpings Gegenwart in Wien, noch viel weniger von dessen Besuch bei mir, und lag auch meinen Intentionen nichts ferner, als im Momente Gesellenvereins-Präses zu werden. Und doch sollte es so sein nach Gottes Ratschluss; denn Gottes Rat lag im Rate meines ehrwürdigen Vaters, der, selber ein armer Handwerksmeister, als er mich in meinem Seelenkampfe bemerkte, ruhig und entschieden zuriet mit den Worten: ›Gibt dir, mein Sohn, Gott den Beruf, dann gibt er dir auch die Kraft.‹ So schlug ich in Gottes Namen ein in Kolpings Hand und unseren Handschlag bekräftigte der Segen des Vaters.«

Bereits am folgenden Pfingstmontag, dem 31. Mai, gründete Gruscha in Gumpendorf mit 39 Handwerksgesellen Österreichs ersten katholischen Gesellenverein. Kolping veranstaltete am 8. Juni im Musikverein eine Festversammlung, mit Gruschas feierlichem Ja nebst öffentlichem Handschlag. Gruscha hatte diesen Handschlag nicht zu bereuen. Kolping fand Zugang zu den ersten Adelspalais in Wien, wo die katholische Reconquista des Handwerksstandes wärmstens begrüßt wurde. Auch Kaiserinwitwe Carolina Augusta und Erzherzogin Sophie empfingen Kolping mehrmals in Pri-

vataudienz. Durch seinen »viellieben Bruder« Adolf Kolping fand auch Gruscha Zugang zum Wiener Adel.
Das Handwerk war längst zum Rückzugsgebiet der Umwälzungen geworden. Immer mehr Handwerker fielen der Industrie zum Opfer. Kolpings Idee zielte tendenziell auf die Wiederherstellung mittelalterlicher Strukturen, wurde damals aber ganz und gar nicht als lächerlich empfunden. Ganz im Gegenteil, sie fällt mitten hinein in eine Welle romantischer Mittelalter-Verklärung, denken wir nur an die neugotische Votivkirche, an das Wiener Rathaus, an die Fertigstellung des Kölner Doms, an John Ruskin, den britischen Trendsetter des großbürgerlichen Designs im späten 19. Jahrhundert, der die Neugotik bewunderte. Denken wir an die Pioniere neuer Formen auf der Basis alter Handfertigkeit, an McIntosh und wie sie alle heißen, die Meister des unerschwinglichen Einzelstücks, bis herauf zu Josef Hoffmann und Kolo Moser, zum Jugendstil und seinem großen Hasser Adolf Loos, auch er ein Verehrer traditioneller Handwerkskunst. Der Handwerksgeselle stirbt zwar aus, aber die Spätromantik liebt ihn. Moritz von Schwind malt ihn. Eichendorff bedichtet ihn. Schubert besingt ihn. Die Wiener Salons, in denen man Kolping hofiert, sind damit ganz auf der Höhe des Zeitgeistes.
Arbeiter durften damals in Österreich keine Vereinigungen bilden. Vorgeblicher Grund des bis 1867 bestehenden Verbotes war der Verdacht heimlicher sozialistischer Tendenzen. Mit dem ersten Kolpingverein ist Gruscha dem Arbeiterbildungsverein und den ersten Gewerkschaften um eineinhalb Jahrzehnte voraus. Als das Verbot endlich fällt, wettert er natürlich gegen die Arbeiterbildungsvereine. Vorher weiß er seinen Vorsprung tatkräftig zu nützen und reist unermüdlich, insgesamt 40000 Kilometer. Von den 400 Kolpingvereinen, die in 15 Jahren im Gebiet der Monarchie entstanden, verblieben nach 1918 im verkleinerten Österreich immerhin noch 95. Davon 21 in der Diözese Linz, 18

in Wien, 16 in St. Pölten. Der Aufbau der österreichischen Kolpingbewegung ist die Leistung, die Gruscha überlebt, sie wird zur Keimzelle des katholischen Vereinswesens. Gruscha hält sich peinlich genau an die Vorgaben Kolpings, der öfters nach Wien kommt und mit dem er einen regen Briefwechsel hat. Eigene Ideen entwickelt er nicht. Mit Kolpings wahnwitzig anmutendem Projekt, seine Bewegung als Stoßkeil zur christlichen Missionierung der Türkei und des Nahen Ostens einzusetzen, verlieren beide wohl etwas den Boden unter den Füßen.

Neben seiner Arbeit als Präses der Kolpingbewegung findet Gruscha Zeit für eine Fülle anderer Aktivitäten. Er ist ein unermüdlicher Vortragender. Er ist einer der markantesten Redner der deutschen Katholikentage. Im Severinusverein, der sich die Wiederbelebung des religiösen Lebens vorgenommen hat und dafür sorgen soll, dass die Kirche keine Position preisgibt, outet er in einer großen Rede über die Sonntagsfeier den Liberalismus als geistigen Wegbereiter des Kommunismus. Daneben ist er auch noch Religionslehrer am Theresianischen Gymnasium. Wenige Monate nach der Unterzeichnung des Konkordats ernennt ihn Kardinal Joseph Othmar Rauscher zum Domprediger. Durch seine Stellungnahmen zum politischen Tagesgeschehen wird er von den liberalen Zeitungen zur Kenntnis genommen und Ziel einiger heftiger Gegenangriffe.

Eine Kammerfrau der Witwe von Kaiser Franz I. hört Gruscha im Stephansdom und macht ihre Herrin auf seine Predigten aufmerksam. Carolina Augusta kommt, hört – und wird zur bewundernden Gönnerin. Sie macht Anton Gruscha zu ihrem Beichtvater, richtet ihm im Schloss Persenbeug ein eigenes Zimmer ein, in dem Bilder aller Schauplätze seines Wirkens hängen, und sorgt dafür, dass der Monarch ihn kennen lernt. Der Kaiser besucht am 12. April 1863 das Kolpinghaus und trägt sich ins Gedenkbuch ein. Vereinsvorstand Graf Gaukel lässt ein kostbares Etui für

die Schreibfeder anfertigen, im k.k. und k.u.k. Österreich eine kleine byzantinistische Selbstverständlichkeit. Dem Kaiserbesuch folgen regelmäßige Besuche des Hochadels, bereits im Jänner 1864 beehren »Kronprinz Rudolf mit Erzherzogin Gisela ... die Weihnachtstableaus samt Hirtenspiele mit ihrem Besuche«, der Jahrestag des Kaiserbesuches wird in der Gumpendorfer Straße Jahr für Jahr festlich begangen.
Gruscha wird geistlicher Rat und Professor der Pastoraltheologie. Die Kaiserinwitwe sorgt dafür, dass er auch Domherr wird. Er beteiligt sich im Mai 1862 an der Heerfahrt des Weltkatholizismus nach Rom, wo der Papst um seine Stellung als König und Landesherr kämpft, arbeitet in der Michaelsbruderschaft mit, die zur »Aufrechterhaltung und Verteidigung der unverletzlichen Rechte des hl. apostolischen Stuhles« angetreten ist, und kauft sich mit Mitteln der Michaelsbruderschaft in die vom Untergang bedrohte Zeitung »Der österreichische Volksfreund« ein, um dem Katholizismus zu einer Tageszeitung mit Breitenwirkung zu verhelfen. Ihre Aufgabe soll sein, »dem Treiben des Tages gegenüber die ewigen Prinzipien festzustellen und sich zur ewigen Wahrheit zu bekennen«. Das bedeutet in erster Linie die Verteidigung des Kirchenstaates und den Kampf gegen die Freimaurer, die er – laut Bischof in einer wahrscheinlich während seiner Zeit als Universitätsprofessor für Moraltheologie entstandenen Abhandlung – auf paranoid anmutende Weise definiert: »Freimaurer sind also alle Kirchenfeindlichen, Ungehorsamen, und zwar nicht bloß in äußeren Taten, sondern sogar die innerlich unfolgsamen, ohne Taten und Handlungen zu offenbaren ... Und zu der letzten Art Freimaurer gehört der bereits größte Teil der heutigen Christenmenschen und ein großer Teil der katholischen Priester sogar ... Jede Religion hat ihre Freimaurer, das ist: falscher Glaube. Die Juden des Alten Testamentes hatten auch ihre Freimaurer, so waren zur Zeit Christi die

Herodianer offene Freimaurer ... Alles was sich zu einer was immer für eine Religion mit dem Munde bekennt, sonst aber ungehorsam, feindlich ist, ist Freimaurer und in dieser ihrer Wahrheit vertragen alle Arten Freimaurer sich recht wohl untereinander, denn sie sind Kinder des Teufels, von gleicher Natur.« Der »Volksfreund«, in dem die Kleriker das Sagen haben, ist den jüngeren Katholiken zu autoritär. Das seit 1860 von Karl Vogelsang herausgegebene »Vaterland« mit seiner freieren Schreibweise findet mehr Zuspruch. Gruscha zieht sich aus dem »Volksfreund« zurück.
Während er die Gunst des Kaiserhauses gewinnt, ist die kurze Phase des Neoabsolutismus in Österreich schon wieder vorbei und mit ihr die kurze Zeit, in der die politische Realität mit Gruschas Vorstellungen wenigstens äußerlich einigermaßen übereingestimmt hat. In den kommenden Jahrzehnten werden sie immer weiter auseinander klaffen. Gruscha steigt in der Hierarchie mit sanfter Nachhilfe Carolina Augustas empor und wird mehr und mehr zu einem Mann der Vergangenheit, ebenso wie der Kaiser mehr und mehr zu einem Mann der Vergangenheit und Österreich langsam, aber sicher zu einem Gebäude wird, das nur noch aus Gewohnheit zusammenhält. Unterdessen verschärft sich das geistige Klima. »Aufgeklärte«, die es den Pfaffen und Pfaffenknechten zeigen wollen, gehen ostentativ mit dem Zylinderhut auf dem Kopf durch die Stephanskirche. Katholisch ist zum Synonym für rückständig geworden. In den Augen des Kronprinzen Rudolf ist Österreich ein Staat, wo sich »Pfaffen und hohe Trotteln im Dreck der Dummheit herumwälzen«. In dieser Atmosphäre wird dem Kolpingverein 1861 vom Wiener Gemeinderat sogar die Jahresunterstützung verweigert, »weil der Verein katholisch ist«. Das mittlere und gehobene Bürgertum, keineswegs nur das jüdische, liest längst die liberalen Zeitungen. Es lächelt nur noch über die Kirche und schickt den nächstbesten Dienstmann in den Beichtstuhl, wenn die für eine kirchliche

Heirat unerlässliche Beichtbestätigung, der berüchtigte »Beichtzettel«, benötigt wird. Die Kinder und Enkel der liberalen Bürger sind zu deren Verwunderung nicht mehr liberal, sondern deutschnational.
Am 19. Jänner 1878 wird Gruscha vom Kaiser zum apostolischen Feldvikar der Armee ernannt. Die Öffentlichkeit ist überrascht, denn der neue Militärbischof spricht weder Tschechisch noch Ungarisch. Dafür stellt er schon seit längerem Überlegungen über die Organisation der Militärseelsorge an. Die Kaiserinwitwe soll ihn kurz vor ihrem Tod dem Kaiser für die neue Aufgabe empfohlen haben. Nach der Niederlage Österreichs gegen Preußen in der Schlacht von Königgrätz 1866 kursierte allen Ernstes auch der Vorwurf, nicht die Langsamkeit der veralteten österreichischen Gewehre im Vergleich mit den preußischen Zündnadelgewehren habe die Katastrophe verschuldet, sondern der liberale Geist des österreichischen Offizierskorps. Dieser habe die Moral des katholischen Heeres zersetzt. Die Wurzel des Übels aber, schrieb der Mainzer Bischof Ketteler an Kaiser Franz Joseph, liege in der exempten Militärseelsorge in der österreichischen Armee, die einem eigenen Bischof untersteht: Die Diözesanbischöfe haben keinen Einfluss auf die geistliche Betreuung der in ihrem Diözesangebiet stationierten Truppen. Gruscha versorgte Bischof Ketteler zwar mit Unterlagen, sprach sich aber für die Beibehaltung der exempten Militärseelsorge aus. Der Verzicht auf die einheitliche Armeepastoral könnte angesichts der nationalen Verschiedenheiten in der österreichischen Armee Gegensätze schaffen, weshalb die Autorität des Feldvikariats sogar noch erhöht werden sollte. Damit hatte Anton Gruscha im neuen politischen Richtungsstreit Österreichs gegen den Föderalismus und für den Zentralismus Stellung bezogen und sich zugleich eine bischöfliche Aufgabe nach Maß auf den eigenen Leib geschneidert. Nach der Okkupation von Bosnien-Herzegowina durch Österreich und einer

mehrwöchigen Inspektionsreise im Mai 1879 kam er zur Erkenntnis, der Militärklerus habe hier an einer zivilisatorischen Mission mitzuwirken, der man »am besten durch religiös eingekleidete Militärparaden« gerecht werden könne. Thron und Altar traten gemeinsam in Erscheinung. Die politische Selbstdarstellung Österreichs gegenüber der islamischen Bevölkerung erfolgte in Form von Prozessionen.
Warum sich Gruscha nach drei Jahren Feldvikariat weigerte, dieses mit dem Wiener Erzbischöflichen Palais zu vertauschen, das ist die große offene Frage in seiner Biografie. Wer immer ihn für einen Karrieristen gehalten haben mochte, war nun widerlegt. Mehr als der Wiener Erzbischof konnte kein österreichischer Priester werden. Es gab Gerüchte, die Weigerung könnte auf einen Konflikt mit Kardinal Friedrich Schwarzenberg von Prag zurückgehen. Zwar vertrat Schwarzenberg eine föderalistische und Gruscha eine zentralistische Position. Doch niemand bemühte sich so, Gruscha umzustimmen, wie gerade er. Die Militärseelsorge gelte für ein Hirtenamt, »welches meines Wissens noch für niemand anziehend und tröstlich gewesen ist« und dass Gruscha daran festhalte, »beweist, dass Sie Herz und Geschick für das hl. Hirtenamt haben in besonderem Maße«, lesen wir in einem der Briefe Schwarzenbergs. Auch er habe sich gesträubt, Salzburg zu verlassen und in das für ihn unbekannte Prag zu ziehen, und habe nun von Jahr zu Jahr immer besser und deutlicher feststellen können, dass er doch recht getan hatte, als er nachgab. Schwarzenberg flehte Gruscha förmlich an: »Unterwerfen Sie sich auch, ich bitte Sie als echter Wiener und ältester Bischof Österreichs.«
Zwei Lesarten stehen nebeneinander. Die eine besagt, dass der unerbittliche Streiter für die Rechte der Kirche im persönlichen Umgang nicht nur ein liebenswürdiger und ausgleichender, sondern auch ein empfindlicher, weicher Mensch war, der es sich einfach nicht zutraute, die Kon-

frontationen durchzustehen, die auf den Wiener Erzbischof unweigerlich zukamen. Die andere behauptet das glatte Gegenteil: Gerade seine Kompromisslosigkeit habe ihm die Annahme des Amtes verboten. Er habe sich mit Österreichs liberaler Gesetzgebung nach der Aufkündigung des Konkordats nicht abfinden können. Die »Frankfurter Zeitung« schrieb am 2. April 1881, Gruscha habe dem Kaiser erklärt, »so lange die konfessionellen und die Schulgesetze in Kraft seien, könne sich kein gewissenhafter Priester entschließen, das Amt eines kirchlichen Oberhirten zu übernehmen. Kaiser Franz Joseph, durch diese Erklärung aufs Höchste überrascht, habe den Feldbischof gefragt, ob er denn die Kardinäle Rauscher und Kutschker nicht für gewissenhafte katholische Priester halte, worauf Gruscha sich tief verneigend erwiderte, wie sich Rauscher und Kutschker mit ihrem Gewissen abgefunden hätten, das wisse er nicht, für sich selber aber müsse er wiederholen, dass er es mit seinem Gewissen nicht vereinbar finde, Gesetzen wie den erwähnten Folge zu leisten, und er könne hinzusetzen, dass viele seiner geistlichen Mitbrüder ebenso dächten.«

Eine spätere Episode spricht für die zweite Version. Nach dem Kampf von 1894 und 1895 um die obligatorische Zivilehe in Ungarn und der unvermeidlichen Bestätigung der neuen Ehegesetze durch Franz Joseph hatte Gruscha in der Hofburg zwei Trauungen vorzunehmen. Er protestierte gegen die neuen Ehegesetze, indem er in seiner Ansprache die katholische Lehre von der Ehe darlegte: »Nicht ein bloßer bürgerlicher Vertrag ist es, den Sie schließen, sondern ein Bund von Gott und der Schöpfung eingesetzt, von Jesus Christus in der Erlösung des Menschengeschlechtes bis zu der Würde und Heiligkeit eines Sakramentes erhoben und verklärt ... In Heilighaltung und Erfüllung dieses Berufes ist zugleich auch die beste und sicherste Bürgschaft für den treuen Patriotismus gegeben.« Der Kaiser soll auf seinem Betschemel das Gesicht in den Händen verborgen haben.

Unmittelbar nach der Trauung kam Generaladjutant Graf Paar zu Gruscha »und bat im Auftrag seines Herrn den Kardinal, er möge bedenken, in welcher peinlichen Lage sich der Kaiser unter dem Druck von innen und außen befinde. Der Kardinal erklärte, dass er für die nächste Trauung gern auf die Ehre verzichte. Wenn er sie aber trotzdem vollziehen müsste, so werde er zwar schonend vorgehen, aber von seiner Pflichterfüllung könne er nicht absehen.«

Die Weigerung von 1881 bescherte Gruscha acht weitere Jahre im Hirtenamt, das noch für niemanden anziehend und tröstlich gewesen war. Vor allem dürften ihn diese Jahre den politischen und sozialen Entwicklungen, die er immer schon aus einem eingeengten Blickwinkel verfolgt hatte, noch weiter entfremdet haben. Ende 1889 wird durch den Tod von Kardinal Cölestin Josef Ganglbauer der erzbischöfliche Stuhl wieder frei. Im selben Jahr 1889, in dem Anton Gruscha nun doch zum Zuge kommt, wird die Sozialdemokratische Partei Österreichs gegründet, begeht Kronprinz Rudolf in Mayerling Selbstmord und nimmt die 17-jährige Mary Vetsera in den Tod mit und wird in Braunau Adolf Hitler geboren.

Diesmal macht Gruscha keine Schwierigkeiten. Er wird am 24. Jänner 1890 vom Kaiser nominiert, am 23. Juni von Rom ernannt und am 13. Juni 1891 setzt ihm Franz Joseph in der Hofburgkapelle das rote Birett auf. Entgegen dem Hofzeremoniell ist ein Vertreter des Handwerks dabei. Wien hat nun einen sozial denkenden Erzbischof, einen »Gesellenbischof«, doch dessen sozialpolitische Positionen sind über ein Menschenalter hinter der Zeit. In zwölf Jahren Militärseelsorge hat er die Verschärfung der Sozialprobleme wohl bestenfalls am Rande mitbekommen. Über das Leben des Industrieproletariats dürfte er so gut wie nichts wissen.

Die Kolpingbewegung war eine Initiative von oben mit einer kleinen Zielgruppe unter Führung des Klerus. Etwas ganz anderes, Neues, war die christlichsoziale Bewegung.

Man identifiziert sie zwar heute als katholische politische Partei der Zwischenkriegszeit mit der Kirche. Sie war aber keineswegs dem Schoß der Kirche entsprossen. Sie kam von unten. Dem Kardinal Anton Gruscha in Wien, dem Kardinal Franz Schönborn in Prag, den meisten Bischöfen, dem katholischen Hof erschien sie deshalb nicht als das heiß ersehnte Entsatzheer im Abwehrkampf gegen Liberale, Deutschnationale und Sozialisten, sondern als Ausgeburt des ihnen stets verdächtigen Geistes des Veränderung und der Unruhe. Sie war ihnen höchst unheimlich. Sie erschien der Hierarchie unkalkulierbar und veränderte die politischen Kräfteverhältnisse. Die Verbindung von christlich und sozial im Programm einer Massenbewegung war politischer und geistlicher Sprengstoff.
Der alte Mann, dessen Gehör stark nachgelassen hat, gerät in eine politische Situation, die er nicht versteht. Aber verstehen die anderen Bischöfe sie besser? Mit seinen starren, 1852 abgeschlossenen und zur ewigen Verwendung konservierten Überzeugungen ist ihr nicht beizukommen. Aber wer kommt ihr schon bei? Mit Demokratie konnte er nie etwas anfangen, sie war für ihn stets ein Feindbild. Er hält sie für unvereinbar mit der Religion. Aber kann der Kaiser mit Demokratie etwas anfangen? Der Kaiser ist für Gruscha kein Korrektiv, sondern ein alter Ego. Er denkt ähnlich wie der Kardinal. Aber auch der Dominikanerpater Albert Maria Weiß, dem Gruscha verpflichtet ist und der sich nun in seiner Umgebung einrichtet, bestärkt ihn in seiner starren Unzeitgemäßheit. Auch Weiß träumt vom Patriarchat in einer fest gefügten ständischen Ordnung, von mittelalterlichem Zunft- und Meistertum. Die Wirklichkeit hat sie längst überfahren, sie merken es nicht einmal. Statt einen Disziplinierungs- und Zivilisierungsversuch zu unternehmen, Lueger von seinem scharfen Antisemitismus abzubringen, ihm die Gruscha ebenso wie dem Kaiser so unsympathischen rüden Töne abzukaufen, reagiert der Kardi-

nal beleidigt und autoritär. Er ist aber nicht der Einzige, dem nichts Besseres einfällt.
Wäre Gruscha schon 1881 Erzbischof geworden, wären er und Lueger schon in dessen Anfängen aufeinander gekracht. Die Herabsetzung des Steuerzensus wäre in seiner Amtszeit erfolgt. Erst damit wurde das Kleinbürgertum mit einem Schlag zum Wählerpotential für neue politische Kräfte. Karl Lueger, der Vollblutpolitiker und begnadete Demagoge, ist als Erster in dieses Vakuum vorgestoßen, hat die Christlichsoziale Partei gegründet, ist in die Wirtshäuser der Vorstädte gegangen, um Wähler für die neue Bewegung zu sammeln: Vielleicht hätte Gruscha etwas dagegen tun können. Er ist in ein unzufriedenes Wählerpotential hineingeplatzt, das nur auf ihn gewartet hat. Mit seiner Mischung von Antiliberalismus und Antisemitismus hat er bereits 1885 einen bemerkenswerten Erfolg errungen. Ob die einstigen Schäfchen des Kolping-Kardinals, die in den Vereinen nicht einmal über die Besetzung des Vorstandes mitreden, geschweige den Präses wählen durften und jetzt eine politische Macht sind, auf Gruscha gehört hätten? 1890 sind die Christlichsozialen jedenfalls eine fest etablierte Partei, die niemand mehr bremsen kann.
Im Jahr der Einsetzung des neuen Erzbischofs legt der Abgeordnete Aloys Prinz von und zu Liechtenstein, eine der markantesten Persönlichkeiten unter den katholischen Konservativen, sein Mandat nieder. Er sieht in der Regierungsmehrheit keine Chance für die konfessionelle Schule mehr. 1891, im Jahr seiner Kardinalserhebung, erlebt Gruscha, dass Liechtenstein wieder in den Reichsrat einzieht. Nun als christlichsozialer Abgeordneter des Kleineleutebezirks Hernals. Vor allem aber erlässt am 15. Mai 1891 Papst Leo XIII. die Enzyklika »Rerum novarum«. Die »epochale Magna Charta der christlichen Sozialreform« nennt sie Friedrich Funder, der spätere große katholische Publizist. Die Christlichsozialen werden sich in Hinkunft auf sie stützen.

Im August 1892 findet in Linz der dritte österreichische Katholikentag statt, bei dem die Christlichsozialen die Führung an sich reißen. Funder ist noch Priesterschüler, aber seiner geistlichen Berufung bereits unsicher. Seine Eltern haben ihm die Reise nach Linz als Maturageschenk ermöglicht. Im ersten Band seiner Erinnerungen beschreibt der einstige Chefredakteur der »Reichspost« und spätere Gründer der Wochenzeitung »Die Furche« die Anziehungskraft der neuen Bewegung auf einen jungen Katholiken der damaligen Zeit (übrigens wurde die Gründung der »Reichspost« damals in Linz beschlossen) und die Aufbruchsstimmung, die ihn und seine Freunde erfasste. Neue Namen, neue Losungen liefen um. Man sprach von einer »schärferen Tonart«.
Für die damalige katholische Presse waren »die Wortführer der neuen Richtung Radaubrüder und Rebellen gegen jede Autorität«, doch der junge Funder und seine Freunde fiebern »mit erwartungsvoller Freude« gerade dem Auftreten der Männer von der »schärferen Tonart« entgegen – darunter dem vornehmen Liechtenstein, der so gar nichts von einem Rebellen und Radaubruder an sich hat. Ähnlich wie am 17. April 1848 im Hörsaal der Theologischen Fakultät geht es auch in Linz um die Rechte der Kirche. Wieder kommt die Kritik von unten und richtet sich gegen eine müde Hierarchie. Ob dies Gruscha bewusst wurde? Der alte Funder über die Empfindungen des jungen Funder: »Vor uns jungen Menschen wirbelte der große Kampf. Wir hätten nicht jung sein müssen, wären wir nicht begeistert mit hineingerissen gewesen in das große Geschehen der um uns sich vollziehenden christlichen Volkserhebung. Denn eben jetzt wurde Wien, das Hauptlager der liberalen Macht, von den Christlichsozialen gestürmt. Trotz Hof und Regierung, trotz der herrschenden Großpresse, trotz nach Rom beschwerdeführenden Bischöfen, trotz Börse und Hochfinanz.«

Er liefert aber auch das Psychogramm des alten Mannes, der die Welt nicht mehr versteht. Dabei war er, als er dies schrieb, selbst um etliches älter als Gruscha in den Jahren seiner Konfrontation mit den Christlichsozialen: »Jetzt in seinem hohen Alter begegnete er noch einer Bewegung, die für ihn so ganz fremdartig sein musste wie die christlichsoziale, weil ihr Aufbruch ungestüm war, sie sich eine freie Sprache gegen die Autoritäten von Staat und Kirche herausnahm, die bisher unerhört gewesen war. Nun ja, sie nannten sich ›Vereinigte Christen‹; vereinigt waren neben ernsthaften Katholiken sehr viele brave Namenschristen aller Schattierungen, abgehäutete Liberale, von denen man noch nicht wusste, was aus ihnen werden würde, Atheisten und Rassentheoretiker heidnischer Art, eine große Rotte von Rebellen, autoritätsfeindlich, die legitimen Gewalten bedrohend. So sah Fürsterzbischof Gruscha das neue politische Phänomen, er war von schweren Bedenken gequält. Wer waren diese Lueger, Schneider, Schlesinger mit ihrem Gefolge von unzufriedenen Handwerkern, Arbeitern, selbst Pfarrern und Kooperatoren? Jawohl, sogar in seinen Klerus war Unruhe und Aufruhrstimmung gebracht worden. Er war deshalb einer Meinung mit dem Kardinal Schönborn von Prag und dem Bischof Dr. Franz Bauer von Brünn, die in den Vorgängen in Wien, in dieser Wiener Volkserhebung, eine staats- und kirchenpolitisch bedrohliche Bewegung sahen, die mit allen Kräften zu bekämpfen sei. Ihre Meinung deckte sich mit der an den Spitzen des Hofes und der Regierung Windischgrätz.«

Politisch steckt der alte Kardinal in der Zwickmühle, seine Empfindlichkeit und sein hierarchisches Denken vertiefen den Konflikt. Die katholische Schule ist seit jeher eines seiner wichtigsten Anliegen. Als Säule des Staates trägt er aber eine Koalition mit, die sich geeinigt hat, über die Schulfrage zu schweigen. Dies bringt die Katholiken gegen die Katholisch-Konservativen auf und verschafft den Christlichsozialen noch mehr Zulauf. Daher wird der für 1894 geplante vierte allgemeine österreichische Katholikentag abgesagt. Den als Ersatz angesagten Wiener und niederösterreichischen Landeskatholikentag kann er nicht verhindern.

Wir müssen aber auch die Psychostruktur des Kardinals in Betracht ziehen. Sie hatte ihn offenbar für die Rolle, die in der Kolpingbewegung auf ihn zukam, prädestiniert. Ferdinand Bischof registriert eine auffallende Vaterbezogenheit: »Eigenartigerweise überträgt Gruscha die gesamte Erziehungsarbeit dem Vater, der Gattin ... weist er nur ein unterstützendes Moment des Familienvaters zu. In seinem Tagebuch und auch später in seinen handschriftlichen Aufzeichnungen zur Chronik des Wiener Gesellenvereines findet seltsamerweise seine Mutter gegenüber seinem Vater verhältnismäßig wenig Beachtung.« Leider enthält sich dieser Autor jeder wissenschaftlichen Neugierde, wenn er etwas dunkel feststellt: »Die Beleuchtung des letzteren Umstandes verbietet aber sowohl die exakte wissenschaftliche Forschung als auch die soziale Größe der Person Gruschas!« Doch auch wenn wir über Gruschas Identifikationsprobleme nicht mehr erfahren, lässt sich immerhin erahnen: Er lehnte die Selbstbestimmung der Schäfchen nicht nur aus rationalen Gründen ab. Sein hierarchisches Denken fungierte möglicherweise als Stütze einer gefährdeten, von Ängsten heimgesuchten Persönlichkeit. Diese Probleme könnten eine Rolle gespielt haben, als er die Ernennung zum Wiener Erzbischof ablehnte. Schon Jahrzehnte zuvor hatte er vor der vollen Verantwortung für die Pfarre St. Leopold zurückgescheut. In diesem Fall hätte Gruscha die Anmeldung eines Machtanspruches von unten wohl als Angriff auf seine verwundbare Persönlichkeit und schwere seelische Krise empfunden.

Reformbestrebungen waren ihm ein Gräuel, Rechtgläubigkeit ein Wert an sich, jede Abweichung ein teuflisches Vergehen. Auch der ehemalige Ordinarius für Kirchenge-

schichte und Direktor des Wiener Diözesanarchivs Franz Loidl spricht vom überstrengen Katholizismus Gruschas und seiner Werkzeuge, des Dominikaners Weiß und des Redemptoristen Rösler. Als nach der Jahrhundertwende in der Kirche die Angst vor dem Modernismus umging, wurde der Kirchenhistoriker und Byzantinist Albert Joseph Maria Ehrhard ein Opfer der Verdächtigungen. Ehrhard, der von den Priesterschülern glühend verehrt wurde, zog sich durch sein Buch »Der Katholizismus und das 20. Jahrhundert im Lichte der kirchlichen Entwicklung der Neuzeit«, das in einem Jahr zwölf Auflagen erlebte, »schwere Anfeindungen und Verdächtigungen zu und wurde völlig zu Unrecht sogar zu einem Exponenten des Reformkatholizismus gestempelt«. Er verlor den Prälatentitel und wurde aus Wien vertrieben. Den Moraltheologen Franz Schindler, der sich bei Papst Leo XIII. für ihn einsetzte, soll dies den Bischofsstuhl von Linz gekostet haben. Als beim Kaiser wegen einer Rückberufung Ehrhards interveniert wurde, soll dieser gemeint haben, »der Kardinal werde ja ohnehin nicht ewig leben ... Es sprach für den gelehrten Papst Pius XI., dass es eine der ersten Handlungen seines Pontifikats war, diesen vielleicht bedeutendsten Kirchenhistoriker seiner Zeit zu Ehren zu bringen, da er ihn 1922 wieder unter die Prälaten einreihen ließ. Durch Johannes XXIII. und das Zweite Vatikanum wurden Ehrhards Anregungen nicht nur bestätigt, sondern sogar weiterentwickelt«, schreibt Loidl.
Wo Lueger, Liechtenstein oder der Organisator der Christlichsozialen Albert Geßmann auftreten, bleibt Kardinal Gruscha fern. Er macht auch sein Erscheinen beim Katholikentag davon abhängig, dass Lueger und Geßmann nicht sprechen werden. Keiner von ihnen steht auf der Rednerliste, aber auch Gruscha kommt nicht. Lueger hält eine fulminante Begrüßungsansprache. Immerhin lässt ihn Gruscha nach einer der Versammlungen zu sich bitten. Ein junger Augustiner Chorherr namens Friedrich Piffl schreibt in sein

Tagebuch, das sei der erfreulichste Moment der beiden Tage gewesen: »Das wird manches ungewaschene Maul, das sonst über unsere christl. soc. Bewegung in Wien herfiel, endlich einmal stopfen.« Wenig später notiert er als Student in Rom, wo er fleißig die »Neue Freie Presse« liest: »In Wien pfeifen die Liberalen doch aus dem letzten Loch!« Friedrich Heer sieht im rebellischen Aufbruch »des Volksklerus, des Niederklerus ... der ja durch Abgründe, gesellschaftlich, hierarchisch, mental getrennt war von einem Hochklerus, den er nur bei Visitationen sehr auf Distanz kennen lernte«, 1894 dieselbe Kluft aufgehen wie um 1950 in Frankreich, wo die Arbeiterpriester täglich zur Arbeit in die Fabriken gehen, bis Pius XII. mit einem Verbot dreinfährt.

Die Kardinäle Anton Gruscha und Franz Schönborn sowie Ministerpräsident Windischgrätz auf der einen Seite, die Christlichsozialen und ihre Helfer im Klerus auf der anderen spielen ein jahrelanges Spiel der Nadelstiche und Einflussnahmen in Rom. Der Papst sendet den Christlichsozialen Segen und gute Wünsche. Die Gegenseite behauptet, es habe sich dabei nur um unverbindliche Floskeln gehandelt. Gruscha und Schönborn versuchen, den päpstlichen Nuntius Antonio Agliardi von der Gefährlichkeit der Christlichsozialen zu überzeugen. Agliardi ist bereits auf der anderen Seite. Der Vatikan kann die neue katholische Massenbewegung ja nur begrüßen, folgt sie doch den Zielsetzungen von »Rerum novarum«. Österreich ist das erste Land, in dem eine politische Partei mit der päpstlichen Sozialpolitik Wahlen gewinnen will. Und gewinnen wird. Der Minister für Kultus und Unterricht, Madejsky, verfasst »eine Denkschrift über die bedenklichen Seiten der Agitation dieser Partei ... die Angriffe gegen konservative Fraktionen richtet«. Im Einverständnis mit Ministerpräsident Windischgrätz wird sie über Kardinal Schönborn dem Vatikan zugespielt. Die »antisemitische, christlichsoziale Richtung«

schlage sich »mit derber Faust durch das öffentliche Leben, sträubt sich unwirsch gegen die weltliche und politische Autorität ... Wie peinlich musste daher die Überraschung aller ruhig und gemäßigt Denkenden in ganz Österreich sein, als ihre heftigsten Gegner der großen Gnade eines päpstlichen Segens ... teilhaftig wurden, und vollends, als das journalistische Organ der Christlichsozialen, die ›Reichspost‹, welchem derselbe Bischof von Linz mit gutem Grund den Eingang in sein Priesterseminar untersagt hat, gleichfalls mit dem Segen des Heiligen Vaters ausgezeichnet wurde.«

Hoffnungsvoll warten die Gegner der Christlichsozialen auf den Bannspruch Roms. Vorsorglich spielen sie der großbürgerlichen Presse Informationen zu, die Verurteilung durch die höchste kirchliche Autorität stehe unmittelbar bevor. Die Bischöfe bereiten schon eine umfangreiche Denkschrift über »Rerum novarum« nebst einem Hirtenbrief und einer Unterweisung des Klerus in lateinischer Sprache vor. Auf Wunsch des Nuntius legen nun die Christlichsozialen ihre Ziele schriftlich dar. Ein historisches Unikum entsteht: das soziale und wirtschaftliche Programm einer modernen Partei, verfasst auf Lateinisch. Es ist für keinen Wahlkampf bestimmt, sondern für die Weiterleitung nach Rom. Erst Funder druckte nach dem Zweiten Weltkrieg in seinen Erinnerungen größere Teile ab, zum Beispiel: »Wir wollen, dass jedem, der in der bürgerlichen Gesellschaft lebt, von den gemeinsamen Gütern gegeben werde, was ihm zukommt, dass allen das in der rechten Weise geleistet und gewährt werde, was sie nach strengem Recht als das Ihre verlangen und besitzen. Wir wünschen eine öffentliche Ordnung, in der sich alle Bürger das leicht verschaffen können, was nach ihren besonderen Verhältnissen und ihrem Lebensstande für eine anständige materielle und geistige Lebenshaltung notwendig ist.«

Nuntius Agliardi leitet das von Prälat Schindler und Prinz

Liechtenstein unterschriebene, mit 1. März 1894 datierte Programm sofort an Kardinalstaatssekretär Rampolla weiter, der es wohlwollend, aber genau prüft und im vollen Einklang mit der Enzyklika »Rerum novarum« findet. Allerdings bringt er kritische Einwände an. Zum Beispiel »würde es nach meinem Dafürhalten besser sein, dem Kampf, der gegen die Widersacher zu führen ist, nicht eine deutlich antisemitische Note zu geben, auch deshalb, weil diese Note nichts Neues zur Güte der Vorschläge, zur Wirksamkeit der vorgeschlagenen Mittel und zur Wichtigkeit eben dieses Kampfes beifügt«. Auch heute aktuell ist folgende Stelle: »Das Programm ruft wiederholt die Einflussnahme des Staates an. Aber ist eine solche Ingerenz immer gerecht, nützlich und wünschenswert? Eine schwierige und heikle Frage. Zwischen denen, die beinahe alles der privaten Initiative überlassen möchten, und jenen, die alles vom Staate erwarten, ist es außerordentlich schwer, die gerechten Grenzen zu ziehen, wo zum Vorteil des ökonomischen und sozialen Lebens die private Tätigkeit und wo die des Staates sich entfalten kann. Im Übrigen, man wird sich immer des großen Lehrsatzes erinnern, dass wenig die Gesetze wiegen, wo die privaten und öffentlichen Sitten sich verkehrt haben und verwüstet sind.« Rampolla findet, »dass man das vorgelegte Programm gutheißen und ermutigen kann, aber die Gutheißung und die Ermutigung beziehen sich auf die edlen und wohltätigen Absichten, auf die es hinzielt, doch nicht auf die Mittel, deren Anwendungen man dafür vorschlägt; ferner, dass, wenn man auf einige solche Mittel hinweisen wollte, es gut sein würde, dies mit sehr allgemeinen Termini zu tun, da es sich um sehr heikle, bestreitbare und umstrittene Punkte handelt«.

Kardinal Gruscha erfährt zwar, dass der Nuntius ein christlichsoziales Programm nach Rom geschickt hat, bemüht sich aber vergeblich um eine Abschrift. Gerüchtweise dringt durch, der Heilige Stuhl habe daran Wohlgefallen gefunden und den Bischöfen die Veröffentlichung ihres Hirtenbriefes gegen die Christlichsozialen verboten. Gruscha reagiert mit einer außerordentlichen Bischofskonferenz, in der beschlossen wird, dass Kardinal Franz Schönborn nach Rom reist. Außer Bischof Franz Bauer von Brünn soll ihn Pater Weiß begleiten. Schönborn und Weiß reisen am 2. Februar ab, Bischof Bauer kommt einige Tage später nach. Schönborn meint ahnungsvoll: »Wir werden schwere Arbeit haben, man hat uns schön schwarz gemacht.« Tatsächlich stehen in Rom alle Weichen zugunsten der Christlichsozialen. Während der zweimonatigen Gespräche holt Nuntius Agliardi deren Antwort auf folgende Vorwürfe ein: Dass sie auch ungesunde und faule Elemente, Strömungen und Bestrebungen beherbergen, die nicht katholisch, sondern umstürzlerisch und sozialistisch sind, die katholischen Anhänger einerseits ausnützen und andererseits diskreditieren und sich selbst zu Herren machen werden. Dass sie unabhängig von den Bischöfen vorgehen, zuweilen sogar in Opposition gegen diese, die Insubordination im Klerus nähren und Unfrieden ins katholische Lager tragen. Dass sie legitim erworbene Rechte nicht anerkennen, Klassenhass und den Umsturz der sozialen Ordnung fördern. Dass sie, sich mit dem Antisemitismus identifizierend, durch eine maßlose Sprache die Leidenschaften des Volkes und niedrige Begierden entzünden.

Das Konzept der Beantwortung, einen immer wieder umstilisierten lateinischen Text, fand Funder in Prälat Schindlers Nachlass. Die Christlichsozialen würden gerade deshalb »mit so großem Furor von sozialdemokratischer Seite angegriffen«, lautete das zentrale Argument, »weil sie die legitime Ordnung verteidigen und den Frieden zwischen dem Proletariat und den Besitzenden und eine wirkliche staatsbürgerliche Ordnung herzustellen trachten«. Es sei verwunderlich, »dass ein Katholik das Bemühen um die Wiederherstellung der sozialen und wirtschaftlichen Ordnung nach den Grundsätzen der christlichen Gerechtigkeit, die von dem obersten Hirten in der Enzyklika ›Rerum novarum‹ eingehend auseinander gesetzt wurden, auf solche Weise abstempeln kann. Also derjenige, der die Gerechtigkeit im privaten und öffentlichen Verkehr zur Herrschaft bringen will, ›wiegelt das Volk auf und entzündet die zügellosen und niedrigen Begierden‹.«

Auf den Vorhalt des Antisemitismus antwortete Schindler: »Wir bekennen uns nicht zu einem gewissen radikalen Antisemitismus, der sich gegen den jüdischen Stamm als solchen kehrt und mit dem unsere Partei unserem vorgelegten Programm gemäß nichts zu schaffen hat.«

Nun reiste auch Schindler nach Rom. Papst Leo XIII. empfing ihn und »bekundete mit der ganzen Lebhaftigkeit seines Wesens eine warme Interessenahme an den christlichsozialen Bestrebungen und Erfolgen. Das Programm hieß er willkommen, besprach zustimmend und ermunternd einzelne Punkte. Die Audienz ... endigte mit einer Botschaft Leos XIII. an Dr. Lueger: Der Führer der Christlichsozialen möge wissen, dass er im Papste einen warmen Freund besitze, der ihn segne; er schätze die christlichsozialen Bestrebungen und habe volles Verständnis für gewisse Schwierigkeiten; ›aber sie werden überwunden werden‹.«

Drei Monate später erhielt Lueger bei der Bürgermeisterwahl 70 von 135 Stimmen. Nach den Neuwahlen vom September standen 92 Mandataren der »Vereinigten Christen« nur noch 46 Liberale gegenüber. Am 29. Oktober wurde Lueger mit Zweidrittelmehrheit zum Bürgermeister gewählt, doch verweigerte der Kaiser die Bestätigung. Nachdem der Gemeinderat die Wahl am 13. November mit demselben Ergebnis wiederholt hatte, zog der kaiserliche Kommissär das vorbereitete Dekret über die Auflösung des Wiener Gemeinderates aus der Tasche. Am 18. April 1896 errang Lueger daraufhin 96 Mandate. Nach neuerlicher Wahl zum Bürgermeister ließ ihn Franz Joseph zu sich rufen,

»anerkannte seine persönliche Ehrenhaftigkeit, seine Begabung und seine Kaiser- und Vaterlandstreue, doch erwarte er, dass Lueger ›dermalen im Interesse der baldigen Wiederkehr normaler Verhältnisse in der autonomen Verwaltung der Stadt Wien‹ freiwillig verzichte«. Lueger, »schwarz-gelb bis in die Knochen«, verzichtete. Die Wiener nannten die folgende Phase den »Dermalismus«. Lueger empfing die kaiserliche Bestätigung als Wiener Bürgermeister nach den ersten Wahlen in die V. Kurie im Winter 1897, bei denen die Christlichsozialen in Wien mit 117000 um 29000 Stimmen mehr als die Sozialdemokraten errungen hatten und die Liberalen mit 10000 und die Alldeutschen mit 2500 Stimmen untergegangen waren, und nach seiner fünften Wahl im Gemeinderat zum Wiener Bürgermeister am 8. April.

Otto Posch äußerte die Vermutung, Gruscha könnte an der Weigerung Franz Josephs, Lueger zu bestätigen, beteiligt gewesen sein. Einen Beleg dafür gibt es nicht. Die Wahrscheinlichkeit, dass auch der Wiener Erzbischof den Kaiser in diesem Sinne beriet, ist aber groß. Doch Gruscha war nur einer in einer Phalanx von Lueger-Gegnern, vom österreichischen Ministerpräsidenten Badeni bis zum ungarischen Ministerpräsidenten Bánffy.

Wohlwollende Gruscha-Biografen verweisen zu seinen Gunsten auf den Antisemitismus der christlichsozialen Bewegung. Doch der Antisemitismus spielte unter den Vorwürfen, die er gegen die Christlichsozialen erhob, keineswegs die Hauptrolle. Der österreichische Episkopat begann sich erst im und nach dem Zweiten Weltkrieg vom tradierten Antijudaismus zu lösen. Es gibt wenig Gründe, warum Anton Gruscha eine besondere Vorreiterrolle gespielt haben sollte. Im umfassenden Bericht über das Jahr 1848, den er für die Chronik der Pfarre St. Leopold verfasste und dessen Abschrift sich in seinem Nachlass befand, lässt er, »damit mich aber niemand der Aufhetzerei gegen die Juden als ›solche‹ beschuldige« (wie das an die christlichsoziale Argumentation erinnert!), »statt meiner einen Korrespondenten der in diesem Punkte mehr als sonst glaubwürdigen Augsburger Allg. Zeitung aus jener Zeit sprechen: ›Die Bevölkerung fühlt die Wahrheit der Anklage, dass die Juden an der Spitze aller wählerischen Umtriebe stehen und die Schandpresse fast ausschließlich von ihnen in Gang gehalten wird. Es konnte allerdings für das allg. Beste nichts Heilsameres geben, als dieser Judenwirtschaft ein Ende zu machen.‹« Not, Ausbeutung und Ungerechtigkeit haben ja nach Gruschas Ansicht noch nie zu Revolutionen geführt.

Wahrscheinlich dachte er auch über die Juden ähnlich wie sein Monarch, der sich am 30. Dezember 1895 in einem Brief an Kaiserin Elisabeth über Lueger mokiert, der von »der alten Fürstin Arenberg, geborenen Auersperg in Salzburg ... mir auf das wärmste und eindringlichste empfohlen« wurde: »Der Antisemitismus ist eine bis in die höchsten Kreise ungemein verbreitete Krankheit und die Agitation ist eine unglaubliche. Der Fond ist eigentlich gut, aber die Auswüchse sind entsetzlich.«

Kardinal Gruscha hatte seinen Kampf gegen die Christlichsozialen verloren. Er förderte weiterhin, wo er konnte, den patriarchalischen Geist. Er freute sich im Herrenhaus über das Vorkommen des Wortes »väterlich« in einer Gesetzesvorlage über das Verhältnis von Lehrherren und Lehrlingen, blieb bei der Meinung, Demokratie müsse ins Verderben führen, und besuchte weiterhin keine katholischen Versammlungen, auf denen christlichsoziale Parteimänner auftraten. Getreu seinen Prägungen, wurde er, wie einst Fürsterzbischof Vinzenz Eduard Milde, zum lebenden Fossil. Man hat für ihn das Verdienst reklamiert, Vorreiter einer politisch abstinenten Kirche gewesen zu sein, indem er die Verschmelzung der Kirche mit einer politischen Partei unterband. Doch Kardinal Gruscha forderte sehr wohl den größten politischen Einfluss für die Kirche, bloß nicht von unten her, sondern patriarchalisch: Alles Heil von oben.

Der Kampf führte auf beiden Seiten zu Verwundungen, die nur langsam heilten. Friedrich Funder erwähnt immer wieder »die Schranke, welche für die Redaktion jahrelang den Aufgang zu dem Empfangszimmer des Fürstzerzbischofs von Wien gesperrt hatte«, dass »von der obersten Stelle der Wiener Erzdiözese ... ein kühler Wind« wehte, dass die »unfreundlichen Auseinandersetzungen ... der ›Reichspost‹ den Eingang in der Rotenturmstraße verschlossen«. Er scheint es als Erlösung empfunden zu haben, »dass Kardinal Fürsterzbischof Gruscha, bald nachdem ich die Leitung übernommen hatte, mich eines Tages rufen ließ und mir Wünsche aussprach, deren Beachtung wir uns angelegen sein ließen«.
»Was bringt man denn da für eine Ruine?«, soll Papst Pius X. gefragt haben, als am 20. Mai 1909, gestützt auf zwei Begleiter, der 88-jährige Kardinal unangemeldet bei der Audienz der österreichischen Pilger anlässlich der Heiligsprechung von Clemens Maria Hofbauer in den Saal wankte. Als er erfuhr, dies sei der Erzbischof von Wien, soll er gesagt haben: »Dieser Mann ist unmöglich.«
In seinem letzten Hirtenbrief beschäftigt sich Gruscha vier Monate vor seinem Tod noch einmal »in erster Linie mit dem Arbeiterstande ... da diesem seit einiger Zeit größere Gefahren drohen«. Die Schuld an den beklagenswerten Zuständen der Arbeiterklasse hätten »stolze, unchristliche Lehrmeinungen ... welche sich der geoffenbarten Wahrheit gegenüberstellten und die sich mit dem bestechenden Namen Humanität bekleidet Zugang zu verschaffen wussten«. Neue soziale, wirtschaftliche und auch ideologische Bestrebungen dürften nur auf dem Boden des Christentums entstehen. Die größten Gefahren für die Glaubenstreue seien der »glaubensgefährliche Umgang und die glaubensgefährliche Lektüre«.
Kardinal Gruscha starb am 5. August 1911 um 15 Uhr im Schloss Kranichberg.

Zwischenspiel

Franz Xaver Nagl
1855–1913; Koadjutor mit Nachfolgerecht
1910, Erzbischof von Wien 1911,
Kardinal 1912.

Wahlspruch: Pacem et veritatem –
Friede und Wahrheit

Seit Jahrhunderten hatte die Kirche in den Schulen den ersten Zugriff auf die Hochbefähigten und fast ein Monopol für Begabtenförderung. Für Kinder aus armen Familien eröffneten sich über die Priesterseminare Aufstiegschancen entsprechend ihren Anlagen, ihrem Ehrgeiz und Fleiß. Franz Xaver Nagl, der am 26. November 1855 als Sohn eines Fabriksportiers in Wien geboren wurde, war ein intelligentes, fleißiges und ehrgeiziges Kind. Nach der Übersiedlung der Familie nach Gobelsdorf bei Horn ging er im nahen Röhrenbach zur Schule. Er maturierte 1874 in Seitenstetten mit Auszeichnung, trat in das St. Pöltener Priesterseminar ein und wurde am 14. Juli 1878 zum Priester geweiht.

Drei Jahrzehnte später heißt es im Gutachten des Ministeriums für Unterricht und Kultus über die Nachfolge Gruschas, dass Franz Xaver Nagl den Weihbischof Marschall »sicher an Klugheit, Takt und Beliebtheit in Rom übertreffe und noch mitten in voller Schaffenskraft stehe«. Mit seiner Beliebtheit bei den Wienern war es freilich eine andere Sache.

Seit längerer Zeit schon hatte man in Wien in dem außerordentlich populären Weihbischof und Generalvikar Godfried Marschall den nächsten Erzbischof gesehen. Marschall war in der Bevölkerung sehr beliebt und eine stadtbekannte Erscheinung, wenn er über den Graben ging, von jedermann gegrüßt wurde und jedermann zu kennen schien, die Auslagen betrachtete und mit den Geschäftsleuten plauderte, so wie es uns der katholische Publizist Friedrich Funder erzählt. Marschall genoss sogar bei den liberalen Zeitungen Ansehen. Der Mann, der einst den Zorn des Thronfolgers auf sich gezogen hatte, war also doch etwas mehr geworden als der letzte Kanonikus von Gurk.

Doch nachdem Kardinal Gruscha bei seinem letzten Auftritt in Rom dem Papst seine Hinfälligkeit vor Augen geführt hatte, setzte sich Pius X. mit dem Kaiser in Verbindung, der nicht Godfried Marschall, sondern den Bischof von Triest-Capo d'Istria, Franz Xaver Nagl, als seinen Kandidaten nominierte. Nagl wurde mit Datum vom 1. Jänner 1910 zum Erzbischof-Koadjutor cum iure successionis, mit dem Nachfolgerecht, ernannt, worauf es zu – selbstverständlich erfolglosen – öffentlichen Kundgebungen und Interventionen für Marschall kam. Marschall war vor Nagls Ernennung nicht einmal verständigt worden. Kurz vor seinem Tod traf ihn Funder »an einem Sommerabend in einer der stillen Villenstraßen an den Hängen der Grinzinger Weinberge«, wo er dem »Reichspost«-Chefredakteur »auf einem gemeinsamen Spaziergang ... von einer ergreifend wehmütigen Stimmung befangen« sein Herz ausschüttete. Offenbar führte der ehrgeizige Mann sein Schickal, bei der Besetzung des Wiener Bischofsstuhls übergangen worden zu sein, nur auf den Bannstrahl des Erzherzog-Thronfolgers zurück. »Er trug daran wie an einer tiefen Wunde.« Tatsächlich hatte sich Godfried Marschall aber wenige Jahre nach seinem unglücklichen Agieren in der Liebesgeschichte Franz Ferdinands mit Gräfin Sophie Chotek auch noch den Unmut des Vatikans zugezogen. Auch im Augustiner Chorherrenstift Klosterneuburg, wo er eine heikle Aufgabe erfüllen sollte, hatte er sich nicht sehr geschickt angestellt. Darüber wird im Kapitel über Kardinal Piffl ausführlicher die Rede sein. Die Wiener, die Marschall vorgezogen hätten und Nagl ihre Ablehnung fühlen ließen, konnten davon freilich nichts wissen.

Auch Gruscha lehnte seinen Koadjutor ab. Er war zwar halb blind und halb taub, aber keineswegs der Meinung, einen designierten Nachfolger zu benötigen. Seinem Sekretär Kamprath gelang es erst nach mehreren missglückten Versuchen, »ihn eines Tages beim Essen zwischen Suppe und Braten zum Unterschreiben der Zustimmungserklärung zu bewegen«. Marschall legte, allen Sympathiekundgebungen seiner zahlreichen Anhänger zum Trotz, das Amt des Generalvikars zurück, unternahm 1910 noch eine Pilgerreise ins Heilige Land und starb 70-jährig einige Monate vor Gruscha am 23. März 1911. Die Ablehnung, die der dünnhäutige neue Erzbischof deutlich zu spüren bekam, war wahrscheinlich ein weiterer Nagel zu Nagls Sarg. Er war zwar ein geborener Wiener, aber nach 17-jähriger Abwesenheit der Stadt doch recht entfremdet. Marschalls Begräbnis wurde zu einer letzten, gewaltigen Demonstration seiner Popularität.

Nagl war zwar ein Hochbegabter, aber kein Hochbelastbarer. Er dürfte vor Problemen in immer noch mehr Arbeit geflüchtet sein und reagierte auf seelische Belastungen psychosomatisch. Nach der Promotion und einer zweijährigen Tätigkeit als Professor für Thomistische Philosophie im Priesterseminar St. Pölten wurde er als Hofkaplan an die Hof- und Burgpfarre geholt und mit nur 33 Jahren durch kaiserliches Dekret zum Rektor der Nationalstiftung »Maria del Anima« in Rom ernannt, der man eine streng konservative Haltung nachsagte.

In dieser heiklen Funktion hatte er nicht nur das Priesterinstitut und die deutsche Gemeinde in Rom zu betreuen und sich um die Rompilger aus Wien zu kümmern, sondern auch immer wieder die kirchlichen Belange der deutschsprachigen Bistümer bei der Kurie zu vertreten. »Die Schwierigkeiten und finanziellen Nöte, die mit der Leitung des Hauses verbunden waren, griffen seinen Gesundheitszustand derart an, dass er nach zehnjährigem Romaufenthalt an eine Bewerbung um ein Kanonikat bei St. Stephan, also an eine Rückkehr in die Heimat dachte«, berichtet der Kirchenhistoriker Franz Loidl. Stattdessen wurde er 1902 auf Vorschlag des Kaisers zum Bischof von Triest-Capo d'Istria ernannt.

Mit diesem von Nationalitätenkonflikten und Sprachstreitigkeiten zerrissenen Doppelbistum übernahm Nagl keine leichte Aufgabe. In seiner Diözese lebten Italiener, Slowe-

nen, Kroaten und Deutsche. Zwischen den Italienern und den Slowenen gab es ständig Reibereien, und da die Slowenen überdies lautstark um die altslawische Kirchensprache fochten, bildeten auch schismatische, die Kirche spaltende Tendenzen eine ständige Drohung. Um mit den Konfliktparteien besser verhandeln zu können, lernte Nagl in den sieben Jahren seiner Tätigkeit als Bischof von Triest-Capo d'Istria Slowenisch und Kroatisch und beherrschte schließlich beide Sprachen so gut, dass er in der Lage war, slowenische und kroatische Predigten zu halten.
Nun stürzte er sich in Wien sofort in die Arbeit. Und zu tun gab es mehr als genug. Nicht nur war eine Menge laufender Verwaltungsarbeit liegen geblieben. »Der Geruch von Byzanz schlägt da und dort durch«, hatte der Moraltheologe und Reichsratsabgeordnete Josef Scheicher zu Gruschas Zeiten gesagt. Erst bei der Volkszählung vom 31. Dezember 1910, unmittelbar vor Nagls Amtsantritt als Koadjutor, war das explosive Wachstum der Stadt offenbar geworden. Eine gewaltige Zuwanderung hatte die einst so überblickbaren Pfarrsprengel in chaotische Monsterpfarren mit bis zu 60 000 Seelen verwandelt. Die verelendeten Massen wollten von der Kirche nichts mehr hören. Mit dem Geruch von Byzanz, mit Weihrauch und Prozessionen war in diesen Vorstädten kein verlorener Boden zurückzugewinnen. Um wieder an sie heranzukommen, mussten nicht nur Pfarren errichtet, sondern vor allem Kirchen gebaut, musste die Seelsorge modernisiert werden. Nagl machte die Teilnahme an Seelsorge-Seminaren zur Pflicht. Es gab rund 700 selbstständige katholische Vereinigungen, deren Aktivitäten sich zum Teil überschnitten und konkurrenzierten. Im April 1911 wurde der »Katholische Volksbund« gegründet, in den all diese Vereinigungen integriert werden sollten. So notwendig dies war – Nagl machte sich damit wenige Freunde.
Mit dem Tod Kardinal Gruschas am 5. August 1911 geht

die volle Verantwortung für die Erzdiözese sofort auf Nagl über. Für die katholische Massenbewegung und ihre Zeitung brechen nun bessere Zeiten an. Funder hat Nagl bereits bei Aufenthalten in Triest als »würdevollen Mann mit gewinnenden Umgangsformen«, der ihm »große Freundlichkeit bezeugte«, kennen gelernt. Keine Schranke versperrt mehr der »Reichspost« den Aufgang zum Empfangszimmer des Fürsterzbischofs, kein kühler Wind bläst mehr den Christlichsozialen von der obersten Stelle ins Gesicht. Noch als Koadjutor empfiehlt Nagl gemeinsam mit Bischof Roessler von St. Pölten die Ausgabe von Förderscheinen zu je 600 Kronen für die »Reichspost«. Funder hat freilich ein schlagkräftiges Argument für den Neubau eines katholischen Verlags- und Druckereihauses, nämlich »das Erstehen des ›Vorwärts‹ auf der Rechten Wienzeile, einer mit allem Rüstzeug moderner Zeitungsindustrie eingerichteten Schöpfung nichtkapitalistischer Gründer, sondern der sozialistischen Arbeiterpartei: Wollen sich die Katholiken Österreichs beschämen lassen?«
Der Literaturstreit sollte dem neuen Erzbischof manch unangenehme Stunde bereiten. Auch diese Auseinandersetzung ist heute verweht wie die Aufregung um die Deutschkatholiken, kaum mehr Erinnerung. Doch der Rheinländer Karl Muth hatte mit seiner energischen Aufforderung an die katholischen Schriftsteller, sich endlich von ihrem süßlichen Kitsch zu verabschieden, eine gewaltige Erregung provoziert. Wichtigtuerische Damen der besten Gesellschaft, heute würde man von den Döblinger Regimentern sprechen, sorgten dafür, dass die Wellen recht hoch brandeten. Eine dieser Rührigen war die Gräfin Marie Henriette Chotek, eine Cousine der Thronfolger-Gattin. Bei ihr wusste man nie so recht, ob man sich nicht den Unmut Franz Ferdinands zuzog, wenn man sich mit ihr anlegte. Auch Nagls Nachfolger sollte noch seine liebe Not mit ihr haben. Der Literaturstreit wurde zum nationalen Anliegen. Er

schwappte zwischen Rheinland und Österreich hin und her. Die ersten Arbeiten der Dichterin Enrica Handel-Mazzetti gerieten ins Kreuzfeuer der Kritik. Nagl wurde zwischen den Fronten hin- und hergerissen und über allem schwebte »wie ein zürnender Engel«, so Funder, die Unfrieden stiftende Thronfolger-Gattin-Cousine.

Nagl hat eine Reihe von Vorhaben initiiert, deren Realisierung er nicht mehr erlebte. Besonders akut war der Platzmangel im Churhaus auf dem Stephansplatz. Nagl veranlasste den Ankauf eines ehemaligen Waisenhauses in der Boltzmanngasse, um es als Priesterseminar zu adaptieren. Als das Priesterseminar im Herbst 1914 vom Churhaus in die Boltzmanngasse übersiedelte, war er längst tot.

Im Herbst 1911 begannen die Vorbereitungen zum 23. Internationalen Eucharistischen Kongress, der vom 12. bis 15. September 1912 in Wien stattfinden sollte. Nagl selbst hatte bereits 1909, noch als Bischof von Triest, angeregt, sich für Wien als Kongressort des Jahres 1911 einzusetzen. Man hatte sich dann schnell auf das Jahr 1912 geeinigt.

Der Kongress soll auch der großstädtischen Seelsorge zugute kommen und Wiens Mittlerstellung im Dialog zwischen der griechischen und der römisch-lateinischen Kirche deutlich machen. Die Vorbesprechungen ziehen sich fast täglich bis tief in die Nacht. Anschließend bildet der Erzbischof ein Lokalkomitee mit 300 Mitgliedern, einem 22-köpfigen Direktorium und Generalvikar Josef Pfluger an der Spitze. Der Kaiser übernimmt das »Allerhöchste Protektorat« und sagt zum ersten Male seine und des Hofes Teilnahme an einem Kongress zu. Man bildet Kommissionen für Finanzen, Liturgie, Korrespondenz, Ausschmückung, Ordnung, Empfang, Quartier, Presse, Verkehr, Kunst, Redner und so weiter. In allen Hauptstädten der Monarchie, in ganz Europa werden Diözesankomitees gegründet, um für den Kongress zu werben. Die Bischofskonferenz erklärt das Jahr 1912 zum Eucharistischen Jahr. Nagl ruft Jung und Alt zur täglichen Kommunion auf, damit »auch am Kommuniontisch die wahre Zusammengehörigkeit aller zum Ausdruck komme«. Auch für genügend Beichtväter wird vorgesorgt. Die fleißige Mitarbeit bei den Vorbereitungen wird mancher Karriere nützen. Einer der ehrgeizigen jungen Kleriker, die sich dabei hervortun, heißt Theodor Innitzer.

Es soll ein glanzvolles Ereignis werden. Und es wird ein glanzvolles Ereignis. In den Wiener Kirchen empfangen 300 000 Gläubige die Kommunion. Bloß das Wetter spielt nicht mit. Die köstlichste Schilderung des Festzuges verdanken wir Funder: »In der Prozession, die sich stundenlang von Sankt Stephan über die Ringstraße zum Heldenplatz bewegte, reihten sich an den langen Zug der Kardinäle und Bischöfe, der kaiserlichen Familie und des Hofes, der Staatswürdenträger und der Spitzen der kaiserlichen Armee Hunderttausende, um auf dem Heldenplatz sich zu versammeln und dort dem Gottesdienst beizuwohnen, den der Kardinallegat auf der Höhe des Burgtores zelebrierte. Da marschierten die Tiroler in ihren historischen Schützentrachten, die Hannaken Mährens in ihren malerischen gestickten Gewandungen; mit ihrer Pracht wetteiferten Huzulen aus der Tatra, Weinbauern des Etschtales, polnische Granden in großer Gala, die Fischer Dalmatiens, die steirischen und krainischen Jäger, da waren wieder die oberösterreichischen Frauen in Goldhauben, die Winzerinnen der Wachau, Magnaten im nationalen Staatskleid und rumänische Bauern und ihre Frauen in einer Symphonie von Rot und Blau und Gelb. Hier rauschte und sprühte und sprach mit tausend Zungen die herrliche Vielfalt des alten Reiches und immer war es dasselbe Bekenntnis zu dem Glauben der Väter und zu der großen Gemeinschaft, deren höchster Würdenträger gleich ihnen demselben Ziel gefolgt war.

Während unter dem Spiel vieler Musikkapellen dieser feierliche Zug gemessenen Schrittes über den Ring wandelte, stürzten unaufhörlich Regenmassen vom Himmel herab. Ich stand in der Nähe des Kursalons hinter einem Kaiserjägeroffizier, der einen Abschnitt des Spaliers kommandierte. Er trug zu dem Fest einen sichtlich funkelnagelneuen Waffenrock, aus dessen grünen Aufschlägen in dem Sturzbade des Regens die Farbe über das blaue Tuch rieselte. Ich war im Gesellschaftsanzug, Frack mit weißer Binde, wie es eine Veranstaltung unter Teilnahme des Kaisers vorschrieb, und befand mich in beiläufig demselben Zustand wie mein Vordermann; aber was wollten wir sagen! Vor uns zogen in langen Reihen die Scharen der Bischöfe, Prälaten, Kammerherren und Geheimen Räte vorbei, viele altersgebückt und weißhaarig, und sie alle, die Hunderttausenden, denen kein trockener Faden auf dem Leibe blieb, schienen im Einverständnis darüber zu sein, dass dieser Widerspruch des Wetters zu der Feierlichkeit des Aktes bestimmt sei, den Eindruck der Ereignisse zu steigern, denn es war eine stumme Inbrunst, ein beseligtes Bekennen in der Haltung dieser unabsehbaren Scharen aller Nationen, die aller Unbill des Wetters trotzten.«

Friedrich Funder hatte wieder einmal den Röntgenblick.

Acht schwarze Hengste zogen die unter Kaiser Karl VI. gebaute Kutsche mit dem Allerheiligsten, eines der prächtigsten Fahrzeuge der Wagenburg. Es war zuletzt von Kaiserin Elisabeth bei der Königskrönung in Budapest benützt worden. Das Allerheiligste befand sich in einer neu angefertigten Monstranz, vor der Kardinal-Fürsterzbischof Nagl und der päpstliche Legat van Rossum betend knieten. Neben dem Wagen schritten Kleriker mit brennenden Fackeln. Dahinter fuhren, in angemessenem Abstand, Kaiser Franz Joseph und Thronfolger Erzherzog Franz Ferdinand im von acht Schimmeln gezogenen »Leibstaatswagen«.

Kardinal Nagl ist zu diesem Zeitpunkt bereits ein schwer kranker Mann. Der Papst beeilt sich und erhebt ihn bereits am 2. Dezember zum Kardinal. Er überlebt seine Romreise nur um zwei Monate. Mit seinem Tod am 4. Februar 1913 endet die kürzeste Amtszeit eines Erzbischofs in der Geschichte der Wiener Diözese seit 1631, seit es hier Fürstbischöfe und Erzbischöfe gibt.

Der Kardinal ringt um die Macht der Kirche

Friedrich Gustav Piffl
1864–1932; Erzbischof von Wien 1913,
Kardinal 1914.

Wahlspruch: Labori non honori – Für die Arbeit, nicht für die Ehre

Die Wiener Gerüchtebörse stürzt sich auf die Nachfolge von Kardinal Nagl fast mit derselben Verve wie auf die der Burgtheaterdirektoren. Kein Wunder: Diesmal ist weder ein designierter noch ein logischer Nachfolger vorhanden. Das Rennen war seit Menschengedenken nicht mehr so offen. Dass die Entscheidung über den neuen Wiener Erzbischof zum letzten Mal in Wien fällt, ahnt niemand. Nie wieder wird sich das Spiel der Einflüsse vor den Augen der Wiener abspielen, zwischen Stephansplatz, Schönbrunn, Hofburg und diesmal auch dem Belvedere, wo der Thronfolger residiert.

Nagl selbst wolle den Brünner Bischof Paul Huyn mit seiner Stellvertretung betrauen, hatte es Mitte Jänner geheißen. Aristokraten schieden, hieß es, auf ausdrücklichen Wunsch des Kaisers aus. Am 4. Februar 1913, dem Todestag Nagls, besuchte der Historiker und spätere österreichische Gesandte beim Heiligen Stuhl, Ludwig von Pastor, den Papst. Der Tod des Kardinals sei Pius X. sehr nahe gegangen und er habe die Nachfolgefrage mit ihm so offen besprochen, »als sei ich ein alter Freund«, vertraute Pastor seinem Tagebuch an. Sie tun in diesem Gespräch wohl nur so als ob: Der Papst sei in Verlegenheit, wen er nehmen solle. »Ich schlug Kandidaten vor.« Welche, hat Pastor seinem Tagebuch leider nicht anvertraut. Mindestens ein Name war offensichtlich bereits aus dem Rennen. Ihn »schloss der Heilige Vater aus, da er ›ambizioso‹ sei und das genüge, ihm keine Inful zu geben«.

Ambizioso, versessen auf das Amt, damit konnte der Papst den Kunstexperten, Prälaten und Pastoralprofessor Heinrich Swoboda gemeint haben, von dem Piffl erzählte, er habe seine Ernennung sehr betrieben und ihm dies später auch eingestanden. Rom sei allerdings nicht gegen Swoboda gewesen, sehr wohl aber der Thronfolger Franz Ferdinand, und zwar wegen Swobodas modernen Ansichten über Kunst: »Der verschandelt uns doch alle Kirchen!« Ambi-

zioso, scharf auf den verwaisten Stuhl, war aber auch der nach dem Tod Nagls zum Kapitelvikar gewählte Weihbischof Josef Pfluger. Jedenfalls äußerte dieser nach einer Audienz bei Erzherzog Karl und Erzherzogin Zita Ende Jänner und einer weiteren bei Franz Ferdinand, dass seine Berufung fast sicher sei. Ihn allerdings lehnte Rom, so Piffl später, nicht ab, weil er ambizioso war und in den Zeitungen als Nachfolger genannt wurde, sondern wegen seiner unehelichen Geburt. Damit konnte man damals mit päpstlicher Dispens Erzbischof werden, die Erhebung zum Kardinal kam aber für einen unehelich Geborenen nicht infrage. Ein Kardinal war ein potentieller Papst. Und da Wiens Erzbischöfe quasi automatisch zu Kardinälen erhoben wurden und werden, kam der unehelich geborene Pfluger auch als Wiener Erzbischof realistischerweise kaum in Betracht.
Oberösterreichs Landeshauptmann Hauser hätte gerne den Linzer Bischof Rudolf Hittmair nach Wien weggelobt. Dies wieder war nicht im Sinne des für Bischofsernennungen zuständigen Ministers für Unterricht und Kultus, Baron Max Hussarek Heinlein, der dann auch noch einen Nachfolger für Linz hätte suchen müssen. Die Christlichsozialen forcierten Bischof Josef Groß von Leitmeritz, der sich als Erzdechant von Falkenau stark für sie eingesetzt hatte und von dem dies auch in Wien erwartet wurde. Dagegen wettert die liberale Presse: »Die Zeit« nennt Groß einen »skrupellosen Parteibischof«. Das Vorschlagsdekret für Groß soll schon ausgefertigt, aber noch nicht unterschrieben gewesen sein, als Friedrich Funder, der Chefredakteur der christlichsozialen »Reichspost«, im Unteren Belvedere vom Flügeladjutanten und Vorstand der Militärkanzlei des Thronfolgers, Oberst Bardolff, eines Besseren belehrt wurde: »Erzherzog Franz Ferdinand habe sein Auge schon lange auf Propst Piffl geworfen und sich nun, beeindruckt von einer Sonntagspredigt Piffls, entschlossen, alles für dessen Ernennung zum Erzbischof von Wien zu tun ... Ein weit reichender

Schritt des Thronfolgers!« Bardolff sollte später weit nach rechts abschwimmen. Seine 1938 erschienenen Erinnerungen »Soldat im alten Österreich« schloss er »mit einer aus vollem Herzen kommenden Huldigung für Adolf Hitler«. Dies erfahren wir allerdings nicht von Funder, sondern vom Historiker Friedrich Heer, den Funder bald, nachdem er im Herbst 1945 die Wochenzeitung »Die Furche« gegründet hatte, in deren Redaktion aufnahm und der später als der kritische Kopf des österreichischen Katholizismus bekannt wurde.
Sechs Wochen nach dem Tod Kardinal Nagls ist noch alles offen. Weihbischof Pfluger scheint sich trotz seines Geburtsfehlers bereits als Sieger zu sehen. Doch am 26. März weiß es die »Reichspost«, einen Tag später nennt auch die »Neue Freie Presse« Piffl als wahrscheinlichen Nachfolger und diesmal ist es kein Gerücht. Piffl genieße den Ruf eines guten Kanzelredners. Noch mehr dürften Piffls gute Beziehungen zur Christlichsozialen Partei ins Gewicht fallen, deren ausgesprochener Fan der Thronfolger ist. Zwei Tage später ist die Ernennung offiziell. Piffl hatte lang gezögert und so schweren Herzens gehorcht, dass er sogar erwog, im Stift zu wohnen und täglich in die Stadt zu fahren. Stattdessen fuhr er später häufig mit der Straßenbahn in den Wienerwald und unternahm lange Spaziergänge auf den Kahlenberg, von wo er den Blick auf sein geliebtes Klosterneuburg genoss.
Sollte auch Friedrich Gustav Piffl jemals ambizioso gewesen sein, dann hat er dies gut verborgen. Auf das Amt des Wiener Erzbischofs war er es jedenfalls nicht. Doch bald sollte sich herausstellen: Er war der richtige Mann auf diesem Platz. Martin Krexner brachte mit dem Titel seines Werks über Kardinal Piffl dessen Schicksal auf den Punkt: Piffl würde zum Hirten an der Zeitenwende. Fünfeinhalb Jahre nach seiner Inthronisation brach das Habsburgerreich zusammen. Mit seinem Weitblick, der ihn erkennen ließ,

dass die Monarchie verspielt hatte, war er ein Glück für die österreichische Kirche. Er verhinderte, dass sie sich an das Untergegangene klammerte, sich an abenteuerlichen Restaurationsversuchen beteiligte. Die Konflikte, die er ihr damit ersparte, kann man kaum mehr ermessen.

Die Speisekarte des festlichen Inthronisations-Diners lässt uns noch heute das Wasser im Mund zusammenlaufen: Langusten en belle vue, echte Schildkrötensuppe, Seezunge in Weintunke, Mastochsenlende nach Art Walter Scott, Ragout Godard, Ananas-Punsch, heurige Masthühner, russischer Salat, Dunstobst, Mandelpudding mit Chaudeau, Früchteeisbombe, Erdbeeren mit Oberschaum, Backwerk, Käse, Kaffee. Sherry, zwei Biersorten, unter den Weinen ein Klosterneuburger Rheinriesling, Liköre.

Wiens neuer Erzbischof steht im 49. Lebensjahr. Aus den alten Fotografien blickt uns ein höchstens mittelgroßer, rundlicher Mann entgegen, ein Sanguiniker offenbar, ein genussfähiger Mensch. Ein Typ, den man spontan für umgänglich und gesellig hält. Der Schein trügt in diesem Falle nicht, das alles war Piffl. Die schräg gestellten Augenbrauen geben dem Gesicht etwas Faunisches. Aus den Zügen sprechen Wachheit, Intelligenz, Selbstbewusstsein, Pfiffigkeit, Güte – und eine Portion Härte. Auf manchen Fotos dominiert die Güte, auf manchen die Härte.

Er sollte abspecken, denkt man. Das hat er auch immer wieder versucht, immer wieder macht er seine Kuren. Im Juli 1929 zum Beispiel wird er in Brixen wieder mit elf Tagen Hungern sechs Kilo los. Er hat so seine kleinen Schwächen. Sein Arzt rät ihm, wenigstens beim Abendessen das Fleisch auszulassen. Was sehr wichtig wäre, denn diesen Mann quält die chronische Gicht. Manchmal so, dass es ihm unmöglich ist, die Schuhe anzuziehen. Man kann auch die ausgestandenen Schmerzen in diesem Gesicht lesen, wenn man es weiß. Dabei wirkt er energisch. Er bewegt sich zwar nicht auf diesen Bildern. Immer steht er in Positur. Von

Erzbischöfen macht man keine Schnappschüsse. Aber man kann sich gut vorstellen, wie er durch den Wienerwald stapft, bedächtig, aber ausdauernd, und freundlich zurückgrüßt. Von Hochmut ist in diesem Gesicht keine Spur.

Gustav Piffl wurde am 15. Oktober 1864 in Landskron in Böhmen geboren und verlor bereits mit vier Jahren seine Mutter. Der Vater war Buchbinder mit einem Papierladen, in dem er auch Bücher verkaufte. Gustav war ein guter Schüler mit mittelprächtigen Noten in Betragen und Fleiß. Zweimal wollte er die Schule aufgeben und eine Lehre anfangen, nach der sechsten Klasse als Buchhändler. In einer Wiener Verlagsbuchhandlung wurde er aber nur als Laufbursche verwendet, weshalb er es vorzog, nach den Ferien auf die Schulbank zurückzukehren. Der junge Gustav Piffl war überhaupt recht sprunghaft. Bereits in der achten Klasse wollte er Priester werden, dabei war er »zu Hause nicht in der Richtung erzogen worden, dass der Entschluss, Priester zu werden, bei einem von uns von vornherein vorauszusetzen gewesen wäre«. Er wurde nach der Matura vom Augustiner Chorherrenstift Klosterneuburg akzeptiert, trat dann aber doch, obwohl er als Novize vom Militärdienst befreit war, als Einjährig-Freiwilliger ins ungarische Infanterieregiment Nr. 38 ein. Er bezeichnete zwar später das Jahr beim Militär als das schönste seines Lebens, legte aber keine Prüfung ab und wurde nicht einmal Leutnant. Mit Prüfungen sollte er auch später noch eine Menge Probleme haben. »Sie sind ein ganz gescheiter Mensch, aber kein Soldat, Sie haben keine Haltung«, meinte einer seiner Offiziere. Mittlerweile wusste er ohnehin, was er wollte. Die traditionelle Kandidatenrede im Stift, eine kurze Meditation in lateinischer Sprache über einen Bibelvers, hielt er noch in Uniform. Am 7. Oktober 1883 wurde er als jüngster von vier Kandidaten eingekleidet und erhielt den Ordensnamen Friedrich. Im Jänner 1888 wurde er zum Priester geweiht und im Jänner 1889 Kaplan in der zum Stift gehörenden Pfarre Floridsdorf.

Floridsdorf wird seine soziale Schule. Ein riesiges, unüberblickbares Pfarrgebiet mit gigantischen sozialen Missständen. Arbeiterunruhen haben wenige Jahre vor Piffls Ankunft zu mehrmonatiger militärischer Besetzung geführt. In vielen Schulklassen sitzen doppelt so viele Kinder, wie es Plätze in den Bänken gibt, manche kommen betrunken in die Schule, viele haben kein Hemd am Leib. Ein knappes Jahr erlebt Piffl noch den sozial unerhört engagierten, aber völlig überdrehten Pfarrer Rudolf Eichhorn, der gegen jeden wütet, der ihm in die Quere kommt, und sich so üble antisemitische Ausfälle leistet, dass sich die Floridsdorfer Juden »keine Stunde in ihrer Existenz sicher fühlten«. Eichhorn hat eine Zeitung herausgegeben. Nun setzt sich Piffl mit den Problemen der Arbeiter auseinander und gibt seinerseits eine »Zeitung für Stadt und Land« heraus, auf eigene Faust, noch nach zehn Jahren stottert er die davon herrührenden Schulden ab. Piffls Name schien darin nie auf, obwohl er die meisten Leitartikel selbst schrieb.
Er wird in der Hauslehranstalt des Stifts provisorischer Professor für Moraltheologie, aber sein theologisches Doktorat schafft er nie. Aus einem Tagebuch-Fragment des 27-Jährigen: »Nachdem ich wiederholt ein Tagebuch zu führen begonnen habe, ohne damit sonderlich weit zu kommen, will ich heute noch einmal einen Versuch machen. Dasselbe soll hauptsächlich den Zweck haben, mich an Ordnung zu gewöhnen, was meinem nervösen, unruhigen Wesen und meiner flatterhaften Eigenart so unendlich schwer fällt. In ungefähr 10 Wochen soll ich rigorosieren. Ich muss zu diesem Behufe die Zeit peinlich gewissenhaft ausnützen, zu welchem Zweck ich mir folgende Arbeits- und Tagesordnung vornehme.«
Keine Rede vom Rigorosum in zehn Wochen. In Rom, wohin ihn das Stift zum Studieren schickt, erweitert er seinen Horizont, lernt intensiv Italienisch, liest die österreichischen Zeitungen und verfolgt genau das Geschehen in der

Heimat, tritt der Erzbruderschaft zur Schmerzhaften Muttergottes am Campo Santo bei, hält Vorträge über den Kampf der Kirche gegen den Kapitalismus, lernt viele Menschen kennen und darf zu Allerheiligen 1894 die Messe von Papst Leo XIII. in dessen Privatkapelle miterleben. Nach einem drei viertel Jahr kehrt er ohne Doktorat heim. Erst viel später wird er eines bekommen: ein Ehrendoktorat. In Klosterneuburg hat er Heimweh nach Rom. Doch schnell ist er wieder mitten drin in einer Vielzahl von Aktivitäten, vor allem in einer regen politischen Vortragstätigkeit.

Friedrich Gustav Piffl ist kein erfolgreicher Student, aber ein echter Krisenmanager. Im Herbst 1906 legt der damals 42-Jährige bereits die zweite Probe dieses Talents ab. Er hilft, eine schwere Kise des Chorherrenstiftes zu managen, und steht wenig später an dessen Spitze. Die Probleme im Stift gingen auf die Propstwahl vom 8. Jänner 1903 zurück, bei der sich die Chorherren für Bernhard Peitl entschieden hatten. Dabei entstand eine klassische Ausgangssituation künftiger Verwicklungen: eines der reichsten Stifte mit großen Wirtschaftsbetrieben und entsprechend umfangreichen Verwaltungsaufgaben, aber in der Spitzenposition ein schwacher, seiner Aufgabe nicht gewachsener Mann und hinter diesem ein ehrgeiziger Intrigant. Über ihnen eine Hierarchie, welche die Transparenz traditionell nicht zu ihren höchsten Gütern zählt, die undurchsichtige Seilschaften begünstigt und in der das Intrigenspiel blüht.

Der Fädenzieher im Hintergrund war der Chorherr Karl Drexler, der in der Schwäche des überforderten Abtes eine Chance für sich selber witterte und Peitl bereits 1904 »zu einer unbeholfenen Selbstanzeige in Rom wegen unzumutbarer Zustände im Stift« veranlasste, so Krexner. Piffl war nicht nur dank seiner offenen und direkten Art ein Gegenpol zu Drexler, sondern hatte sich außerdem bereits durch seine Leistungen als Inspektor der ungarischen Güter des Stifts für größere Aufgaben qualifiziert.

Die ungarischen Güter waren erst 1855 vom Grafen Vásonykeö erworben und nach dessen Tod im Jahr 1875 erweitert worden. Die Einsetzung des Chorherrn Heinrich Ruf im Jahre 1896 als Inspektor erwies sich als keine glückliche Entscheidung. Bald zeigten sich die ersten Symptome einer Geisteskrankheit. Wenige Jahre nach seiner Übersiedlung nach Ungarn verfolgte er die Haushälterin und einige Untergebene mit dem Revolver und gab sechs Schüsse ab, »ohne Gott sey Dank zu treffen«, wie Propst Ubald Kostersitz am 1. Juni 1901 im Erinnerungsbuch des Stiftes vermerkte. Ruf wurde nach Wien in die Landes-Irrenanstalt »Am Steinhof« gebracht, wo er 1922 starb, und Piffl nach Suúr in Ungarn geschickt, um die Verwaltung der Güter zu übernehmen, obwohl er weder von Landwirtschaft noch von Verwaltung etwas verstand.
Gemäß späterem Selbstzeugnis war es eine Konstante in seinem Leben, »dass er immer unversehens auf seine Posten gestellt worden sei«. Er fand vernachlässigte und zum Teil verlustbringende Betriebe und wütende Angestellte vor, die ihn wissen ließen, »selbst ein jüdischer Pächter sei ihnen unter diesen Umständen noch lieber als eine katholische Herrschaft, bei der eine lutherische Konkubinarin ... die ein lediges Kind hatte – das Machtwort führe«. Piffl arbeitete Tag und Nacht, schrieb dem Propst nach Wien, hier »wirtschafte man noch wie Pusztabauern vor 50 Jahren«, kümmerte sich um jede Kleinigkeit, entwickelte zugleich ein langfristiges Konzept und eignete sich innerhalb weniger Jahre alle notwendigen Fachkenntnisse an. Er entfernte unfähige und korrupte Mitarbeiter, brachte, nachdem er dessen Buchhaltung in mühsamer Kleinarbeit rekonstruiert hatte, einen betrügerischen Gutsbeamten vor Gericht, setzte für einen qualifizierten neuen Mann eine anständige Bezahlung durch, um ihm »das Stehlen unnötig« zu machen, organisierte fast alles um, legte die unrentable Molkerei und eine Mühle still, errichtete Arbeiterwohnungen, verschenk-

te tonnenweise überschüssige Kartoffeln, die vorher auf den Feldern verfault waren, baute ein vorhandenes Sägewerk aus und war dabei, das Image des Stiftes als Großgrundbesitzer zu heben, als sich die Situation in Klosterneuburg zuspitzte.

Propst Peitl holte, als die Krise eskalierte, Piffl als Kanzleidirektor nach Wien zurück. Seinen Aufgaben auf den Gütern sollte er zusätzlich nachkommen. Peitls Selbstanzeige in Rom hatte nämlich in der Zwischenzeit zu einem vatikanischen Ersuchen um Stellungnahme an die Adresse des Wiener Erzbischofs geführt und Kardinal Gruscha hatte Weihbischof Godfried Marschall nach Klosterneuburg entsandt. Marschall aber war mit dem Chorherrn Drexler befreundet, der Peitl beerben wollte. Obwohl sich die Chorherren einhellig über Drexlers Intrigen beschwerten, nahm Marschall nur dessen Berichte zur Kenntnis und leitete diese Sicht der Dinge nach Rom weiter. Er entschuldigte sich später damit, er habe aus Angst vor Drexler und dessen Freundschaften mit hohen kirchlichen Würdenträgern so gehandelt. Offenbar wurde seine Voreingenommenheit in Rom durchschaut. Jedenfalls schickte Kardinalstaatssekretär Merry del Val den ehemaligen Ordensgeneral der Dominikaner, Pater Andreas Frühwirth, als Apostolischen Visitator nach Klosterneuburg. An Marschall, schreibt Krexner, ließ man von da an in Rom »kein gutes Haar mehr, was sich 1910 bei der Ernennung des späteren Kardinals Nagl zum Wiener Erzbischof-Koadjutor widerspiegelte, bei der Marschall ganz offensichtlich übergangen wurde«. Die Version, die er eines Abends Friedrich Funder anvertraute (Seite 63), war also nicht die einzige, aber die schmeichelhaftere.

Die Lage des Chorherrenstiftes wurde durch den plötzlichen Herztod Propst Bernhards am 6. Oktober 1906 noch verschärft. »Trübe, sehr trübe« gestalteten sich die Aussichten, wie Piffl selbst berichtet: »Die Visitation war noch nicht abgeschlossen. Die erste erschütternde Nachricht kam von der Päpstlichen Nuntiatur, welche die Propstwahl inhibirte und bis nach der Beendigung der Visitation verschob. Man wollte uns in der Person des Visitators P. Frühwirth O.Pr. einen Administrator setzen. Diesem Versuch widerstand die österreichische Regierung, welche sich jetzt des Stiftes sehr warm annahm.« Die Nuntiatur ergriff daraufhin die erste »günstige Gelegenheit, um mit Ehren und im Scheinerfolg aus der Visitations-Sackgasse herauszukommen«, und diesen Ausweg hatte ihr Piffl selbst geöffnet und seit Monaten vorbereitet.

Er selbst beschrieb seine geschickte Aktion nach der Wahl zum Propst im Erinnerungsbuch des Stiftes: »Als die Bedrängnisse der Visitation im Vorjahr aufs Höchste gestiegen waren, machte der damalige Kanzleidirektor Fr. Piffl den Vorschlag, sämtliche Chorherrenstifte Österreichs zur schleunigsten Gründung einer Kongregation zu veranlassen. Um die Sache zu betreiben, machten sich die Klosterneuburger Chorherren Friedr. Piffl und Ildephons Pasler am 8. Sept. 06 auf, um zunächst nach Herzogenburg und St. Florian zu fahren. An beiden Orten fanden sie Zustimmung. Im selben Monat fuhren dieselben nach Vorau und Neustift. Reichersberg wurde von St. Florian verständigt.«

Bereits am 19. Februar 1907 wurden die Statuten der neuen Kongregation dem Heiligen Stuhl vorgelegt, am 16. Juli wurde sie kanonisch errichtet, Piffls Rechnung war aber längst aufgegangen: »Als mittlerweile die öffentliche Presse, die Gemeindevertretungen unserer Seelsorgsbezirke wie überhaupt die öffentliche Meinung in sehr energischer Weise für das Stift eintrat, erhielten wir von der Nuntiatur die Versicherung, dass die Angelegenheit baldigst in befriedigender Weise gelöst würde. Da inzwischen durch unsere Visitation belehrt und gewitzigt die übrigen Chorherrenstifte in Deutschösterreich den prinzipiellen Beschluss gefasst hatten, eine Kongregation zu bilden und Klosterneuburg – von dem die ganze Kongregationsidee schon seit September betrieben wurde – sich diesem Plane natürlich anschloss, so benützte man jetzt auf der Nuntiatur diese günstige Gelegenheit ... proklamierte die Kongregationsbildung als das gewünschte Ergebnis und die gute Frucht der Visitation und erklärte diese für beendigt.«

Der Propstwahl wird von der Nuntiatur schon zu Jahresbeginn nichts mehr in den Weg gelegt. Am 7. Jänner 1907 gratuliert Piffl seiner Nichte Flora brieflich zur Hochzeit und setzt hinzu: »Was mich betrifft, so kann ich auch nicht viel schreiben. Der 9. Jänner wird entscheiden. Wenn mich die Mitbrüder einstimmig wählen, so habe ich erklärt, die Wahl anzunehmen. Bei einer nur schwachen Mehrheit lehne ich ab und gehe wieder nach Suúr. Du siehst, ich habe nichts zu gewinnen und nichts zu verlieren und deshalb lässt mich die ganze Geschichte, welche den meisten Mitbrüdern Kopfzerbrechen macht, ganz kalt. – Bete am 9. für mich, dass es Gott recht einrichte!« Falls er ambizioso war, hat er es auch in diesem Brief gut verborgen. Aber er scheint Suúr sehr geliebt zu haben. Nach seiner Bestellung zum Erzbischof fuhr er sofort auf eine Woche hin, um sich vom Schreck zu erholen.

Statt der großen Prälatenwohnung neben den Kaiserzimmern bezog der neue Propst zwei einfach eingerichtete Räume in der Klausur. Piffls persönliche Anspruchslosigkeit und Integrität sind keine Traktätchen-Erfindung. Als er 1922 nach dem Tod Benedikts XV. zum Konklave nach Rom fahren sollte, stellte sich heraus, dass er zehn Jahre lang mit der im Erzbischöflichen Palais vorgefundenen, mittlerweile recht abgetragenen Garderobe seines Vorgängers ausgekommen war. Sein Hofkaplan sorgte dann schnell für einen neuen Talar.

Friedrich Gustav Piffl hatte Führungseigenschaften. Er besaß die Fähigkeit, komplizierte, unklare Situationen zu durchschauen, die Entschlusskraft, Lösungen in die Tat um-

zusetzen, Ausdauer bei der Durchführung und Selbstkritik, die ihn befähigte, die eigenen Schwächen zu erkennen und sich immer wieder neue Kenntnisse anzueignen. Dazu kamen Autorität, gepaart mit Loyalität, Gradheit und Ehrlichkeit, ein ausgleichendes Naturell sowie eine ordentliche Portion taktisches Geschick, alles Eigenschaften, die er gleich in der ersten Zeit auf dem Stephansplatz benötigte, um die Gegner des Katholischen Volksbundes auszupunkten. Sie hatten schon seinen Vorgänger zur Genüge geärgert. Der 1910 gegründete Volksbund war als breite katholische Volksorganisation konzipiert. Die Gegenspieler, die als »Integralisten« firmierten, waren der Bürgerschulkatechet und Rektor der Ruprechtskirche Anton Mauß und Anton Orel. Letzterer hatte die Ideen jenes Carl Freiherrn von Vogelsang, auf dessen Ideen die christlichsoziale Bewegung beruhte, radikalisiert. Gemeinsam warfen sie dem Volksbund vor, sich zwecks Abwehr der Sozialdemokratie mit den konservativen Protestanten verbündet zu haben. In der Hauptversammlung des Volksbundes in der Volkshalle des Wiener Rathauses bewies der neue Erzbischof, dass er scharf dreinfahren konnte, wenn es um seine Autorität ging: »Wo ein Verein Hand in Hand mit seinem Bischof für katholische Zwecke arbeitet, ist nörgelnde Kritik und liebloses Zensurenausstellen nicht am Platze. Noch gilt der Grundsatz, dass in jeder Diözese der Bischof und nicht Laien oder Zeitungen über Rechtgläubigkeit und kirchlichen Sinn zu urteilen haben. Und dass es dabei bleiben wird, dafür lassen Sie mich sorgen.«
Die Integralisten hatten aber beim Papst, der sich die von Mauß herausgegebene Zeitschrift regelmäßig übersetzen ließ, Rückhalt. Im Dezember 1913 intervenierte die rührige Thronfolger-Gattin-Cousine, Gräfin Marie Henriette Chotek, die schon Nagl genervt hatte, in einer Privataudienz bei Pius X. für Mauß. Bei dieser Gelegenheit produzierte Seine Heiligkeit ein Kuddelmuddel, indem er ihr seinen Segen für

Anton Orels Jugendbewegung unbedachterweise sogar schriftlich mitgab. Mauß druckte die Aufforderung des Papstes, weiterzuarbeiten, ohne den Mut zu verlieren, »der Heilige Stuhl ist mit Ihnen«, mit dem Kommentar »Roma locuta causa finita« in seiner Zeitung ab, worauf Piffl der Kragen platzte und er erbost den Nuntius fragte, »ob er oder Gräfin Chotek Erzbischof von Wien sei«. Piffl saß am längeren Arm des Hebels. Die Gräfin musste den päpstlichen Schrieb zurückgeben. Unter dem Teppich schwelte der Zwist bis zum Tod des Papstes am 20. August 1914 weiter. Marie Henriette Chotek soll sogar noch mit der Prinzessin Alexandrine Windischgrätz nach Rom gereist sein, um beim Papst gegen die Ernennung Piffls zum Kardinal zu intrigieren. Doch soll der Papst gemeint haben, sie solle lieber den Rosenkranz beten.

Piffl wurde trotz des Störfeuers am 25. Mai zum Kardinal kreiert – gerade noch rechtzeitig für das Konklave. Im selben Konsistorium, seinem letzten, ernannte Pius X. auch Giacomo della Chiesa, der bereits am 3. September als Benedikt XV. zu seinem Nachfolger gewählt werden sollte. Der Nobelgardist Marchese Pietro Pellegrini Quarantotti reiste noch am Tage des Konsistoriums mit Begleitung ab, um feierlich das Kardinalszucchetto, das purpurfarbene Käppchen, zu überreichen – dazu die Rechnung über 15 488,29 Lire Ernennungsgebühren. Am 5. Juni wurde Piffl in Schönbrunn vom Kaiser empfangen. Er erzählte Seiner Majestät, die sehr frisch ausgesehen haben soll, wie viel für ihn gebetet wurde, was Franz Joseph so freute, dass ihm dabei die Tränen kamen.

Am nächsten Tag fuhren Piffl und der zugleich mit ihm ernannte Kardinal Csernoch in sechsspännigen Hofgalawagen durch eine jubelnde Menschenmenge zur Hofburgkapelle. In feierlicher Prozession zogen die Truchsessen, Kämmerer und Geheimen Räte, sodann die beiden Kardinäle und zuletzt der Erzherzog-Thronfolger in Generalsuniform in die

Kirche ein, wo Franz Ferdinand nach feierlichem Hochamt den knienden Kardinälen die Kardinalsbirette aufs Haupt drückte.

Nicht einmal einen Monat später, am 28. Juni, wurden der Thronfolger und seine Frau in Sarajevo ermordet, genau einen Monat später erklärte Österreich Serbien den Krieg, am 20. August starb Pius X. Der Außenminister verständigte alle Kardinäle der Monarchie im Allerhöchsten Befehl, »dass sie sich sofort nach Rom begeben und ihren Weg über Wien behufs Konferenz mit Ministerium des Äußeren nehmen«. Der von Piffl angeregte Extrazug für alle sechs Kardinäle verließ Wien am frühen Morgen des 23. August, doch »fuhren nun nur Skrbensky, Csernoch und Piffl. Vaszary blieb wegen seines hohen Alters zu Hause, Bauer wegen eines Keuchhustens und Hornig, weil man ihm keinen Salonwagen zur Verfügung gestellt hatte«, und das im August 1914. Aus einem originelleren Grund als Kardinal Károl von Hornig von Gran ist wohl kaum je ein Kardinal einem Konklave ferngeblieben. Piffl hinterließ seine ausführlichen Protokolle beider Papstwahlen, an denen er teilnahm, der Nachwelt mit dem Vermerk »Secreta Conclavis comburenda casu mortis meae«, die Geheimnisse des Konklaves seien nach seinem Tod zu verbrennen, was aber unterblieb.

Wegen seiner Äußerungen im Ersten Weltkrieg wurde er als Kriegshetzer hingestellt. Tatsächlich schwamm er bloß genauso naiv und unkritisch auf der patriotischen Welle wie fast alle, die Mehrheit der Dichter, Künstler und Intellektuellen eingeschlossen. Anfang 1915 gibt er offen zu, dass »unsere anfängliche Hurra-Stimmung ... ernsten Gedanken wich«. Nun deutet er den Krieg als Fingerzeig Gottes: »Schrien der krasse Unglaube, die trotzige Empörung gegen Gott und sein ewiges Sittengesetz nicht überlaut zum Himmel? Waren nicht zynische Gotteslästerungen an der Tagesordnung? Haben die zahllosen Selbstmorde, der erschreckende Geburtenrückgang, die Leichtfertigkeit bei

Eheschließungen und Ehescheidungen nicht unser Sittenleben bis ins innerste Mark vergiftet und verseucht?«
Über vieles, was Piffl damals sagte, kann man nur noch den Kopf schütteln. Etwa, der Krieg habe auch Gutes im Gefolge, er bringe »die religiöse und sittliche Erneuerung« (dabei empörte sich die Bischofskonferenz über die Ausgabe von Verhütungsmitteln an die Soldaten), oder »so furchtbar der Krieg auch sei, eines habe er aufs Schönste bewiesen, dass Österreich-Ungarn unbesiegbar sei«. Manche Erscheinungen des religiösen Lebens im Krieg überschritten die Grenze zur Blasphemie. So rief der Katechetenverein 1915 allen Ernstes die Kinder dazu auf, ihre Weihnachtskommunion dem Kaiser zu schenken. Der letzte Absatz ist eine hilflose Reaktion auf die Abneigung, die der Kirche damals von vielen Seiten entgegenschlug, dürfte aber pädagogisch eher kontraproduktiv gewirkt haben: »Doch du, mein Kind, bist gar nicht froh. Ich lese es in deinen Augen. Dein Vater wünscht es nicht, dass du die heilige Kommunion empfängst, wenn nicht die strengste Pflicht es fordert. Und doch zieht es dich so sehr zum guten Jesus hin und auch dem lieben Kaiser möchtest du was schenken. Mache es also so: Knie vor dem Tabernakel nieder und sag's dem Heiland, mit welcher Sehnsucht du nach ihm verlangst, rufe ihn in dein kleines Herz. Ganz sicher kommt er dann in unsichtbarer Weise, auch du hast kommuniziert und stehst nicht mit leeren Händen da, wenn alle braven Kinder dem Kaiser ihre Gaben weihen.«
Einem von den Bischöfen bereits im Dezember beschlossenen Auftrag kam Piffl zwar erst nach mehrmonatiger Überlegung, Anfang April, dann allerdings energisch nach. Er forderte den Außenminister auf, Schritte gegen die Ausrottung der Armenier durch die Türken zu unternehmen. Minister Burjan meinte, bisher sei alles vergebens gewesen, die mit Österreich verbündeten Türken seien dabei, das ganze armenische Volk, zwei Millionen Menschen, auszurotten,

aber man könne keinen starken Druck auf sie ausüben, da sie lieber heute als morgen zur Entente übergingen. Man rotte alles aus, was nicht türkisch sei, nach den Armeniern seien wohl die Griechen dran. Piffl war nach dieser Unterredung sehr bedrückt.
Piffls taktisches Geschick, gepaart mit Flexibilität und Ehrlichkeit, sollte sich auch beim Konflikt zwischen dem Fürstbischof von Trient, Celestino Endrici, und dem österreichischen Militärkommando bewähren. Endrici hatte sich bereits 1911 Österreichs Unwillen zugezogen, als er einem in Levico tagenden Kongress der Hochschüler des Trentino ein Telegramm schickte, in dem er sich negativ über den Tiroler Volksbund äußerte. Der 1905 in Sterzing gegründete Volksbund war ein geistiger Vorfahr der Südtiroler »Bumser«. Er verfolgte sein Ziel, die Verteidigung der deutschsprachigen Gebiete gegen die italienische Zuwanderung, in denselben schrillen Tönen, mit denen weiter östlich Österreichs Deutschnationale gegen die Tschechen hetzten. Etwa ein halbes Jahr nach Beginn des Krieges zwischen Österreich und Italien, Ende 1915, kam es zum Zusammenstoß zwischen dem bei den Österreichern als »italianissimo« verschrienen Endrici und dem Militärkommando.
»Italianissimo« zu sein war ein schwerer Vorwurf, der zeitweise selbst dem päpstlichen Nuntius in Wien zu schaffen machte. Der Nuntius war traditionell immer ein Italiener, der Botschafter des Papstes, eines Italieners – wie hätte er nicht auch »italianissimo« sein sollen? Symptome des nationalen Fanatismus: Gleich nach Kriegsausbruch hatte Piffl dem Nuntius, wohl nicht ganz grundlos, geraten, sich in ein Kloster zurückzuziehen, und selbst Kaiser Karl wollte noch Ende Jänner 1917 seine Abberufung erreichen, weil er »italianissimo« sei. E. sei sehr unwillig, dass er jetzt von allen Seiten zu einer Einmischung gedrängt werde, vermerkt Zeremoniär Wagner in seinen Tagebüchern. »E.« steht darin durchgehend für »Eminenz«. In Piffls Missstimmung spie-

gelte sich wohl auch ein Konflikt der Loyalitäten, der Loyalität für den Papst und der Loyalität für den Kaiser. Möglicherweise verschaffte es ihm innere Erleichterung, zu glauben, »in Rom werde man von freimaurerischer Seite falsch informiert, um den Vatikan zur Einmischung zu bewegen und so eventuell die Schuld auf die Kirche schieben zu können«. Die dunkle Macht der Freimaurer sahen in katholischen Landen viele allenthalben am Werk. Piffls eigene Meinung dürfte ambivalent gewesen sein, sonst hätte er wohl nicht später seinen Stiefonkel, den Apotheker Bertrand Bibus, dessen häufiges Schwärmen von Klosterneuburg zu Piffls Entscheidung für die Augustiner Chorherren beigetragen hatte, als Freimaurer bezeichnet – ob der Besitzer der Schwanenapotheke auf dem Schottenring nun einer war oder nicht.

Der Vatikan verstärkte in den folgenden Wochen seine Bemühungen, Österreich zu Konzessionen zu bewegen, und auch Deutschland wollte den Krieg mit Italien um jeden Preis verhindern. Doch Franz Joseph war selbst von Kaiser Wilhelm zu keiner Gebietsabtretung zu bewegen. Auch der vom Papst zum Kaiser entsandte Monsignore Eugenio Pacelli, der spätere Papst Pius XII., erreichte nichts. Derselbe Pacelli hatte das vier Tage vor der Ermordung des österreichischen Thronfolgers unterzeichnete Konkordat zwischen dem Heiligen Stuhl und Serbien entworfen und ausgehandelt – hinter dem Rücken Österreichs, der traditionellen Schutzmacht der serbischen Katholiken. John Cornwell kam 1999 – hier darf man dem britischen Autor eines umstrittenen Buches über Pius XII. folgen – zu dem Schluss, dass das serbische Konkordat die Zentralmacht des Vatikans stärkte, aber mithalf, die zum Ersten Weltkrieg führenden Spannungen zwischen Österreich und Serbien weiter aufzuschaukeln.

Italien zeigte sich zu keinem Einlenken bereit, sondern lizitierte seine Forderungen in die Höhe. Am 23. Mai 1915 überreichte der italienische Botschafter in Wien die Kriegserklärung. Wenige Monate später kam es zur Endrici-Affäre, die Piffl jahrelang beschäftigen sollte. Wie »italianissimo« war Endrici wirklich? Falls die Rede, die er am 2. März 1913 in Arco bei der Einweihung eines Denkmals für den Sieger von Custozza, Erzherzog Albrecht, gehalten hatte, ehrlich war, wäre wohl auch seine Loyalität gespalten gewesen. Überliefert wird sie von Karl Kraus, der sie im November 1922 zitierte, nachdem sie neun Jahre in seinem Archiv geschlummert hatte. Hervorgeholt hatte er sie anlässlich der Verleihung der Kriegsmedaille an das Bild der Muttergottes von Grappa – was es alles gab. Oder sollte es sich bei der Rede von 1913 um bedeutungslose Ergebenheitsfloskeln vom Fließband gehandelt haben, vergleichbar der Serienproduktion von Engelsköpfen, Atlanten und Girlanden, welche die Fassaden von Wiens Gründerzeitbauten noch heute zieren? So oder so, der Kniefall hatte in Wien offenbar nicht überzeugt. Man war den Byzantinismus gewöhnt, er gehörte zum Monarchie-Alltag.

Endricis verbaler Hofknicks lautete: »Möge über dieser Stadt, die ihm so lieb gewesen, der schützende Geist des uns allen unvergesslichen Heldenfürsten walten und sie immer treu erhalten dem angestammten Glauben, treu dem erhabenen Kaiserhause. Geliebteste, unser Gebet möge auch emporsteigen zu Gott für unseren allverehrten Kaiser Franz Joseph, der so viel Verehrung und Vertrauen setzte auf den unvergesslichen Erzherzog Albrecht. Und noch ein Gebet für das ganze erlauchte Kaiserhaus, dass Gott es beschützen und segnen möge, damit es den Lauf der Jahrhunderte hindurch seine ruhmvolle Mission erfülle zum Heil der Völker Österreichs nach dem leuchtenden Beispiel des erhabenen, in Gott seligen Erzherzogs Albrecht.«

Derselbe Endrici verschloss sich Ende 1915 dem Wunsch der Regierung nach einer Loyalitätskundgebung der Bevölkerung des Trentino für Österreich und begnügte sich damit, eine eigene knappe Loyalitätserklärung für den Kaiser abzugeben. Damit war das Armee-Oberkommando nicht nur unzufrieden, sondern es agierte wieder einmal wie der sprichwörtliche Elefant im Porzellanladen und forderte die Abberufung des Fürstbischofs. Endrici zog sich in sein Landhaus in San Nicolo zurück und weigerte sich, nach Trient zurückzukehren.

Piffl wurde Anfang März 1916 mit dem Scherbenhaufen befasst, als ihn Minister Hussarek vom Ungehorsam Endricis und dem Plan, den Fürstbischof in einem Kloster zu internieren, informierte. Er, der Minister, habe gehofft, »dass der Kaiser dem Oberkommando der Armee in den Arm fallen werde, was er aber nicht getan hätte. Piffl fand die gesamte Behandlung des Fürstbischofs sehr unwürdig.« In einer heute geradezu unglaublichen Kompetenzanmaßung fordert nun das Militärkommando die Einleitung eines Disziplinarverfahrens gegen Fürstbischof Endrici. Es fiel Piffl leicht, Hussarek die einzig richtige Antwort auf diese Zumutung zu suggerieren: Ein Disziplinarverfahren gegen einen Bischof stehe einzig dem Papst zu. Hussarek schlug dem Kaiser vor, den sperrigen Bischof zu Piffl nach Wien zu bringen. Wie im Konflikt um das Chorherrenstift Klosterneuburg hatte der Wiener Kardinal auch diesmal den Notausgang für eine mächtige Streitpartei gefunden, den diesmal der Kaiser selbst benützte.

Das Oberkommando hatte bereits im Herbst 1915 eine »totale Reform der Erziehung des Klerus in den Priesterseminaren verlangt, und zwar in patriotischer Hinsicht«, und Piffl hatte gekontert, in diesem Falle würde der Episkopat »eine gründliche Reform der Erziehung in den Militäranstalten in religiöser Hinsicht fordern«, worauf die Sache wieder einschlief. Nun bestätigte das Militärkommando alle Kritiker und lieferte wieder einmal einen Beweis dafür, dass es ihm an jeglichem Augenmaß fehlte. Es versteifte sich auf seinen Prestigestandpunkt und forderte Endricis Auslieferung an die Militärgerichtsbarkeit. Der Kaiser griff nun doch ein, ordnete an, entsprechend dem Vorschlag von Kultusminister Hussarek vorzugehen, und ließ Piffl seinen Dank ausrichten. Das Armeekommando hingegen blieb dem Ruf, der ihm nicht erst seit den »Letzten Tagen der Menschheit« anhaftet, treu. Die von Krexner aus dem Wagnerschen Tagebuch erschlossenen Einzelheiten lassen jedenfalls auf ein unwürdiges Tauziehen schließen, bei dem es dem Armeekommando offenbar nur noch darum ging, sein Prestige zu wahren, indem es Fürstbischof Endrici demütigte, nach Kräften schikanierte und seinen erzwungenen Aufenthalt in Wien so unangenehm wie möglich gestaltete. Der Wiener Polizeipräsident hielt es für ausreichend, wenn Endrici ständig von einem Wiener Geistlichen begleitet wurde – Zeremoniär Wagner übernahm diese Aufgabe – und wenn umgehend bekannt gegeben wurde, wen er empfing und wohin er ging. Das Armeekommando entblödete sich nicht, darauf zu bestehen, dass Endrici seine Mahlzeiten keinesfalls unter vier Augen mit seinem Sekretär Guadeginni einnehmen durfte, den es für noch gefährlicher hielt als den Bischof selbst.

Der Kardinal warnte vor einem zu rigorosen Vorgehen, »da der Episkopat dann vielleicht die Sache zu der seinigen machen würde«. Der Kaiser legte Endrici den Rücktritt nahe. Die Regierung machte Druck mit der Drohung, die staatlichen Subventionen für die Priesterseminare des Trentino zu streichen. Der Nuntius bat Piffl, auf Zeitgewinn zu spielen, »da dem Papst in Italien große Schwierigkeiten entstünden, wenn bekannt würde, dass ein Bischof wegen seiner italienischen Gesinnung resignieren musste«. Schließlich wurde es dem Papst anheim gestellt, Endrici zum Rücktritt aufzufordern, was er selbstverständlich nicht tat. Am 1. Dezember 1916 gab es die nächste Erregung um den Oberhirten des Trentino, als ihn Minister Hussarek nach dem Tod Kaiser Franz Josephs in der Schar der bei Kaiser Karl ange-

tretenen Bischöfe erkannte. Endricis Anwesenheit wurde dem Kaiser gemeldet, der aber bloß meinte, es sei ja nichts bewiesen, der Bischof könne bleiben. Am 23. September 1917 kamen aber Kaiser Karl und Kaiserin Zita sogar höchstselbst in Schloss Kranichberg vorbei, wo Piffl seinen Herbsturlaub verbrachte, um ihm noch einmal unterzujubeln, wie verhasst Endrici im deutschen Teil seiner Diözese sei, er könne auf keinen Fall zurückkehren: »Ein Geistlicher habe ihn direkt – ›du verzeihst schon, dass ich den Ausdruck gebrauche‹, sagte der Kaiser zur Kaiserin – ein ›Mistvieh‹ genannt ... Versprechen Sie ihm alles, ich werde ihn in Audienz empfangen, ich ernenne ihn zum Geheimrat, er soll in Ehren abtreten.« Offenbar hatte das Militärkommando sogar den Kaiser unter Druck gesetzt. Es gab noch einiges Hin und Her, im Endeffekt blieb Endrici bis Kriegsende in Heiligenkreuz, durfte sogar mit Trient korrespondieren und kehrte im November 1918 in seine Diözese zurück, die er bis zu seinem Tod im Jahre 1940 leitete.
Kardinal Piffl war ein loyaler Untertan Kaiser Franz Josephs. Für dessen Nachfolger war er ein Vertrauter, auf dessen Rat Karl großen Wert legte. Auch der Nuntius versuchte Anliegen wie die Bischofsernennungen für Spalato und Lesina über Piffl an Karl heranzubringen, denn der sage ja sowieso nur immer: »Da muss ich zuerst den Piffl fragen!«
Kaiser Karl behandelte Piffl sehr freundschaftlich, »empfing E. sehr lieb«, wie wir vom unermüdlich seine Tagebücher führenden Zeremoniär Wagner erfahren, reicht ihm gleich die Hand und führt ihn zum Schreibtisch, sodass Eminenz gar nicht dazu kommt, »die vorgeschriebenen Verbeugungen zu machen«. Beim Abschied bleibt Karl höflich stehen, bis der Kardinal mit seinen obligaten drei Verbeugungen fertig ist. Franz Joseph pflegte bereits nach der ersten Verbeugung wegzugehen und ließ den Kardinal sich vor seiner Kehrseite respektive ins Leere fertig verbeugen. Bei einer dieser Gelegenheiten – Karl bittet »tausendmal um Verzei-

hung«, dass er ihn »herausstrapaziert« hat – erbittet er den Rat des Kardinals in einer heiklen Sache. Seine Regierung hat sich im März 1917 zu etwas durchgerungen, womit sie bei Franz Joseph wohl nicht einmal angeklopft hätte, was aber auch Karl nicht geheuer ist.

Der Justizminister sollte ermächtigt werden, unehelichen Müttern generell die Anrede »Frau« und ihren Kindern die Rechte ehelicher zuzugestehen. Man war tief im dritten Kriegsjahr, die Männer starben an den Fronten, die Frauen drehten Granaten oder pflegten Verwundete und Sterbende in den Lazaretten, aber einer ledigen Mutter die Anrede Frau zuzugestehen, dafür waren die Zeit und die Kirche noch nicht reif. Ein unehelich Geborener konnte ja noch nicht einmal Kardinal werden, nur Erzbischof. Als der Justizminister den Beschluss des Ministerrates dem Kaiser vorlegte, sagte dieser: »Da werde ich zuerst mit dem Kardinal von Wien darüber sprechen.«

Wagners Tagebucheintragung über das Gespräch, so, wie Piffl es ihm geschildert hatte: »›Wie denken E. vom Standpunkt der Kirche darüber?‹ E. erwiderte: ›Majestät, ich habe das kommen sehen, nachdem schon lange von gegnerischer Seite dafür gearbeitet wird. Ich habe auch im vorjährigen Hirtenbrief diese Bestrebungen, die besonders im Abend propagiert wurden, zurückgewiesen. Es wäre das der erste Schritt zur Ehereform, ja würde die Ehe überhaupt untergraben. Majestät könnten mit Rücksicht auf die durch den Krieg geschaffenen Verhältnisse die größtmögliche Milde bei der Erteilung von solchen Bewilligungen walten lassen, aber eine generelle Erlaubnis durch das Justizministerium halte ich für eine Behebung Ihrer Herrschaftsrechte.‹ Der Kaiser erwiderte: ›Das habe ich mir auch gedacht, dass da meine Herrschaftsrechte in Frage kommen.‹ Der Kaiser deutete an, dass er seine Genehmigung dazu nicht geben werde. Zum Schluss teilte er Piffl noch mit, dass die Kaiserin in der Josephsoktav gern das Döblinger

Gnadenbild in der Hofburg hätte. Dann verabschiedete er ihn mit den Worten: ›Ich habe mich sehr gefreut, Sie wieder gesehen zu haben.‹«

Ein kleines taktisches Meisterstück. Mit den Herrschaftsrechten konnte man Karl packen. Piffl hatte es kommen gesehen, nachdem schon lange von gegnerischer Seite dafür gearbeitet wurde. Gewiss, der »Abend« stand weit links. Aber die Regierung, von der der Vorschlag kam, war das nicht die kaiserliche Regierung? Sollte des Kaisers Kabinett auf die gegnerische Seite hereingefallen sein? Wer ledigen Müttern die Rechte ehelicher Mütter und die Anrede Frau verschaffen wollte, generell, nicht als Gnadenerweis im Einzelfall, der war wohl so oder so die gegnerische Seite. Mit einem solchen Schritt würde die Ehe untergraben. Der Rat, den Piffl dem Kaiser gegeben hat, ist der eines braven konservativen Kirchenfürsten, von keiner Fortschrittlichkeit mit oder ohne Gänsefüßchen angekränkelt. Positive Reaktionen auf gesellschaftliche Veränderungen finden wir bei Piffl selten, vor dem Krieg ebenso wie im Krieg und danach – außer, sie kommen von den Christlichsozialen und er kann sich auf die päpstliche Enzyklika »Rerum novarum« berufen.

Aber dabei blieb er im Allgemeinen maßvoll. In der Republik reagierte er zurückhaltend auf die Versuche mancher Bischöfe, die Verhältnisse zurückzudrehen, hielt sie fallweise sogar mit taktischen Begründungen vorsichtig zurück.

Piffl hatte gewiss eine Präferenz für die monarchische Staatsform. Aber seine kompromisslose Loyalität galt der Kirche und dem Papst. Die Unbedingtheit, mit der er das Interesse der Kirche allem anderen voranstellte, und die Klarheit, mit der er Situationen zu analysieren verstand, führten 1918 zur schnellen Mutation des kaisertreuen Fürsterzbischofs zum staatstreuen Erzbischof in der jungen Republik.

Am 28. Oktober 1918 wird die Regierung Lammasch angelobt. Österreichs letztes kaiserliches Kabinett. Prälat Dr. Ignaz Seipel übernimmt das Sozialministerium. Der Kaiser betont, dass zum ersten Male in Österreich ein Priester Minister wird. Seipel bespricht sich zuvor mit Piffl und notiert, dass »von beiden Seiten alle Bedenken, die der Annahme der Berufung entgegenzustehen schienen, gründlich erörtert« wurden. Der Prälat vergewisserte sich, »dass Se. Eminenz meinen Eintritt ins Kabinett wenigstens nicht positiv missbilligte«, was nicht gerade auf helle Begeisterung Piffls schließen lässt. Vielleicht würde er auf der Kommandobrücke des untergehenden Dampfers lieber keinen Prälaten sehen. Doch Seipels Posten im letzten kaiserlichen Kabinett sollte sich später als Sprungbrett zu einer großen politischen Karriere in der Republik erweisen. Lammasch, Seipel, ja sogar der Hoftheaterintendant Baron Andrian besprechen mit dem Kardinal »eine mögliche Abdankung des Kaisers. Piffl gab seiner Meinung Ausdruck, dass er einen Rücktritt vorläufig nicht für notwendig halte.«

Vorläufig nicht.

Am 3. November, eine Woche vor dem endgültigen Aus für Habsburg, anlässlich einer Prozession mit dem Gnadenbild Unserer Lieben Frau mit dem geneigten Haupte in Döbling, hält er eine Rede, die in 50000 Exemplaren verbreitet wird, wobei er sich selbst an den Druckkosten beteiligt. »Als Katholiken«, sagt er unter anderem, »treten wir in Deutsch-Österreich für den monarchischen Gedanken ein, nicht, als ob die katholische Kirche grundsätzlich keine andere Regierungsform zuließe, sondern weil wir zunächst keinen Grund haben, dem Kaiser die Treue zu brechen, der seit zwei Jahren Tag und Nacht für seine Völker sich müht und opfert, und weil wir zweitens in der monarchischen Regierungsform auf demokratischer Grundlage die sicherste Gewähr für eine ruhige und gedeihliche Entwicklung der österreichischen Völker und ganz besonders des deutschen Volksstammes erblicken, weil wir glauben, dass in einer

Monarchie, in welcher dem Volke die gebührende Macht gewährleistet ist, seine Geschicke zu entscheiden, das Glück des Volkes besser geborgen ist als in einer Republik.« Nicht, als ob die Kirche keine andere Regierungsform zuließe ... Zunächst kein Grund, dem Kaiser die Treue zu brechen ... Deutlicher kann man sich zu diesem Zeitpunkt nicht absetzen.
Er besteht aber darauf, am 4. November das Kaiserhochamt zu zelebrieren, obwohl Lammasch aus Angst vor Demonstrationen eine stille Messe vorgeschlagen hat. Das Riesentor des Stephansdoms bleibt geschlossen. Minister und sonstige Beamte kommen in unauffälligem Zivil durch die Nebeneingänge. Die Hoflieferanten auf dem Stephansplatz haben bereits aus »Furcht vor dem Pöbel« ihre Doppeladler abmontiert oder zugedeckt.
Am 10. November wendet sich Kaiser Karl an Piffl mit der Bitte, beim christlichsozialen Parteichef Prälat Hauser für ihn zu intervenieren. Kardinal Piffl spielt die Rolle des Strohhalms, an den sich ein untergehender Kaiser klammert. Den von dessen Privatsekretär Baron Karl Werkmann zu früher Morgenstunde überbrachten Brief soll er sofort verbrennen. Er tut es, trennt aber vorher Karls Unterschrift ab, die er als Andenken aufbewahrt. Piffl fährt in den Reichsrat, das heutige Parlament. Karl Renner feilt schon am Gesetz über die Ausrufung der Republik. Auch bei den Christlichsozialen wird die Stimmung von Stunde zu Stunde republikanischer. Draußen verabschieden sich Millionen innerlich vom Hause Habsburg. An die Plötzlichkeit, mit der sie dies tun, wollen sich später viele nicht mehr erinnern. Die Arbeiterschaft hat mit der Monarchie noch nie viel am Hut gehabt. Aber auch die angeblich so konservativen Bauern weinen ihr nicht nach. Für sie ist Monarchie die Herrschaft der adeligen Großgrundbesitzer, die das Jagdrecht sich selbst vorbehalten. Damit schüren sie seit Jahrhunderten den Hass der Bauern. In den vergangenen vier

Jahren hat ihnen der Kaiser auch noch die Söhne genommen. Im Westen Österreichs ist die Stimmung noch republikanischer. Dort kommt die Abneigung gegen die Wiener Zentralstellen dazu. Kaisertreu ist nur noch das katholische Bürgertum. Prälat Hauser verspricht Eminenz, »dass ich die Christlichsoziale Partei bei der kaiserlichen Fahne halten werde. Und wenn sich alle von ihr abwenden, so werde ich bei ihr ausharren.«

Piffl läßt dem Kaiser ausrichten, dass ohne das Volk nichts mehr geht. Er möge, »seine Rechte zurückstellend, die Entscheidung über die Staatsform in die Hände des Volkes« legen. Ministerpräsident Lammasch, Finanzminister Redlich und Sozialminister Seipel einigen sich am Morgen des 11. November im Parlamentsgebäude mit Renner und dem Staatsrat auf jene zehn Sätze, die nach 650 Jahren die Herrschaft des Hauses Österreich beenden. Formuliert hat sie vor allem Prälat Seipel. Hellmut Andics beschreibt die Untergangsstimmung in Schönbrunn: »Geyer, sonst die Ruhe in Person, war schrecklich aufgeregt. Er sah schon die Volksmassen aufmarschieren. Lammasch war am Ende seiner Fassung; er brachte keinen Satz zu Ende. Geyer hatte schließlich sogar Tränen in den Augen. Beide rannten buchstäblich hinter Karl her, von einem Zimmer des Schlosses in das nächste. Der Kaiser suchte einen stillen Platz, um das Dokument überhaupt erst einmal in Ruhe zu lesen. In das Arbeitszimmer kamen Lammasch und Geyer nach; Karl ließ die Kaiserin holen und flüchtete in das Porzellanzimmer. Die Minister warteten schließlich im Blauen Salon. Die Entscheidung fiel am Ende zwischen drei Menschen: Karl, Zita und Baron Werkmann. Die entscheidenden Sätze des Manifests lauteten: ›Im Voraus erkenne Ich die Entscheidung an, die Deutsch-Österreich über seine zukünftige Staatsform trifft. Das Volk hat durch seine Vertreter die Regierung übernommen. Ich verzichte auf jeden Anteil an den Staatsgeschäften.‹«

Werkmann riet zur Unterschrift, Kaiserin Zita war strikt dagegen, Karl unterschrieb. Am nächsten Tag rief die Provisorische Nationalversammlung mit den Stimmen der Christlichsozialen einschließlich Prälat Hausers die Republik aus und proklamierte den Anschluss an das Deutsche Reich. In Schönbrunn ergoss sich ein Regen von Orden und Pensionszusagen über die Minister. Der Hofstaat saß stundenlang auf gepackten Koffern, bis endlich die Autos für die Übersiedlung nach Schloss Eckartsau im Marchfeld ankamen. Viele Straßen waren von Demonstranten blockiert. Menschenmassen feierten die Republik.
Karls Verzicht auf jeden Anteil an den Staatsgeschäften erfolgte unter der Voraussetzung eines späteren Volksentscheids, zu dem es jedoch niemals kam. Andererseits wollte selbst Prälat Hauser den Kaiser zur freiwilligen Abdankung bewegen. Dies bedeutete für Seipel einen schweren Gewissenskonflikt. Wieder besprach er sich mit dem Kardinal, der sich gegen ein solches Vorhaben aussprach, worauf Seipel seine Mitwirkung absagte. Piffl vertrat zwar die Ansicht, über die künftige Staatsform solle das ganze Volk entscheiden, sah aber darin, so Liebmann, keine »conditio sine qua non für die Rechtmäßigkeit der eventuellen Republik. Er billigt im Gegenteil auch der Nationalversammlung das Recht zu, diese Frage zu entscheiden, und zwar der Provisorischen die vorläufige nicht endgültige Entscheidung, der Konstituierenden die endgültige.« Er erklärt im Wiener Diözesanblatt vom 18. November 1918 die Neuordnung der politischen Verhältnisse für »rechtmäßig erfolgt«, rät Karl brieflich von seinen Restaurationsversuchen ab und hat auch für die Versuche des späteren Bundespräsidenten Wilhelm Miklas, bereits ein Jahr nach Karls Tod dessen Heiligsprechung in die Wege zu leiten, nichts übrig.
Das Bündnis zwischen Thron und Altar ist durch das Verschwinden des Throns beendet. Der Kardinal steht vor dem Problem, eine neue Form des Zusammenlebens mit dem

Staat zu finden. Dieser Staat beruft sich auf kein Gottesgnadentum und ist auf keine höhere Legitimation angewiesen. Alles Recht geht nun vom Volke aus. Späteren Vorwürfen, Piffl habe im November 1918 keine sonderlich rühmliche Stellung eingenommen, die Kirche habe zum Stärkeren geneigt und Prälat Hauser sein Wort gebrochen, hält Piffls Biograf Krexner entgegen, es sei »um den Fortbestand des kirchlichen Lebens im künftigen Staat« gegangen, auch könne »nirgendwo aus den Quellen geschlossen werden, dass Kaiser Karl Piffl ob dieser Haltung gezürnt hätte«. Aus Maximilian Liebmanns Dissertation erfahren wir, die Briefe von Exkaiserin Zita, mit der der Kardinal auch nach Karls Tod korrespondierte, seien »nicht immer gerade von Noblesse erfüllt« gewesen, doch der Kardinal versicherte ihr seine Treue, wofür sie sich am 30. Juli 1927 nachdrücklich bedankte.

Das Original der Verzichtserklärung ging am 15. Juli 1927 beim Brand des Justizpalastes verloren. Im November 1918 sorgte der Hof selbst für die Vernichtung unschätzbarer Dokumente, die in den Öfen von Schönbrunn befehlsgemäß, aber offensichtlich wahlos verbrannt wurden. Anderenfalls hätte schwerlich Franz Kukula, der langjährige Kabinettsdiener Kaiser Karls, ein unscheinbares Heft, in dem er ein von Kaiser Franz Joseph in seiner Jugend geführtes Tagebuch erkannte, aus dem Papierhaufen herausfischen und einige Jahre später für zehn Millionen Kronen, heute mehrere hunderttausend Schilling, an Franz Josephs Schwiegersohn Franz Salvator verkaufen können. Es wurde erst 1999 von der Historikerin Anna Maria Sigmund publiziert.

Am 12. November, an dem die Provisorische Nationalversammlung Österreich einstimmig zur demokratischen Republik erklärte, erließ Kardinal Piffl ein Schreiben an die Seelsorger, die Gläubigen seien »zur unbedingten Treue gegenüber dem nun rechtmäßig bestehenden Staate Deutsch-

österreich zu ermahnen«. Den Fürstentitel legt er von sich aus ab. Seit Anton Wolfradt am 2. August 1631, dem Vortag seiner Bischofsweihe, von Kaiser Ferdinand II. in den Reichsfürstenstand erhoben wurde, waren die Wiener Oberhirten Fürst- und seit 1723 Fürsterzbischöfe. Piffls Nachfolger Theodor Innitzer durfte sich im österreichischen Ständestaat vorübergehend wieder damit schmücken.
Bereits in der ersten Bischofskonferenz nach der Ausrufung der Republik, noch im November 1918, lehnt Piffl jede kirchliche Beteiligung an Restaurationsversuchen ab. In einer Priesterkonferenz Anfang Dezember wird er noch deutlicher. Die Frage »Monarchie oder Republik« dürfe keinesfalls zum Wahlkampfthema gemacht werden. Die Staatsform sei für den Katholiken kein Dogma. Die Dynastie dürfe nicht höher stehen als die freie Betätigung des Glaubens und die Freiheit der Kirche. Er rechne mit dem Schlimmsten. Der Umsturz der letzten Tage könne jederzeit durch eine Revolution und durch die Diktatur des Proletariats abgelöst werden. In einem solchen Fall seien Katakombenzeiten zu erwarten.
Was tatsächlich droht, ist die von den Sozialdemokraten vehement geforderte Ehe- und Schulreform. Die Kirche ist vehement dagegen. Es kommt zu Ausschreitungen der »Roten Garde«. In einer Protestversammlung legt Kardinal Piffl »feierliche Verwahrung« ein gegen »verschiedene Versuche, uns in der freien Betätigung unseres Glaubens zu behindern und gewiss wichtige Teile unseres Glaubens einer mutwilligen Zerstörung zu überantworten ... einen der wichtigsten Teile unseres Glaubens durch eine vorschnelle Ehereform anzutasten.«
Kardinal Gruscha hat einst die Meinungsfreiheit der Deutschkatholiken, die sich spöttisch über die Katholiken ausließen, für eine Störung der Religionsfreiheit erklärt. Nun sieht Kardinal Piffl in staatlichen Ehegesetzen, welche die Geltung der kirchlichen Normen auf die Gläubigen be-

schränken sollen, eine Behinderung der »freien Betätigung unseres Glaubens«. Als würde jemand daran gehindert, die kirchlichen Vorschriften einzuhalten.
Ein unterdrückter Außenseiter in der österreichisch-ungarischen Monarchie, wollen die Sozialdemokraten, »die einzigen echten Republikaner« (Funder), nun gestalten oder zumindest energisch mitgestalten. Sie werden 1919 die stärkste Partei – dann aber nicht wieder bis 1929. Für die Kirche scheint noch immer Gruschas Wort von 1850 zu gelten, der Sozialismus sei der erste Feind der Menschheit. Die Sozialdemokratie agiert, als wäre jetzt neben dem Kapitalismus die Kirche der zweite Feind der Menschheit. In dieser Zeit des Alles oder Nichts geht es nicht um die nächste Parlamentsmehrheit und Regierungsbildung, sondern latent immer auch um ein Mandat zur völligen Neu- oder Rückgestaltung der Gesellschaft.
Es ging, lesen wir bei Martin Krexner, den kirchlichen Würdenträgern – auch wenn das heute schwer nachzuvollziehen sei – damals »fast durchwegs ernsthaft und voller Bangen um das ... was man ›das Heil der unsterblichen Seele‹ nannte ... Sie sahen es nur dann gewährleistet, wenn das Gemeinwesen von christlicher Hand regiert würde. Man wollte die Gläubigen ängstlich und mit allen Mitteln von allen ›verderblichen Einflüssen‹ fern halten. Piffl war da nicht anders, aber im Vergleich zu vielen seiner Zeitgenossen viel versöhnlicher. Und er wurde nicht müde, die Christlichsoziale Partei zu ermahnen, wirklich durch und durch christlich zu sein, was leider viel zu wenig der Fall war.«
Doch ebenso wie die Sorge um das Heil der unsterblichen Seele zählt auch Ausübung weltlicher Macht, Teilhabe an weltlicher Macht, Arrangement mit weltlicher Macht zu den ältesten Traditionen der Kirche. Und gerade Piffl war, seine beeindruckenden Kriseneinsätze beweisen es, auch ein politisches Naturtalent und ein Meister im Bewältigen schwieriger Situationen. 1918 hat er erkannt, dass die Mo-

narchie verloren war. Eigentlich müsste er später ebenso klar erkannt haben: Wenn Österreich eine parlamentarische Demokratie blieb, würden die Sozialdemokraten eine politische Kraft darstellen, mit der man leben musste. Die Sozialdemokratie will den weltlichen Staat. Die Kirche will ihren einzigartigen Einfluss in Schule und Eherecht nicht aufgeben. In einer parlamentarischen Demokratie hätte an Kompromissen kein Weg vorbeigeführt. Hat Piffl mit dem Überleben der parlamentarischen Demokratie gerechnet? Hat er mit seinem harten Kurs einfach auf Zeitgewinn gespielt – oder hat er auf eine weitere Systemänderung gehofft?

Seine grundsätzliche Position deckt sich mit jener der Christlichsozialen. Er ist ja einer der Ihren. Als der Kampf des Fürsterzbischofs Gruscha gegen die junge Massenbewegung dem Höhepunkt zustrebte, war Piffl bereits in ihr daheim. Im Sommer 1892 lernten einander der junge Sattlergehilfe der Westbahnwerkstätten Leopold Kunschak und der angehende Augustiner Chorherr Friedrich Piffl bei einem der legendären »Enten-Abende« Carl Vogelsangs im Hotel zur Goldenen Ente in der Riemergasse kennen. Piffl war von Kunschaks Idee, einen christlichen Arbeiterverein zu gründen, begeistert und wurde ein eifriger Vortragender. Er ist ein »Reichspost«-Freund der ersten Stunde. Nach seiner Inthronisation finden die Sitzungen des Verlages unter Piffls Vorsitz, der als stimmberechtigter Ehrenvorstand fungiert, im Erzbischöflichen Palais statt. Sein Nachfolger Theodor Innitzer wird es ebenso halten. Die Kritik, welche die Christlichsozialen immer wieder von Piffl zu hören bekommen, bezieht sich auf ihre mangelnde Grundsatztreue, ihre zu wenig kirchliche Haltung. Vielen ihrer Abgeordneten seien die agrarischen Interessen wichtiger als die großen religiösen Kulturfragen. Im Erzbischöflichen Palais fand, nach einer von Robert Prantner zitierten Mitteilung Professor Franz Arnolds, jahrelang jeden Monat eine Besprechung der christlichsozialen Parteiführer mit dem Kardinal statt, bei der ihm die aktuellen politischen Probleme zur Stellungnahme unterbreitet wurden.

Den Christlichsozialen schwebt aber als Leitbild nicht die parlamentarische Demokratie, sondern eine berufsständische Ordnung vor. An sie mag Piffl gedacht haben, als er im November 1918 in Döbling von einer Monarchie »auf demokratischer Grundlage« sprach, in welcher »dem Volke die gebührende Macht gewährleistet« sein müsse. Jeder Annäherung an die Sozialdemokratie stehen nicht nur deren Forderungen nach Zivilehe und nichtkonfessioneller Schule entgegen, sondern auch der notorische Antisemitismus der Christlichsozialen, den der Kardinal mit einem großen Teil seines Klerus teilt.

Piffl und Seipel stehen für die innige Verschmelzung der Kirche mit einer politischen Partei, die allerdings nicht von allen Bischöfen in gleichem Ausmaß mitgetragen wurde. Dass Piffl selbst dabei etwas aus der politischen Schusslinie rückte, hatte er Seipel zu verdanken, der das Feuer von ihm ablenkte. Seipel war der Prototyp des politischen Klerikers. Er wurde 1918 Sozialminister, 1919 christlichsozialer Abgeordneter, amtierte von 1922 bis 1924 sowie von 1926 bis 1929 als Bundeskanzler und übernahm 1930, bereits krank, noch für kurze Zeit das Außenministerium. Dem Polizeipräsidenten Johannes Schober, der 1921/22 ebenfalls als Bundeskanzler amtiert hatte, und dem »Prälaten ohne Milde« im Kanzleramt wurden die 89 Toten und über 600 Schwerverletzten des 15. Juli 1927 angelastet. Seipel wurde zum Aggressionsziel der Sozialdemokraten, in seinem mächtigen Schatten konnte Piffl zum Volksbischof werden – einem Bischof des katholischen Volkes. Er steht über den Niederungen der Tagespolitik. Und er lässt vieles zu, lässt viele gewähren, zu seiner Rechten wie zu seiner Linken. Zum Beispiel zu seiner Rechten den Linzer Bischof Gföllner – zu seiner Linken den Kuraten von St. Peter und Religions-

professor Michael Pfliegler, der wegen seiner Kontakte zum Bund der religiösen Sozialisten angefeindet wird. Dabei weicht Pfliegler ohnehin keinen Deut von den Positionen der Kirche ab.
Die Beziehungen zwischen Piffl und Seipel waren eng, Piffls Einfluss auf die Christlichsozialen ist nicht mehr im vollen Ausmaß rekonstruierbar. Kleinigkeiten sprechen Bände. Etwa, dass Piffl den am 29. September 1930 morgens um 7.40 Uhr aus Oslo zurückgekehrten Seipel bereits um 8 Uhr zu sich zitiert. Oder dass der erkrankte Seipel seinem Koalitionspartner Schober durch den Kardinal ausrichten lässt, er solle »die jetzige Situation nicht wieder mit Prestigefragen belasten«. Obwohl zwei Dissertationen über Piffl vorliegen, von Liebmann und Krexner, ist nur eine einzige Verstimmung anlässlich einer Seipel-Rede in der Schulfrage belegt: Seipel verwarf das so genannte holländische System einer Schule der Gewissensfreiheit (»Katholische Schulen für katholische Kinder«), Piffl befürwortete es.
Der erste große Konfliktstoff in der jungen Republik ist das Eherecht. Die Sozialdemokraten wollen mit der Einführung der obligatorischen Zivilehe den in vielen europäischen Staaten längst bestehenden Zustand auch in Österreich herstellen. Als Nahziel versuchen sie die staatliche Wiederverheiratung für Geschiedene durchzusetzen. Die Christlichsozialen versteigen sich in der Provisorischen Nationalversammlung zur Behauptung, Sozialdemokraten und Juden hätten »in der Frage der katholischen Ehe überhaupt nicht dreinzureden, da sie auf einem nicht christlichen Boden stehen. Die christliche Ehe ist ein arisches Kulturgut, der Arier ein geborener Christ.« Piffl fährt in einem Brief an Staatskanzler Renner schwerstes Geschütz auf: Die Ehe sei »ein Rechts- und Pflichtverhältnis, für das Gott allein die Bedingungen – darunter die Bedingung der Unlösbarkeit – festgesetzt hat, sie kann daher nie zu einem kündbaren Vertrag auf Zeit und Bedingung herabsinken«. Durch die Gesetzes-

vorlagen werde »im Namen der Freiheit dem katholischen Glaubensempfinden Gewalt angetan«. Im wahrscheinlich von Piffl verfassten Hirtenbrief des Gesamtepiskopats vom 23. Jänner 1919 heißt es, kein Mensch, demnach auch keine Obrigkeit und keine Volksvertretung, habe das Recht, die Trennbarkeit der Ehe auszusprechen.

Piffls Ansprache beim Bezirkskatholikentag in Mödling am 4. Juli 1920 ist kurz, doch betritt er mit ihr eine weitere Eskalationsstufe. Die Katholiken kümmere nicht die aktuelle Tagespolitik, sehr wohl aber die Verfassung. In ihr solle ja die Freiheit der Kirche verankert werden. Der »Verfassungsentwurf unserer Gegner« zeige aber, »wie tief und geringschätzig man uns Katholiken trotz unserer überwältigenden Mehrheit behandelt«. Piffl habe, schreibt Biograf Krexner, nun noch ein Schäuflein nachgelegt: »Schule und Ehe sollen der kirchlichen Einflussnahme vollständig beraubt werden. Der Geist des göttlichen Kinderfreundes, des größten Erziehers der Menschheit, soll aus der Schule verbannt werden und die Ehe aus dem geheiligten Boden der sakramentalen Gnade entwurzelt wieder in den Sumpfboden der Sinnlichkeit verpflanzt werden, um schließlich zur Vielweiberei und zum Dirnenkult herabzusinken.«

Das war ein Schäuflein zu viel. Was Piffl nun von der »Arbeiter-Zeitung« zu hören bekam, war hart, aber nicht ganz unverdient: Was sollten die »lautschreienden, geschmacklos aufgedonnerten Redensarten«, worauf zielten die »im Gassen- und Gossenton schmähenden Worte«, wer sei denn der Mann, in dessen »von Lüsternheit angefressenem Gemüt bei dem Gedanken an die Zivilehe aus dem Bordellbereich stammende Bilder und Vergleiche aufsteigen? Ist es irgendeiner der christlichsozialen Dutzenddemagogen?« Nein, es sei der Kardinal-Erzbischof selber. Piffl wisse genau, »dass die obligatorische Zivilehe in soundso vielen katholischen Ländern gelte«, die Kirche lasse sich diese Einrichtung dort ohne Widerspruch gefallen. Auf der Linken war es der Abgeordnete Leuthner, der in der Verfassungsdiskussion der Nationalversammlung am 30. September ein weiteres Schäuflein nachlegte und meinte, die Ausdrücke des Kardinals wären unfassbar, »wenn man nicht mit gewissen Lehren der modernen Psychologie annehmen wollte, dass Menschen, die in der Ausübung ihrer Triebe durch äußerlichen Zwang gehemmt sind, dann eine Umwandlung ihres psychischen Wesens erfahren, wodurch alles, auch Bereiche ihres Denkens, die weit weg vom sexuellen Gebiete liegen, erotisch gefärbt werden. Wenn das beim Herrn Kardinal Piffl nicht der Fall wäre, könnte es ihm auch nicht einfallen, die staatliche Zivilehe mit Dirnenkultus gleichzusetzen, denn im Falle dies damit gleichzusetzen wäre, müsste ja ganz Europa ein einziges zusammenhängendes großes Bordell sein.«

Christlichsoziale und Sozialdemokraten klammern im Verfassungsausschuss das Kapitel aus. Es kommt zum kompletten Ehewirrwarr. Das Burgenland kommt von Ungarn zu Österreich, behält aber das ungarische Eherecht. Die obligatorische Zivilehe wird in diesem Bundesland staatlich anerkannt. In den anderen Bundesländern gilt das österreichische Ehegesetz, das zwar die »Scheidung von Tisch und Bett«, aber keine Trennung »dem Bande nach« zulässt. Geschiedene können sich nicht mehr verheiraten. In Niederösterreich und Wien, das bis 1922 zu Niederösterreich gehört, können sie es aber doch: Der sozialdemokratische Landeshauptmann Albert Sever erlässt Vorschriften, die vom Hindernis des Ehebandes dispensieren und die Wiederverheiratung gestatten. Die »Sever-Ehen« oder »Dispensehen« werden von den Christlichsozialen erbittert bekämpft. Der Oberste Gerichtshof erklärt sie für ungültig, der Verfassungsgerichtshof anerkennt die Möglichkeit der Dispens. In Wien wird den Dispens-Brautleuten der Kirchenaustritt nahe gelegt. Am Ende nehmen Dispensehen und Kirchenaustritte so zu, dass die »Konferenz der Diözesandelegierten in Sachen des Konkordates« am 9. März 1931 bereits die fakultative Zivilehe als das kleinere Übel ansieht. Doch auch für die staatliche Ehe müsse – mit streng geregelten Ausnahmen – Unauflöslichkeit gelten.

Piffl fordert im Herbst 1920 die Gläubigen auf, »durch ihre christliche Stimme den Staat zu retten«. Am 17. Oktober erringen die Christlichsozialen 82 Mandate, die Sozialdemokraten 66, die Großdeutschen 20, der Landbund sechs und die einst so mächtigen Liberalen nur noch eines. Auch nachher ufert immer wieder der Ton aus, Schäuflein auf Schäuflein. Der Jesuitenpater Heinrich Abel, eine Kultfigur der Christlichsozialen, einer ihrer populärsten Führer, war, so Friedrich Funder, durch seinen »urwüchsigen Humor« und seine »drastische Offenheit« berühmt. »Die Frauen pflegte er von seinen Predigten auszuschließen« und er »scheute auch die derbe Pointe nicht, wenn er wusste, dass sie einschlagen würde«. Tatsächlich waren Abels »Pointen« oft mehr als derb. Einmal, tief in Monarchiezeiten, fand er die Kirche von Maria-Plain bereits voll mit Frauen besetzt, als er mit seiner Männerwallfahrt dort ankam. Offenbar wollten sich katholische Frauen Abels »kerniges, männliches Christentum« schon damals nicht gefallen lassen. Funder berichtet nicht ohne Sympathie, dass Abel die Frauen in der Kirche einsperrte und im Freien predigte, »bei seinem Erscheinen von den Männern mit stürmischer Heiterkeit empfangen«. Wieder einmal ergänzt Friedrich Heer, was Friedrich Funder verschweigt: Pater Abel, der starke Sympathien für den Nationalen Georg Ritter von Schönerer hatte, »bewahrte als eine Art Reliquie einen Stock auf, mit dem sein Vater einen Juden geschlagen hatte«.

Derselbe Pater Abel kann es auch im aggressiv aufgeladenen Spätherbst 1920 bei der Männerwallfahrt nach Klosterneuburg nicht lassen. Wieder folgt prompt der gröbere Keil auf den groben Klotz, diesmal wird der Kardinal ohne sein Zutun hineingezogen. Die »Reichspost« habe »die Kraftausdrücke, die Herr Abel bei seiner Predigt nach seiner Art anwendete, sorgfältig unterdrückt«, schreibt die »Arbeiter-Zeitung« am 17. November: »Der hochwürdige Mann sprach von einer großen Proletarierfamilie als – von einem Küniglstall. Das Gelächter der frommen Zuhörer – unter ihnen waren auch Frauen – erfüllte bei diesen Worten das Gotteshaus. Auch von der Muttersau und ihren Jungen war in der Predigt öfters die Rede ... ›Mein Haus ist ein Bethaus‹, sagt Christus. Die seine Nachfolger sein wollen in diesen Tagen, die Piffl und Abel und wie sie alle heißen, wandeln es um in eine Spelunke, in der sie ihre mit gemeinen Zoten nur so gespickten Hetzreden halten.« Unter Abels Zuhörern sind mittlerweile also auch Frauen. Auch Pater Abel lernt. Mittlerweile haben die Frauen ja sogar das Wahlrecht. Piffl war bereits 1918 dafür, diese Neuerung zu akzeptieren. Die Kirche sei bis jetzt dagegen gewesen, doch Festhalten an diesem Standpunkt wäre »ein selbstvernichtender Wahnsinn«, vielleicht sei das Frauenwahlrecht »in den Händen der Vorsehung unsere Rettung. Jedenfalls aber ist die Ausübung dieses Rechts jetzt eine Gewissenspflicht der Frauen und denselben auch ans Herz zu legen«. Vor den ersten Wahlen in der jungen Republik am 16. Februar 1919 gab es sogar päpstliche Dispens für die Klosterfrauen, sich aus ihren Klausuren in die Wahllokale zu begeben. Trotzdem wurde damals der Sozialdemokrat Karl Renner Staatskanzler.

Nun wird in mehreren großen Kundgebungen des Reichsbundes der katholischen deutschen Jugend ein »flammender Protest gegen die Beschimpfung beschlossen, die sich die ›Arbeiter-Zeitungs-Juden‹ am 17. November gegen unseren geliebten Oberhirten, Kardinal Piffl, geleistet haben. Die katholische Jugend Wiens versicherte den geliebten Volksbischof ihrer unwandelbaren Treue.«

»Die Arbeiter-Zeitungs-Juden«: Das Eintreten für Monarchie und Dynastie hat sich erübrigt. Die Liberalen sind sowieso erledigt. Jetzt wird der verbale Judenstern also den Sozialdemokraten aufgeklebt. Daran stößt sich längst auch kein lebendes Fossil im Erzbischöflichen Palais mehr. Begonnen wurde damit noch in der Monarchie. Am 23. Oktober 1918 hatte die »Residenz-Korrespondenz« des christlichsozialen Parteisekretärs und Reichsratsabgeordneten Richard Wollek der christlichsozialen Presse eine vertrauliche Hintergrundinformation zukommen lassen, »man könne ruhig annehmen, dass das gesamte Judentum für die republikanische Regierungsform sei, umso mehr müsse die Christlichsoziale Partei für Monarchie und Dynastie eintreten ... Der Sozialdemokratischen Partei gegenüber werde dabei die scharfe Betonung des Antisemitismus eine dringende Notwendigkeit sein.« Friedrich Funder verweist wohlgefällig auf ein anderes Verdienst Wolleks, dem »im Laufe dreier Jahrzehnte viele katholische Akademiker ihre Berufung in die Landes- und Staatsverwaltung verdankten«. Mit »einem gewissen radikalen Antisemitismus, der sich gegen den jüdischen Stamm als solchen kehrt«, hätten die Christlichsozialen nichts zu schaffen, hatte Prälat Franz Schindler 1895 dem Kardinalstaatssekretär Rampolla versichert. Wie war der Hieb auf die »Arbeiter-Zeitungs-Juden«, den Schindler noch erlebte, wie war Wolleks Hinweis an die christlichsoziale Presse, wie der christlichsoziale Alltags-Antisemitismus mit Schindlers treuherziger Versicherung vereinbar? Kämpften die »Arbeiter-Zeitungs-Juden« etwa weniger vehement gegen Kapitalismus und Liberalismus als die Christlichsozialen? Bewiesen diese nicht, dass die Kardinäle Gruscha und Schönborn mit ihrem Antisemitismus-Vorwurf Recht gehabt hatten, auch wenn ihnen bei den Christlichsozialen ganz anderes viel mehr auf die Nerven ging?

Nach dem Zweiten Weltkrieg brachte Österreich eine Reihe von Lebenslügen hervor. Eine lautete, echten, rassistischen Antisemitismus habe es in Österreich nur im nationalen, nicht aber im konservativen Lager gegeben. Das lesen wir bei Kurt Schuschnigg, das lesen wir bei Friedrich Funder. Schuschnigg: »Jedenfalls blieb der Rassenantisemitismus auf die alldeutschen Kreise um Georg von Schönerer (gestorben 1921) beschränkt, denen die Christlichsozialen als erbitterte Gegner gegenüberstanden. Keiner ihrer verantwortlichen Führer hatte nach seiner Überzeugung und durch seine politischen Handlungen irgendetwas mit diesen Kreisen zu tun.« Dieselbe kühne Behauptung finden wir fast aufs Wort identisch schon früher bei Funder: »Mit dem Rassenantisemitismus hatte keiner der verantwortlichen christlichsozialen Führer durch seine Handlungen und Überzeugungen etwas zu tun.«

Liberal sei »weithin mit jüdisch-liberal gleichgestellt« worden, schreibt Schuschnigg, während Funder ein umfangreiches Sündenregister ausbeuterischer Juden und jüdisch dominierter Geldinstitute in der liberalen Ära liefert. So weit, so schlecht. Wie die Juden jahrhundertelang ins Geldgeschäft abgedrängt wurden, warum der Kapitalismus für den verarmten kleinen Mann so oft die Gestalt eines Juden hatte, verrät er uns auch nach 1945 nicht. Doch in der Zwischenkriegszeit ging es nicht mehr darum, die Opfer des Liberalismus in einer politischen Bewegung zu sammeln, sondern den Sozialdemokraten möglichst viele Stimmen abzujagen. Die Sozialdemokratie war jetzt der größte politische Konkurrent, etliche führende Sozialdemokraten waren Juden. Gegenüber den rechten Konkurrenten ließ sich auch punkten, indem man sie antisemitisch überschrie. Und so war jetzt nicht mehr der jüdische Ausbeuter, sondern der jüdische Sozialdemokrat und der jüdische Kommunist das Ziel. Ob Großkapitalist, liberaler Journalist, »Arbeiter-Zeitungs-Jude« oder Bolschewik, der Bösewicht blieb immer Jude: rassistischer Antisemitismus reinsten Wassers.

Verglichen mit ihrer eigenen Spätabendausgabe, den »Wiener Stimmen«, war die »Reichspost« übrigens geradezu ein nobles Blatt. Die »Wiener Stimmen« brachten täglich Karikaturen. Wer diese Zeitung heute durchblättert und nur die Karikaturen beachtet, könnte meinen, das Nazi-Hetzblatt »Der Stürmer« zur Hand genommen zu haben. Unter den antisemitischen Karikaturisten der »Wiener Stimmen« waren erstklassige Namen: Fritz Schönpflug, Theo Zasche. Friedrich Funder wurde geheilt von jeglichem Antisemitismus aus Dachau entlassen. Er hoffe, Gott werde ihn nicht so hart bestrafen, alles noch einmal lesen zu müssen, was er geschrieben habe, sagte der alte Friedrich Funder. Die Kraft zur vollen Wahrheit brachte er nicht mehr auf. Zu viele, zu tiefe Loyalitäten gegenüber Lebenden und Toten, vor allem Toten, standen dem im Weg.

Piffl war da geradezu ein normaler Fall. In einem Privatbrief vom September 1923 schreibt er, in Karlsbad seien »viele Wiener, aber meistens Juden. Ich würde nie wieder in der Hochsaison hergehen. Auch Villa Skrunz muss, soll sie nicht leer stehen, Juden aufnehmen, sodass ich heuer hier wohl zum letzten Male Absteigsquartier nahm.« Wie sehr der Antisemitismus nicht nur in Österreich grassierte, zeigt eine Tagebucheintragung des Zeremoniärs Wagner vom 30. Oktober 1920. Kardinal Piffl ist von Dr. Nunans von der britischen Delegation der alliierten Reparationskommission zu einem Mittagessen im Hotel Bristol eingeladen. »Auf wiederholtes Drängen« hat er doch endlich zugesagt. Anwesend sind außerdem der französische Minister Klobukowski, der englische Minister Lindley und Sir William Goode, Redakteur der »Times«. Es wird über die Situation Österreichs gesprochen, über Rohstoffe und Kredite. Wagner vermerkt: »Die Herren behandelten E. mit der größten Artigkeit, Liebenswürdigkeit u. nach dem Diner brachte jeder seine Wünsche vor. E. bemerkte zu seinem Erstaunen, dass sämtliche vollständige Antisemiten seien. Sie betrachten den Bolschewismus als Kampf um die Weltherrschaft des Judentums u. darum bekämpfen sie das Judentum. Es sei auch in der ganzen Rep.Kom. kein einziger Jude ... E. schilderte ihnen die zersetzende Macht und Arbeit des Judentums in Öst. Sie meinten, die Macht des Sozialismus sei jetzt gebrochen. Mit dem Ausgange der Wahlen waren sie sehr zufrieden.«

Die Kirche und die Christlichsozialen kämpfen gegen so manche antiklerikale Attacke. Sie liefern ihrerseits der Republik so manches Rückzugsgefecht um die allgemeine Geltung kirchlicher Normen. Nach dem Konklave von 1922 – Kardinal Ratti nahm nach seiner Wahl den Namen Pius XI. an – wird am 26. Februar ein von Bischof Gföllner verfasster Hirtenbrief über Schule und Erziehung verlesen. Das Schreiben hat nicht nur eine gigantische Länge, sondern enthält auch eine Attacke gegen die Kinderfreunde. Diese seien »eine revolutionäre, sozialistisch-kommunistische Jugendorganisation, gewissermaßen die pädagogische Gewerkschaft der Sozialdemokratie«. Piffl hat Bedenken geäußert. »Ein höheres Lob hätte uns die oberste Vertretung der römischen Kirche in Österreich gar nicht schenken können«, antworten die Kinderfreunde und starten mit 300000 Flugblättern einen Werbefeldzug, der ihnen 14000 neue Mitglieder bringt.

Die Kreuze in den Klassenzimmern sind für die Kirche Symbol für das Bekenntnis des Staates zu den christlichen Grundwerten, die Entfernung der Kreuze ist für die Schule im Roten Wien Symbol der Emanzipation von der kirchlichen Dominanz. In der Bürgerschule in der Pyrkergasse im 19. Bezirk verschwinden am Beginn des Schuljahres 1922/23 die Kreuze aus den Klassen. Der Katechet bringt neue, von den Eltern gespendete Kreuze in die Direktion, die aber den formaljuristischen Standpunkt einnimmt, sie sei zur Annahme von Geschenken nicht berechtigt, und die Kreuze dem Ortsschulrat übergibt. Die daraufhin von den Eltern angebrachten Kreuze werden auf Anordnung des Präsidenten des Stadtschulrates wieder entfernt, weil durch

die eigenmächtige Anbringung das Ansehen der Schulleitung verletzt wurde. Die Abschaffung des täglichen Schulgebetes durch den Stadtschulrat kann der Kardinal durch einen Rekurs an das Unterrichtsministerium verhindern.
Wenige Wochen später untersagt Sozialminister Richard Schmitz einen Tag vor der feierlichen Eröffnung der Feuerhalle auf dem Wiener Zentralfriedhof die Inbetriebnahme. Der Wiener Bürgermeister Reumann erklärt die Weisung für ungesetzlich und gestattet die erste Einäscherung. Wieder eine Gelegenheit für das rote Wien, es der Kirche zu zeigen. Der Architekt des Krematoriums, der Katholik Clemens Holzmeister, hat sich beim Heiligen Stuhl vergewissert, dass er mit der Annahme dieses Auftrages keine Sünde auf sich lädt. Der Widerstand des Ministers gegen das städtische Krematorium steht in der bis heute ungebrochenen Tradition der Kirche und ihrer Getreuen, wo immer möglich auf der allgemeinen Gültigkeit katholischer Normen zu beharren. Der Katholik darf seine sterblichen Überreste nicht verbrennen lassen, also soll es niemand dürfen. Im Österreich von 1920 erklärt der Kardinal die Zivilehe für die Vorstufe von Vielweiberei und Dirnenkult, im katholischen Irland sträubt sich die Kirche noch tief in der zweiten Jahrhunderthälfte erfolgreich gegen die Zulassung der Antibabypille. Vorschriften, die für die Katholiken bindend sind, sollen alle einhalten müssen. Bei Robert Prantner begegnen uns noch 1955 die »geplante Schändung des Ehesakramentes« und die auf »Eheverderbnis« zielenden, »von Juden inspirierten Pläne der Sozialdemokraten« – nicht als Zitat, sondern im Text des Autors.
Nach der Inbetriebnahme des Krematoriums ruft Piffl im Diözesanblatt den Gläubigen die kirchlichen Konsequenzen einer Feuerbestattung in Erinnerung. Es sei ihnen ebenso wenig gestattet, »Feuerbestattungsvereinen anzugehören, wie es nicht gestattet ist, freimaurerischen Vereinigungen beizutreten«. Kein Katholik darf eine Feuerbestattung an-

ordnen, billigen oder formell dabei mitwirken. Katholiken, welche die Verbrennung ihres Leichnams verfügt haben, bleibt die kirchliche Einsegnung versagt. Weigern sie sich trotz Kenntnis des kirchlichen Verbots und Mahnung, eine solche Verfügung zu widerrufen, bleiben ihnen auch die Sterbesakramente versagt. Auf den Vorwurf, diese Bestimmungen seien strenger als in anderen Ländern, antwortet Piffl im nächsten Fastenhirtenbrief, die Leichenverbrennung »sei von allem Anfang an ein Kind der Revolution gewesen, ausgesprochene Kirchen- und Religionsfeinde seien ihre Paten, Schrittmacher und Vorkämpfer«.

Im sinnenfrohen Österreich ist die Kirche plötzlich auch in Fragen der Unterhaltung rigoros, fast calvinistisch, sehr zum Missvergnügen von Teilen des Adels. 1923 rufen die Bischöfe zum Kampf gegen die moderne Mode und gegen die modernen internationalen Tänze auf. Foxtrott, Tango, Onestep und Shimmy werden in einem Atemzug mit der Prostitution und den Dispensehen genannt. So weise, über die mehr oder weniger harmlosen Auswüchse des modernen Lebens hinwegzusehen, ist die Kirche noch nicht. Der Text stammt vom Linzer Bischof Gföllner, der in Fragen der Moral keinen Spaß versteht. Bischof Waitz ist ihm zur Hand gegangen. Diesmal fühlen sich nicht die Sozialdemokraten, sondern die tonangebenden konservativen Kreise auf die Zehen getreten.

Erzherzogin Marie-Valerie schreibt dem Kardinal, ein Verbot, an das man sich »unter schwerer Sünde zu halten habe«, könne doch nur von Rom ausgehen. Die Herzogin von Kalabrien habe wegen der modernen Tänze im Vorjahr bei Kardinal Faulhaber angefragt und die Antwort bekommen, dass nichts dagegen einzuwenden sei, wenn sie anständig getanzt würden. Wie könne etwas in Wien Sünde sein und in München nicht? Außerdem hätten sogar die Salesianerinnen in ihrem Mädchenpensionat den Zöglingen Unterricht in den neuen Tänzen gegeben. Ähnliche Sorgen hat Unterrichtsminister Hans Pernter. In seiner Studentenverbindung wurden die Tänze im letzten Winter gelernt, nun hätten ihn die Studenten gebeten, an maßgeblicher Stelle anzufragen, ob es sich um ein ausdrückliches Verbot handle. Man könne diese Tänze ja auch sehr dezent tanzen. Pernter ersucht um schriftliche Stellungnahme. »Mündlich negativ erledigt«, notiert Wagner auf dem Brief.

Man zieht Piffl hin, man zieht ihn her. Bischof Waitz beklagt sich bei ihm, viele katholische Adelige würden sich um das Verbot der modernen Tänze nicht kümmern und adelige Mädchen, die sich an die Weisungen des Episkopats halten, bei ihren Familienfestivitäten einfach sitzen lassen. Die alten Herren des CV wollen die Revision des Verbots, weil es die »Jungmannschaft« verwirre. In Deutschland dürften sie die Tänze tanzen, in Österreich nicht. Erst 1927 bequemen sich die Bischöfe zum halben Rückzieher. Rechtzeitig vor Faschingsbeginn lassen sie wissen, dass sie ihr seinerzeitiges Verbot selbstverständlich vollinhaltlich aufrecht erhalten, doch wird, im Druck hervorgehoben, hinzugefügt, »dass unter dieses Verbot nicht jene neuen modernen Tänze fallen, die frei von anstößigen und erotischen Tanzfiguren sind, ohne aufreizende Jazzmusik und ohne Begleitung anstößigen Gesanges als vornehme Gesellschaftstänze getanzt werden«. Die Kirche ist also auch gegen Jazz. Ob Jazz generell als aufreizend anzusehen sei, bleibt offen.

Nach dem Tanzen das Turnen: Wieder reitet der Bischof Gföllner sein liebstes Steckenpferd gegen die lockeren Sitten. Piffl ist alles andere als ein finsterer Zelot. Er hält sich vornehm zurück und gibt indirekt zu erkennen, wie wenig er sich mit der Forderung nach einer züchtigen Bekleidung der Turnerinnen, auch der katholischen, identifiziert. Er veröffentlicht die Weisung zwar 1926 auch im Wiener Diözesanblatt, setzt aber in Klammern hinzu: »Es bleibt dem klugen Ermessen der hochwürdigen Pfarrämter überlassen,

ob und in welchem Ausmaße sie diese Kundgebung der österreichischen Bischöfe von der Kanzel verlesen oder in entsprechender Weise verwerten wollen.«
Die lächerliche Causa hat den stets zu Ausgleich und Mäßigung neigenden Wiener Erzbischof einiges an Nerven gekostet. Papst Pius XI. hat das Jahr 1926 als »Heiliges Jahr« ausgerufen, aber vor allem ein Bischof versteht darunter ein Jahr der frommen Sittsamkeit. Der Episkopat plant seit einiger Zeit Weisungen über Sittlichkeit, vor allem in der Kleidung, in erster Linie beim Turnen und Schauturnen. Die großen Massenbewegungen, rechte wie linke, entdecken den Körper. Von Moskau über Berlin bis Amerika wird öffentlich geturnt. Spärlich bekleidet, nach damaligen Begriffen, aber nicht als Appell an die Sinnlichkeit, sondern an den Schönheitssinn und als Ausdruck einer neuen Naturverbundenheit. Mit politischen Vorzeichen: sozialistisch, kommunistisch, christlich, bald wird auch nationalsozialistisch geturnt werden.
Gföllner soll anlässlich einer Audienz beim Papst vorfühlen, doch Pius XI. reagiert zurückhaltend. Also macht sich Gföllner an die Arbeit, wobei er sich an die strengen Leitsätze der deutschen Bischofskonferenz hält. In einem emotional aufgeladenen Briefwechsel werden die weiteren Vorgänge höchst unterschiedlich dargestellt. Offenbar hat der Salzburger Erzbischof Rieder gebeten, mit der Veröffentlichung zu warten, bis eine Diskussion auf breiterer Basis, darunter mit den Turnvereinen, abgeschlossen sei. Gföllner schreibt Piffl, dies sei nicht möglich, da die bischöfliche Kundgebung bereits versandfertig sei, »im Übrigen solle sich die christliche Laienwelt vom Episkopat bekehren und leiten lassen, statt umgekehrt den Episkopat nach ihren Anschauungen zu beugen und umzustimmen«. Aber auch Bischof Waitz, zu dieser Zeit noch Bischof von Innsbruck-Feldkirch, hegt Unmut und hält in einem Brief an Piffl fest, bei der Bischofskonferenz sei doch von Gesprächen mit dem christlichdeut-

schen Turnerbund und den katholischen Frauen sowie davon die Rede gewesen, dass die einfache Übernahme der deutschen Leitsätze nicht zu befürworten sei. Waitz will ein völliges Abschwenken der Turner von der Kirche nicht riskieren und kann sich »nicht dazu verstehen, dieser Publikation meine Unterschrift zu geben«. Daraufhin fühlt sich Gföllner »tief verletzt«. Alle Bischöfe hätten zugestimmt und zögen nun zurück: »Euer Eminenz! Das begreife, wer kann, ich kann es nicht! Ich sehe darin ein Vorgehen, das mir alle Möglichkeit benimmt, mit Vertrauen meine Referentenstelle noch beizubehalten ... Ich lege daher nicht nur dieses Referat gänzlich in die Hände Eurer Eminenz zurück, sondern ebenso unwiderruflich die Ausarbeitung des Katechismus sowie den Entwurf eines neuen einheitlichen Fastenpatentes für ganz Österreich ... zugleich erkläre ich auf das Bestimmteste, dass ich nie und nimmer einer etwa geplanten abschwächenden Erklärung hinsichtlich des weiblichen Schauturnens zustimmen könnte, mein theologisches Gewissen macht es mir gänzlich unmöglich.«
Damit hatte Gföllner seine harte Linie durchgesetzt. Piffl konnte und wollte auf den Linzer Bischof nicht verzichten. Hätte sich die christliche Laienwelt vom Episkopat bekehren und leiten lassen, gäbe es nicht einmal das Eiskunstlaufen der Damen: »Mädchenturnen soll nur in Hallen oder auf Plätzen veranstaltet werden, wo die Öffentlichkeit ausgeschlossen ist ... Schauturnen und Wettkämpfe der Mädchen und Frauen sind abzulehnen; sie wecken zumeist ganz unweibliche Art. Diese Ablehnung gilt auch für Veranstaltungen innerhalb von Vereinen.« Bischof Gföllner stand mit seinen Verklemmungen, die ihm selbst Jazz aufreizend erscheinen ließen, alles andere als allein. Papst Pius XII. forderte noch 1952 das Verbot von Schönheitskonkurrenzen und ereiferte sich »im Laufe der Jahre ... immer wieder über Jazz und über Filme mit offenkundig sexueller Thematik«, wie wir bei John Cornwell erfahren.

In Österreichs Schicksalsjahr 1927 wurden auch Piffls Kanzelreden wieder politischer. Die christlichsozial-großdeutsche Einheitsfront errang mit 85 Mandaten keinen rauschenden Erfolg. Die Christlichsozialen verloren neun Mandate, davon zwei an die Großdeutschen, und erreichten 73 Mandate, die Sozialdemokraten 71. Die Katholiken seien wieder einmal Freiwild für den politischen und religiösen Radikalismus geworden, deshalb sollten sie umso fester ihre Reihen schließen, sagte Piffl wenige Wochen später beim vierten Wiener Diözesankirchentag. Ein wütender Verfolgungskampf gegen die Kirche wolle »die Tyrannei eines terroristischen Heidentums« an die Stelle des Königtums Christi setzen. Christus müsse wieder der König des öffentlichen Lebens werden. Bei der großen Abschlusskundgebung auf dem Heldenplatz sprach der Kardinal vor 250000 Menschen vom gegenseitigen Verstehen und Verzeihen, vom gegenseitigen Entgegenkommen und Ergänzen, vom Überbrücken der Kluft – zwischen Arm und Reich, Besitz und Arbeit, nicht zwischen Links und Rechts. Die Sozialdemokratie fördert ihrerseits nach Kräften die Kirchenaustritte. Immerhin erscheint am Tag nach dem Brand des Justizpalastes und dem Blutbad vom 15. Juli 1927 der Ordinarius für Kirchenrecht Konstantin Hohenlohe zu den Prüfungen im Priesterseminar mit einer roten Krawatte – aus Angst vor Anpöbelungen.

In den folgenden Jahren wird die Gesprächsbasis aller mit allen immer schlechter. Nicht nur zwischen Christlichsozialen und Sozialdemokraten. Auch im bürgerlichen Lager werden die Risse breiter. Julius Raab, der 1950 in der Zweiten Republik den allzu unverblümt antinazistischen Bundeskanzler Leopold Figl ablösen wird, ist 1929 Landesführer des Heimatschutzes in Niederösterreich. Er schreibt dem Kardinal im November einen Brief, Martin Krexner zitiert daraus, in dem er ihn bittet, »er möge die Dekanate und Pfarren Niederösterreichs dahin aufklären, dass diese Bewegung ›nicht nur in österreichisch-vaterländischen Gedankengängen wurzelt, sondern auch streng auf den Grundsätzen christkatholischer Moral aufgebaut ist‹. Auch Piffl selbst möge den 900 Ortsgruppen das gleiche Wohlwollen entgegenbringen, das er bisher in so hohem Maße den Wiener Formationen des Heimatschutzes bewiesen habe. Raabs Schlusssatz: Im Bewusstsein, dass nur ein verständnisvolles Zusammenarbeiten aller staatserhaltenden Kräfte noch im Stande sein werde, Volk und Heimat vor dem Versinken in marxistische Unkultur und Glaubenslosigkeit zu retten, hoffe er, seine Bitten nicht vergebens gestellt zu haben.«

Ein halbes Jahr später bekommt derselbe Julius Raab während der Führertagung des niederösterreichischen Heimatschutzes in Korneuburg eine rechte Wut auf die Christlichsozialen zu spüren. Man nimmt ihm übel, dass er zwar 830 Ortsgruppen mit 52000 Heimatschutz-Mitgliedern repräsentiert, sich aber im Parlament an die Linie der christlichsozialen Fraktion hält: Wenn er nicht bereit sei, im Nationalrat in erster Linie die Interessen der Heimwehr zu vertreten, würden sich ihre Wege trennen, sagt ihm der Heimwehr-Bundesführer Steidle ins Gesicht. Nachher sprach Steidle auf dem Korneuburger Hauptplatz den Versammelten den berüchtigten »Korneuburger Eid« vor, in welchem dem »westlichen demokratischen Parlamentarismus und Parteienstaat« abgeschworen wurde: »Wir wollen ... die Selbstverwaltung der Stände ... und eine starke Staatsführung, die nicht aus Parteienvertetern, sondern aus den führenden Personen der großen Stände und aus den fähigsten und bewährtesten Männern unserer Volksbewegung gebildet wird.« Damit haben sich die Heimwehren von den Christlichsozialen abgesetzt, aber den Ständestaat für sich usurpiert. Raab soll schweigend dagestanden sein und nicht mitgeschworen haben. Die Trennung seines niederösterreichischen Heimatschutzes von der Heimwehr ist programmiert.

Zwei Bundeskanzler, der ehemalige Wiener Polizeipräsident Johannes Schober sowie Seipels Nachfolger als Führer der Christlichsozialen Carl Vaugoin, bemühen sich vergeblich, die beiden größten Privatarmeen, die rechte Heimwehr und den sozialdemokratischen Schutzbund, unter Kontrolle zu bekommen. Nun taucht noch eine weitere Wehrorganisation auf. Ein junger Tiroler Rechtsanwalt gründet die »Ostmärkischen Sturmscharen«, auf dass auch die Christlichsozialen nicht ohne bewaffneten Arm seien. Er heißt Kurt Schuschnigg.

Am gefährlichsten ist die unverblümt nach der Macht im Staate schielende Heimwehr. Der Schutzbund wird sich als die bravste unter den politischen Wehrorganisationen erweisen und seine defensive Linie nie verlassen. Franz Winkler, Chef des Landbundes, Vizekanzler unter Dollfuß bis September 1933 und ein gestandener Gegner der Linken, brachte es 1935 in seinen Erinnerungen auf den Punkt: »Rebellen, Revolutionäre gehen auf die Barrikaden mit dem Einsatz ihres Lebens, um bestehende Verfassungen zu stürzen und bestehende Verhältnisse zu ändern. Die Schutzbundrebellen vom 12. Februar 1934 standen auf den Barrikaden zur Verteidigung der in Geltung stehenden Verfassung.«

Aber der Kardinal teilt den antilinken Reflex. Für ihn kommt die Hauptgefahr stets vom ersten Feind der Menschheit. Am 5. Oktober 1930 spricht er in St. Gabriel zu den Teilnehmern einer eucharistischen Männerwacht. Alle sollten, sagt er, prüfen, ob sie Führern folgen und nicht Verführern. Sie sollten Christus nicht nur in der Andacht, sondern auch dann folgen, »wenn der Weg zu den Urnen führe, in denen das Glück unseres Vaterlandes und die Zukunft unseres Glaubens entschieden werde ... Es scheine ihm, als ob es alle tief in ihrem Inneren fühlten, dass für Österreich wieder einmal eine Schicksalsstunde schlage. Die kulturkämpferischen Instinkte in den Reihen der zahlreichen Gegner kämen nicht zur Ruhe. Dann malte Piffl ein Schreckgespenst, das er in den letzten Monaten immer wieder gebraucht hatte, als er sagte: ›Oder sollen wir warten, bis man auch bei uns wie in Russland die Kirchen sperrt und die ... Ausübung der katholischen Religion kategorisch verbietet? Es fehlt auch bei uns nicht an Faktoren, die lieber heute als morgen mexikanisch und russisch gegen uns Katholiken vorgehen möchten.‹« So sein Biograf Krexner.

Was der Kardinal vergisst: Die russischen Bolschewiki wollten nie Demokraten sein. Österreichs Sozialdemokratie ist bei all ihrem kulturkämpferischen Gehabe und allem Verbalradikalismus eine lupenrein demokratische Partei. Die konservative Heimwehr und nicht die Sozialdemokratie hat einen Eid gegen die Demokratie geschworen. Auch Kardinal Piffl wird eben mitunter verbalradikal.

Er erlebt noch, wie der Schatten des aufsteigenden Nationalsozialismus über Österreich fällt. In Deutschland erhalten bei den Reichstagswahlen am 30. September 1930 die mit zuletzt 800 000 Wählern bedeutungslosen Nazis plötzlich sechs Millionen Stimmen und werden mit 107 Abgeordneten die zweitstärkste Fraktion hinter den Sozialdemokraten. Piffl erlebt noch die ersten verzweifelten Versuche, das Herüberschwappen dieser gottlosen Massenbewegung zu verhindern. Er erlebt den Zusammenbruch der Creditanstalt im Mai 1931. Zahllose Betriebe stehen vor dem Ende.

Am 8. November 1931 weiht Piffl die neue Kirche in Guntramsdorf ein. Am selben Tag erlässt er einen Aufruf zur Kindermission, in dem trotz des Gebrauches der dritten Person seine Emotionen erkennbar sind: »Mich erbarmt des Volkes, muss der Bischof tief bewegt rufen, wenn er an das Heer der Arbeitslosen, Not Leidenden und Obdachlosen ... denkt ... So muss der Bischof besonders dann klagen, wenn er der armen, hungernden und frierenden Kinder gedenkt. Es ist für den Bischof in tiefster Seele erschütternd, wenn er

bei Visitations- und Firmungsreisen nicht wenig Kinder sehen muss, deren Augen den eigentümlichen Mattglanz der Unterernährung zeigen.« Eine große Notstandsaktion der Caritas, Lebensmittelsammlungen auf dem Land, Freitische, Ausspeisungen, eine Bekleidungsaktion und die Verteilung von Lebensmittelpaketen hat er längst initiiert.
Ein Lebensbild Piffls wäre unvollständig ohne Erwähnung jenes karitativen Engagements, das wesentlich zu seinem Ruf als Volksbischof beigetragen hat. In den Notzeiten nach dem Ersten Weltkrieg mobilisierte er mit zahllosen Bittbriefen die Hilfe ausländischer Caritasstellen und privater Wohltäter. Damit konnte er für Tausende österreichische und vor allem Wiener Kinder Erholungsaufenthalte in der Schweiz und vor allem in Holland ermöglichen sowie hohe Geldbeträge für Lebensmittel- und Kleiderpakete aufbringen. Er war auch der bedeutendste Förderer der »Frohen Kindheit«, die während der Weltwirtschaftskrise in Wien und Niederösterreich in 110 Ortsgruppen mit ehrenamtlichen und bezahlten Helfern für Tausende Kinder tägliche Mahlzeiten, Ferienaktionen, Weihnachts- und Kleiderspenden bereitstellte. 1938 wurden von den Nazis 350 Heime, Horte, Arbeitslokale, Spiel- und Sportplätze sowie Ferienheime enteignet.
Der Todeskampf der Republik beginnt. Piffl scheint die folgenden Ereignisse genau beobachtet und in diesen Monaten viel nachgedacht zu haben. Wenige Monate vor seinem Tod versucht er eine Warnung vor Putschversuchen in den letzten Hirtenbrief seines Lebens hineinzureklamieren. Die Bischöfe erörtern einen Fastenhirtenbrief über die von Papst Pius XI. erlassene Sozialenzyklika »Quadragesimo anno«. Er soll auch eine Warnung vor dem politischen Radikalismus enthalten. Nach einem Bericht von Bischof Pawlikowski über Nationalsozialismus und Heimatbewegung sieht die Bischofskonferenz von einem Einschreiten gegen diese Bewegungen aus taktischen Gründen ab. Auch eine

von der christlichsozialen Partei angeregte parteipolitische Schulung der katholischen Jugend lehnen die Bischöfe ab. Ende Dezember schreibt Piffl an Waitz in einer Stellungnahme zum Entwurf des Fastenhirtenbriefes: »Ich höre, dass die Heimwehr schon wieder mit einem Putschplan hausieren geht. Haben wir nicht die Pflicht, darauf aufmerksam zu machen, dass solche Putschversuche wirklich Hochverrat sind. Wir dürfen nicht kokettieren mit der namentlich in der Steiermark von oben bis unten festgelegten Ansicht, die jetzige österreichische Verfassung sei illegitim. Hat diese der Heilige Stuhl anerkannt, dann haben auch wir sie anzuerkennen u. als auctoritas a Deo ordinata zu schützen. Das ist meine hausbackene Meinung, die von vielen um die Zukunft unseres lieben Österreichs ehrlich besorgten Patrioten geteilt wird.« Das Wort »wirklich« war unterstrichen.

Mit diesem Demokratieverständnis hatte Piffl den Episkopat nicht hinter sich. Waitz antwortet äußerst kritisch. Er versichert, er werde sich bemühen, Piffls Anregung hinsichtlich der Bedenklichkeit der Putsche zu entsprechen. Das sei aber nicht leicht, denn wenn ein Heimwehrputsch Hochverrat sei, dann doch noch viel mehr der Umsturz im Jahre 1918. Waitz belehrt den Kardinal: »Und war es erlaubt die Monarchie zu stürzen, so ist es ebenso erlaubt, statt der Republik wieder eine andere Staatsform einzuführen.«

Ab Mitte Jänner 1932 ging Piffl jeden Morgen um halb sechs Uhr in die Dominikanerkirche, um dort sein Brevier zu beten. Bis zum 18. April absolvierte er sein volles Arbeits- und Besuchsprogramm. Am Abend des 18. wirkte er nach der Besichtigung des Studentinnenheimes der Salesianerinnen bei der Hauptversammlung des Paramentenvereines noch frisch und heiter, in der darauf folgenden Nacht ereilte ihn der Schlaganfall. Er starb, 67 Jahre alt, in den Morgenstunden des 21. April. 100000 Menschen zogen am

aufgebahrten Leichnam vorbei, 300000 Menschen nahmen am Begräbnis teil, das viele an die Leichenbegängnisse Kaiser Franz Josephs und Luegers erinnerte.
Als 30-Jähriger hatte Piffl einst in sein Tagebuch geschrieben: »Wenn man im politischen Getriebe so viel herumkommt wie ich früher, wird man furchtbar ›tolerant‹, man paktiert mit allen, die nur irgendwie Berührungspunkte zeigen. Geht es anders, wenn man vorwärts will? ... Auf festem Grunde stehend, kann ich manchen Schwankenden helfen. Ich denke immer, wo wäre ich mit meiner indifferenten Mittelschulbildung, hätte ich nicht die Gnade gehabt, Priester zu werden und in diesem Berufe meine Befriedigung zu finden. Darum Nachsicht mit den Irrenden und Schwankenden, aber keine Nachsicht mit den eigenen Grundsätzen!«
Nun schrieb »Die Stunde«, Piffl sei es immer um die reale Macht zu tun gewesen, nicht um eine dekorative, und die »Arbeiter-Zeitung« gestand ihm in ihrem Nachruf zu, ein solcher Reaktionär wie andere österreichische Bischöfe sei er nicht gewesen. Doch habe sein beherrschender Einfluss auf die Christlichsoziale Partei jede Verständigung in den wesentlichen kirchenpolitischen Fragen unmöglich gemacht. Er habe doch immer die Machtinteressen der Christlichsozialen Partei als identisch mit denen der Kirche betrachtet, daher habe seine Politik ihren Anteil daran gehabt, »dass die Erbitterung breiter Massen ... diese Massen auch aus dem Schoße der Kirche hinausgeführt hat«.
Die Bewährungsproben der Jahre 1933 und 1938 blieben Kardinal Piffl durch seinen frühen Tod erspart.

Der falsche Mann zur falschen Zeit am falschen Platz

Theodor Innitzer
1875–1955; Erzbischof seit 1932,
Kardinal seit 1933.

Wahlspruch: In caritate servire –
In Liebe dienen

Theodor Innitzer war als politischer Bischof ein tragischer Versager, als Seelsorger und Volksbischof ein voller Erfolg. »Inser Unnitzer«, sagte halblaut eine Wiener Jüdin im spärlichen Spalier, als »unser Innitzer«, Wiens Kardinal, im April 1938 nach einem Hochamt den Stephansdom verließ. Fast eine kleine Tante-Jolesch-Geschichte, doch sie hat den Vorzug, historisch zu sein. Zumindest insofern, als sie 1938 unter Wiener Nazigegnern kursierte. Aus der Sicht aller, welche die katholische Kirche gern als Stütze im Widerstand gegen Hitler gesehen hätten, traf die Dame den Nagel auf den Kopf. Später änderte der Kardinal sein Verhältnis zum Nationalsozialismus. Allerdings nicht freiwillig. Vielmehr stieß Hitler die Kirche von sich.

Doch am 14. Oktober 1955 verließ das Ende seines Leichenzuges gerade erst den Stephansplatz, als die Spitze mit dem Sarg Theodor Innitzers wieder dort eintraf. Die Innenstadt war schwarz beflaggt, das öffentliche Leben stand still. Viele Menschen knieten weinend nieder, als der von sechs Fackelträgern, sechs Priesterschülern und sechs Rittern vom Heiligen Grab flankierte Glaswagen vorbeifuhr. Auf dem Sarg lag außer dem roten Mantel und dem Kardinalshut nur ein Bukett aus Fichten- und Vogelbeerzweigen aus dem Erzgebirge. Der Kardinal hatte sich jeden Blumenschmuck verbeten und ersucht, das Geld der Caritas zuzuwenden. Der Zug bewegte sich durch ein Spalier von über 100000 Menschen vom Erzbischöflichen Palais über Stephansplatz, Graben, Kohlmarkt und Michaelerplatz zum Josefsplatz, weiter durch die Augustinerstraße zum Albertinaplatz und durch die Kärntner Straße zurück zum Stephansdom, wo Theodor Innitzer beigesetzt wurde. Nicht lang vorher hatte er den Journalisten die neue Gruft unter der Kirche gezeigt und beiläufig auf eine leere Nische gewiesen: »Hier ist noch ein Plätzchen für mich.«

Der am 9. Oktober 1955 kurz vor Vollendung seines 80. Lebensjahres verstorbene, viel geschmähte Kardinal besaß die

Liebe eines großen Teiles der Wiener. Trotz der Fehler, die er 1938 und auch schon vorher begangen hatte. Wie viele seiner Schäfchen waren überhaupt der Meinung, dass man von Fehlern sprechen konnte? Und wie dachte die »linke Reichshälfte« darüber? Der 82-jährige Bundespräsident Theodor Körner schritt im Leichenzug hinter den Verwandten des Kardinals der Bundesregierung voran. Der einstige kaiserliche General und spätere Befehlshaber des roten Schutzbundes soll seinen Namensvetter gemocht haben.
Ein geborener Seelsorger, war Innitzer in die politische Verantwortung hineingezogen worden. In einer im Winter 1945 gedruckten Huldigungsschrift zum 70. Geburtstag des Kardinals wird erzählt, wie der damalige Papst Pius XII. als junger Mann in die Politik geholt worden war. Der spätere Kardinal Pietro Gasparri hatte ihn 1901 aufgefordert, als »apprendista«, Auszubildender, in die Kongregation der außerordentlichen kirchlichen Angelegenheiten einzutreten. Der junge Priester Eugenio Pacelli zögerte, wie es sich geziemte, und meinte, er habe gehofft, zu einem Amt der Seelsorge würdig befunden zu werden. »Comprendo, comprendo«, erwiderte Gasparri, »ich verstehe Sie, mein Sohn! Sie hofften Hirte zu werden und jetzt biete ich Ihnen die Rolle des Schäferhundes an, der sich mit den Wölfen herumbeißen soll.«
Genau dies, wird uns bedeutet, sei auch Innitzer widerfahren. Zum Hirten berufen, wurde er zum Schäferhund. Doch es geschah nicht ganz ohne eigenes Zutun. Der Schäferhund hatte wohl schon in ihm geknurrt. Auch im späteren Papst Pius XII. dürfte er dies längst getan haben. Doch die Geschichte im Gratulationsbüchlein für Innitzer gipfelt darin, dass Gasparri zu Pacelli sagt: »Dienst der Kirche heißt überall Seelsorge!« Eine Eigenschaft hatten übrigens Pacelli und der um zwei Monate ältere Innitzer gemeinsam: die Arbeitswut, den »Hunger auf Arbeit«.
Theodor Innitzer stammte aus dem Erzgebirge. Er wurde

in den frühen Morgenstunden des 25. Dezember 1875 im nordböhmischen Dorf Neugeschrei, Gemeinde Weipert, geboren. Der Vater, ein gelernter Posamentierer, ist Nachkomme steirischer Zuwanderer. Ein Kleinbauer, so klein, dass er in jeder freien Minute Quasten knüpfen muss. Nach der Geburt des dritten Kindes (der spätere Kardinal ist das zweite) genügen die Quasten auch nicht mehr. Wilhelm Innitzer ging nun in eine der Fabriken arbeiten, deren Schornsteine »in Weipert seit der Industrialisierung förmlich aus dem Boden schossen«. Auch dort wurden Quasten erzeugt. Es war das Zeitalter des Plüschs und der Quasten. Die Fabrik bedeutete noch mehr Rackerei für die Mutter, die jetzt auch den Großteil der Feldarbeit machen musste.
Aus den erbaulichen Schriften über Innitzers Leben erfahren wir nur Schönes und Gutes über die Kindheit, eine goldene Zeit sei es gewesen, an die ihm viele schöne Erinnerungen geblieben seien, »vor allem an jene Kindheitstage, da uns unsere Eltern so viel Freude bereitet haben und wir mit Staunen das Kind in der Krippe und die Lichter des Christbaumes bewundert haben«. Konflikte werden in diesen offiziösen Berichten ausgespart, das Elend wird idyllisch überglänzt und überzuckert: »Konnte die Mutter den Ihren auch nur so viel geben, dass knapp der Hunger gestillt war, so schmeckte dafür das mit so viel Liebe Gebotene um so besser. Und im Sommer und Herbst konnte man außerdem noch beim Ziegenhüten Beeren pflücken und sich daran satt essen«, erfahren wir vom Geistlichen Rat Mühldorf. Alles Sperrige ist vergessen, was sich nicht glatt ins Bild fügt, ist nicht mehr fassbar. Die frühen Jahre, die Bedingungen, unter denen sich ein Charakter formt und die in Biografien sonst eine so wichtige Rolle spielen, sind, wie in so vielen bischöflichen Viten, so idealisiert, dass sie uns kaum etwas sagen. Was angesichts dieser komplexen Persönlichkeit und ihrer Bewährungsproben besonders schade ist.
Innitzer lernt früh drückende materielle Not kennen. Als

Kind muss er bei den Quasten mithelfen, der Vater bringt Heimarbeit für alle nach Hause. In der Schule ist er der Beste. Er steht täglich um eine Stunde früher auf, um ministrieren zu können, und lernt mühelos etwas Latein. Der Dechant sieht in ihm längst den künftigen Priester. Trotzdem bleibt dem 14-jährigen Schulabgänger ein Jahr Arbeit in der Posamentierfabrik nicht erspart. Er fügt sich ohne Widerspruch, soll seine Frustration nicht gezeigt haben, nur seine Mutter habe geahnt, wie er habe mit sich kämpfen müssen, bekannte später der Kardinal. Kein Zweifel, er war für den geistlichen Beruf bestimmt. Die Mutter legt seinen Arbeitslohn Kreuzer auf Kreuzer für das Schulgeld zurück. Nach einem Jahr hat der Dechant im fünf Stunden Fußmarsch entfernten Kaaden an der Eger, wo das Gymnasium ist, auch bereits die 14 Familien beisammen, die den Burschen jede Woche einmal zum Mittag- oder Abendessen einladen, ein Rechtsanwalt stellt ihm ein Zimmer zur Verfügung. Der Freitisch, die Schlafgelegenheit sind Hilfestellungen für arme Studenten im ausgehenden 19. Jahrhundert. Die Pfarrer fungieren als Vermittler und bürgen für die Würdigkeit der Empfohlenen. Innitzer ist nicht der Einzige, der sich so durchbeißt.
Alle, die ihn kannten, heben seine persönliche Anspruchslosigkeit, seine Hilfsbereitschaft und soziale Gesinnung hervor. Aber er war auch ein Ehrgeiziger. Mit 22 Jahren legte er die Matura mit Auszeichnung ab. Als er es mit 26 Jahren geschafft hatte und am 3. August 1902 am Hochaltar der Heimatkirche seine Primizmesse zelebrierte, meinte der Pfarrer, nun habe er ja sein Ziel erreicht. Der junge Priester antwortete lächelnd mit einem Kopfschütteln.
Nach einjähriger Tätigkeit als Kaplan in Pressbaum ermöglichen ihm seine Oberen das Weiterstudium, indem sie ihn als Studienpräfekten ans Wiener Priesterseminar holen. Eine Tätigkeit, die ihm genug freie Zeit lässt. Weitere Stationen sind die Promotion (1906), die Habilitation (1908) so-

wie die außerordentliche Professur (1911) an der Wiener Universität. Auch seine Mitarbeit an der Organisation des Eucharistischen Kongresses in Wien (1912) ist dem Aufstieg nützlich. Im Jahr darauf, 1913, wird er ordentlicher Professor für Neues Testament und Generalsekretär der Leogesellschaft, was er viele Jahre bleibt. Die 1892 gegründete Leogesellschaft lebte nach dem Zweiten Weltkrieg als Wiener Katholische Akademie wieder auf. Überall fällt nicht nur Innitzers Tüchtigkeit, sondern auch sein besonders angenehmes und ausgleichendes Wesen auf.
Auch eine Portion Naivität wurde ihm oft nachgesagt. Der unnahbare, asketische Papst Pius XII. soll zu Eis erstarrt sein, als Innitzer einmal bei der Begrüßung ganz harmlos meinte: »Eure Heiligkeit haben aber kalte Hände!« Eines der boshaftesten Zeugnisse dazu liefert der Komponist Ernst Krenek (1900–1991) in seinen Memoiren. Auch wenn der Komponist von »Jonny spielt auf« kein besonderer Freund des konservativen Lagers war, ein glänzender Beobachter von Menschen und Situationen war er auch. Die Vorsprache war arrangiert worden, damit er Innitzer ein Exemplar seiner Oper »Karl V.« überreichen konnte. Es wurde eine der originellsten Begegnungen eines höchsten Klerikers mit einem bekannten Künstler im Wien der Zwischenkriegszeit und sie fand ausgerechnet am letzten Tag der Kämpfe des Februar 1934 statt. »Jenseits der Donau donnerten noch die Geschütze, als ich die Stacheldrahtbarrieren passierte, die quer über die Kärnter Straße errichtet worden waren, um das Stadtzentrum vor den revolutionären Massen zu schützen, die nicht einmal in die Nähe kamen ... Als ich in das Arbeitszimmer des Kardinals geführt wurde, bemerkte ich bald, dass er nicht die geringste Ahnung hatte, wer ich war und warum er überhaupt mit mir sprechen sollte ... Als ich ihm mein Buch gab, blätterte er es durch und sagte etwa: ›O, Karl V.? Das ist ja interessant. Ist das eine ernste Oper?‹ Als ich, etwas verwirrt, sagte:

›Nun – also – in gewissem Sinn‹, blätterte er weiter und bemerkte: ›O, da kommt Luther vor – also, das ist wirklich interessant.‹ Dann fragte er: ›Und wer hat die Musik komponiert?‹ Ich muss ziemlich perplex ausgesehen haben, als ich einräumte, dass ich das auch getan hätte. Darauf erwiderte er: ›O, großartig – nun, gratuliere.‹ Ich dachte, es sei an der Zeit, dieser Art der Konversation ein Ende zu machen, und erwähnte kurz, dass wir hofften, das Werk würde in der Staatsoper aufgeführt und Seine Eminenz würde uns die Ehre erweisen, der Vorstellung beizuwohnen. Er klatschte in die Hände und rief wie ein Kind: ›Fein – das ist großartig. Gehn wir in die Oper.‹« Sie wurde dann allerdings in Amerika uraufgeführt.

Eucharistischer Kongress, Leogesellschaft, Lehrstuhl: lauter kleine Sprungbretter. Auch als Universitätsprofessor verbringt er wöchentlich mehrere Stunden im Beichtstuhl der Herz-Jesu-Kirche im 5. Bezirk. Als Rektor der Wiener Universität steht Innitzer auf dem großen Sprungbrett. 1928/29 reagiert er besonnen und mit persönlichem Mut auf die deutschnationalen Umtriebe an der Universität. Er geht mitten unter die Demonstranten und spricht mit ihnen. Im September 1929 holt ihn Bundeskanzler Johannes Schober als Sozialminister in sein Kabinett. Der neue Kanzler tritt sein Amt mit dem Versprechen an, der »Hypertrophie des Parlamentarismus« ein Ende zu setzen.

Die Regierung Schober wurde nach einem Jahr gestürzt. Trotzdem brachte sie eine Verfassungsreform durch, welche die Macht des Bundespräsidenten erheblich stärkte. Als diese Macht nach dem 4. März 1933 wirklich gefragt war, hat der damalige Bundespräsident Wilhelm Miklas kläglich versagt. Er hätte die Ausschaltung des Parlaments ohne weiteres verhindern können. Die Verfassung von 1929 ist im Wesentlichen bis heute in Kraft. Die politische Realität nach 1945 ließ die enorme Machtfülle des Bundespräsidenten in Vergessenheit geraten. Heute erscheinen Situationen, in denen sie wie-

der gefragt sein könnte, nicht mehr ausgeschlossen. Auch Theodor Innitzer setzte trotz der Kürze seiner Ministertätigkeit einiges durch, vor allem eine Rentenerhöhung für Pensionisten, die durch die Inflation ihre Ersparnisse verloren hatten. Auch die Einbeziehung der Ehefrauen von Bauern und Pächtern in die Unfallversicherung nach dem Landarbeiter-Versicherungsgesetz wurde von ihm verordnet. Seine Ernennung zum Erzbischof von Wien und Apostolischen Administrator des Burgenlandes fand nicht zuletzt dank seiner Tätigkeit als Sozialminister öffentliche Zustimmung.
Der Papst hat sich nach Piffls Tod mit der Ernennung eines Nachfolgers Zeit gelassen. »Ich wüsste ja einen, aber der ist krank«, soll er gesagt haben. Aus Rücksicht auf diesen einen wartet er zu. Erst nach einer Respektfrist nach dem Tod des Prälaten Ignaz Seipel am 2. August 1932 wird Piffls Nachfolger bekannt gegeben. Zu einem der ersten Gratulanten sagt Innitzer: »Ich bin noch immer fassungslos, ich hätts halt doch nicht annehmen sollen.«
Am 20. September wurde die Ernennung bekannt gegeben. Am 5. Oktober erscheint Innitzer beim Apostolischen Nuntius Heinrich Sibilia, der ihm vier päpstliche Bullen überreicht: Pergamentrollen mit Bleisiegeln an gelbweißen Schnüren. Alle tragen das Datum vom 19. September 1932. Die erste ist an den neuen Erzbischof gerichtet und teilt ihm seine Ernennung mit, die zweite enthält die offizielle Verständigung der Suffraganbischöfe von Linz und St. Pölten über die Neubesetzung der Metropole, die dritte ergeht an Domkapitel, Klerus und Gläubige der Diözese und die vierte enthält die Ermächtigung, dass die Bischofsweihe außerhalb Roms stattfinden darf. Nach der Übergabe der Bullen nimmt Sibilia in seiner Privatkapelle im Namen des Heiligen Vaters das Glaubensbekenntnis sowie den Treueid entgegen. Zwei Tage später tritt das Domkapitel zu einer Sitzung zusammen, in welcher der neue Erzbischof seine Ernennungsbulle überreicht. Der Notar verliest den lateini-

schen Text. Damit ist die volle Rechtsgewalt über die Erzdiözese auf Innitzer übergegangen, obwohl er die Bischofsweihe noch nicht empfangen hat. Zu seinem Wappenspruch wählt der neue Erzbischof: »In caritate servire« – In Liebe dienen. Eingefallen ist er ihm am 2. Oktober während seiner Predigt in der Lourdesgrotte in Gugging, von der vor allem zwei Sätze überliefert sind: »Warum in dieser schweren Zeit sich das Leben noch schwerer machen?« und »Für Liebe und Friede werde ich immer meine Stimme erheben.« Am 16. Oktober empfängt der neue Wiener Oberhirte im Stephansdom die Bischofsweihe. Nuntius Sibilia legt, assistiert von den Bischöfen Kamprath und Seydl, Innitzer die Hände auf und spricht: »Empfange den Heiligen Geist!« Das Festessen fällt aus. Auf Wunsch des neuen Erzbischofs fließt der dafür vorgesehene Betrag der Caritas zu. Noch eine weitere Zeremonie ist fällig: die Inthronisation. Am 30. Oktober, dem Tag des Christkönigsfestes, geleitet ein festlicher Zug den neuen Erzbischof von der Augustinerkirche zum Dom. Freude, Jubel. Die Zeiten sind zwar nicht gut, doch herrliche Zeiten, verglichen mit dem, was noch kommen wird. Österreich ist zwar noch keine fest etablierte Demokratie, doch an die Möglichkeit, dass es in einem halben Jahr gar keine mehr sein könnte, denkt an diesem Tag wohl kaum jemand. Der Dom ist voll, alle Glocken läuten, sogar die Pummerin gibt Laut. Voll ausschwingen darf sie nicht, sonst könnte der Hochturm Schaden leiden, in dessen Glockenstube sie noch hängt. Keine zwölfeinhalb Jahre wird sie dort mehr hängen. Auf der Orgel ertönt Bruckners Tedeum. Mit Mitra und Stab steht der neue Oberhirte vor seinem Thron. Sein erster Hirtenbrief versichert die aus der Kirche Ausgetretenen – es sind in manchen Jahren Zehntausende – seiner besonderen Liebe und Fürsorge.

Am 4. März 1933 kommt es in Wien zu einer schrecklichen Panne im Parlament. In Deutschland ist seit einem Monat Hitler an der Macht, vor einer Woche hat der Reichstag gebrannt. In Österreich haben vor einem Jahr die Eisenbahner gestreikt. Nun geht es im Nationalrat um Disziplinarmaßnahmen auf Grund einer kaiserlichen Verordnung aus dem Jahre 1914. Nachdem es in einer bereits aufgeheizten Situation zu einem Wirrwarr mit den Stimmzetteln gekommen ist, ruft Nationalratspräsident Karl Renner mitten in der erregten Debatte: »Der Vorsitz wird unmöglich gemacht, wenn ein so großer Teil von Abgeordneten den Entscheidungen des Vorsitzenden widerspricht. Ich werde mich dem nicht fügen. Ich lege meine Stelle als Präsident zurück.« Über seine Motive und die des Zweiten und des Dritten Präsidenten, die sich seinem Rücktritt geradezu reflexhaft anschließen, wird man noch lange streiten. Niemand kann die Sitzung schließen, ratlos verlassen die Abgeordneten kurz vor 22 Uhr den Saal. Weder die Verfassung noch die Geschäftsordnung sorgt für diesen Fall vor. Aber noch gibt es den Bundespräsidenten, der vor kaum vier Jahren mit einer überreichen Machtfülle ausgestattet wurde. Und schließlich, sein Eid auf die Verfassung gilt. In der Nacht auf den 5. März telefoniert Renner mit Miklas. Offenbar waren beide der nahe liegenden Ansicht, in so einem Fall habe der Nationalratspräsident ebenso wie ein zurückgetretener Bundeskanzler die Geschäfte bis zur Wahl eines Nachfolgers weiterzuführen. Bundeskanzler Dollfuß reiste sofort nach der verhängnisvollen Sitzung zu einer Bauerntagung nach Kärnten. Ohne ihn entschließen sich am nächsten Tag die christlichsozialen Parteiführer, unter ihnen Carl Vaugoin und Leopold Kunschak, einige Zeit autoritär zu regieren. In Deutschland finden am selben Tag Reichstagswahlen statt, bei denen Hitler – bereits unter dem Druck der Massenverhaftungen! – mit 43,9 Prozent der Stimmen weit unter der absoluten Mehrheit bleibt. 30,6 Prozent haben selbst jetzt noch sozialistisch oder kommunistisch gewählt. Die Wiener Nazis feiern Hitlers »Wahlsieg« (er wird nie wieder Wahlen zulassen) mit einer Kundgebung in der Halle des

nicht mehr benützten Nordwestbahnhofes. Sie fasst 12000 Menschen – und ist überfüllt.
Der zurückgekehrte Dollfuß schließt sich der Ansicht an, dass es notwendig sei, »für einige Zeit« autoritär zu regieren. Er gibt die Parole von der »Selbstausschaltung« des Parlaments aus. Polizei und Militär riegeln das Gebäude ab. Unter Berufung auf ein kriegswirtschaftliches Ermächtigungsgesetz aus dem Jahre 1917 werden alle Versammlungen verboten. Zeitungen, die schon einmal gerichtlich beschlagnahmt wurden, werden der Vorzensur unterworfen. Das trifft vor allem die Linke. Der Bundespräsident stellt sich plötzlich auf den Standpunkt, die Krise könne nur durch eine von ihm erlassene Notverordnung gelöst werden. Dazu sei er aber nur unter Zustimmung aller Parteien bereit. Die Zustimmung aller Parteien ist illusorisch. Damit deckt Wilhelm Miklas faktisch den Staatsstreich. Der autoritäre Staat ist installiert.
Am 15. März setzt Pius XI. sechs neuen Kardinälen das rote Birett auf, am nächsten Tag auch den roten Kardinalshut, wieder einen Tag später legt er Innitzer das Pallium um den Hals: Den wollenen Schulterstreifen, den der Kardinal bei Hochämtern als Zeichen der Metropolitangewalt über dem Ornat tragen wird. Eine der ersten Handlungen des neuen Erzbischofs ist die Auswahl eines freien Beichtstuhls in der Stephanskirche. Hier steht er nun jeden Samstag mehrere Stunden lang den Gläubigen zur Verfügung. Auch an anderen Tagen, sooft er Zeit hat. Das Gespräch mit den Menschen ist eines seiner wichtigsten Anliegen. Das seelsorgliche Gespräch im Beichtstuhl, außerhalb des Beichtstuhles das lockere, oft witzige Gespräch. Jeder darf ihn anreden. Theoretisch. Es ist nur mitunter nicht ganz leicht, denn kaum sieht man ihn, ist er auch schon vorbei. Seine Eminenz hat ein rasantes Gehtempo. Der Mantel flattert hinter der langen, hageren Gestalt her. Er wird selbst noch als alter Mann rennen, als käme er irgendwohin zu spät.

Innitzer ist ein großer Schenker. Er lebt völlig anspruchslos, legt wenig Wert aufs Essen und verschenkt alles, was über seine bescheidenen Bedürfnisse hinausgeht. Einer seiner Grundsätze: Er hat keine Zeit, nachzuprüfen, ob alles stimmt, was man ihm so erzählt. Lieber hilft er ein paar Unwürdigen, als dass er jemanden überginge, der wirklich Hilfe braucht. Zu Leuten, die 1929 meinten, ein Sozialminister müsse doch etwas repräsentativer wohnen als er in seinem alten Wohn- und Schlafzimmer im Neobiedermeier der Jahrhundertwende, sagt er: »Ich habe mir diese Möbel um schwer ersparte zweihundert Kronen gekauft, sie sind mir wertvoll und auch schön genug für mich.« Das Sozialministerium residierte damals nächst der Oper in der Hanuschgasse, dort, wo heute die Bundestheaterverwaltung untergebracht ist. Als Sozialminister geht er im Winter etliche Male im Mantel aus seiner Wohnung in der Habsburgergasse 7 weg und kommt ohne Mantel im Ministerium an: Frierende kann er nicht sehen. Auf den Dienstwagen hat er verzichtet. Selbst noch als Sozialminister ist er mit dem Sterbesakrament unterwegs.
Innitzer ist ganz und gar nicht – wie es Gruscha war – feudalisiert, um mit dem kritischen Katholiken Friedrich Heer zu sprechen. Er ist auch immer wieder in den Pfarren. Nicht als distanzierter, visitierender Metropolit kommt er, sondern er hört die Beichte, teilt die Kommunion aus, predigt, tauft, firmt, besucht Kranke. Indem dieser Bischof sein »In caritate servire« mit so viel Freundlichkeit und Herzlichkeit täglich lebt, wird er zum Volksbischof. Er gilt als praktischer, zielstrebiger, nüchtern denkender Mann von schneller Entschlusskraft. In friedlicheren Zeiten hätte kein Schatten das Bild dieses Hirten getrübt.
Doch all seinen vielen guten und liebenswerten Eigenschaften zum Trotz fallen beim Namen Theodor Innitzer heute dem Österreicher, jedenfalls dem nicht ganz unwissenden, erst einmal doch ganz andere Dinge ein: das Glockenläuten

anlässlich des deutschen Einmarsches. Der Besuch des Kardinals bei Adolf Hitler im Hotel »Imperial«. Die Erklärung, in der die Bischöfe den Anschluss begrüßten. Und schließlich das »Heil Hitler!« unter zwei Briefen. Um den Besuch am 15. März 1938 und das handschriftlich mit Bleistift hinzugesetzte »... und Heil Hitler!« unter dem Brief vom 18. März an Gauleiter Bürckel kreiste lange die Diskussion. Hat Innitzer den Hitlergruß, der Papst Pius XI. so erzürnte, aus eigenem Antrieb geschrieben? Stand er unter Druck? Das Verhalten des Kardinals nach dem deutschen Einmarsch wurde immer wieder erörtert. Dabei trat eine viel ungemütlichere Frage in den Hintergrund. Nämlich die Frage nach der grundsätzlichen Haltung Innitzers und des österreichischen Klerus gegenüber den Nationalsozialisten.
Den Besuch im »Imperial«, die Zustimmung zum Anschluss und das handschriftliche »Heil Hitler!« fanden später viele Menschen begreiflich. Auch Innitzer musste sich halt anpassen. Schließlich musste sich jeder anpassen. Damals wurde es freilich von vielen anders empfunden. Auskunft darüber gibt zum Beispiel Viktor Matejka. Er war katholischer Volksbildner und KZ-Kamerad des »Reichspost«-Chefredakteurs Friedrich Funder. Die Kommunisten – mit denen er sich frühzeitig wieder überwarf – machten ihn 1945 zum Wiener Stadtrat für Kultur und Volksbildung. Was er in dieser Funktion für Künstler und Autoren leistete, ist legendär. Funder verdankte ihm sein Überleben in Dachau und gab ihm nach 1945 die Möglichkeit, in der »Furche« seine unangepassten Meinungen zu äußern.
In seinem »Buch Nr. 3« schreibt Matejka: »Für viele gläubige, überzeugte, für Österreichs Selbstständigkeit kampfbereite Österreicher war es eine bittere Enttäuschung, als sie knapp nach dem Anschluss die Zustimmungserklärung des Wiener Erzbischofs Kardinal Innitzer zur Kenntnis nehmen mussten ... Diese einsichtigen Österreicher, für die der Widerstand gegen den Nationalsozialismus schon lang eine

Selbstverständlichkeit war, hatten in dieser traurigen Stunde Österreichs doch noch die Hoffnung, dass wenigstens kein prominenter Sozialdemokrat sich in gleicher oder ähnlicher Weise ans Tausendjährige Reich anbiedern würde. Sie wurden bald enttäuscht. Es folgte im Neuen Wiener Tagblatt vom Sonntag, dem 3. April 1938, Karl Renners eindeutige Erklärung zur Auslöschung Österreichs: ›Ich müsste meine ganze Vergangenheit als theoretischer Vorkämpfer des Selbstbestimmungsrechtes der Nationen wie als deutschösterreichischer Staatsmann verleugnen, wenn ich die große geschichtliche Tat des Wiederzusammenschlusses der deutschen Nation nicht freudig begrüßte.‹ ... Ich war unter den 160 Österreichern, die mit dem ersten Transport am 1. April 1938 nach Dachau fuhren ... Wir im KZ waren überzeugt, hier ist uns einer in den Rücken gefallen. Es war freilich nicht nur einer, sondern noch einer nach Innitzer. Wie viele würden nun dem bösen Beispiel folgen?«
Der spätere Generaldirektor des Verlages »Styria« erzählte der Historikerin Erika Weinzierl, »wie die nationalsozialistischen Wächter zu ihren Gefangenen gekommen sind, ihnen die Zeitungen mit der Meldung hingeschleudert und gesagt haben: ›Da seht ihr Deppen, wofür ihr euch habt einsperren lassen.‹« Es habe viele gegeben, so Weinzierl, »die das bis zu ihrem Tod nicht vergessen konnten«.
Man konnte es natürlich auch anders sehen. Dem Gefühl der Mehrheit, falls es eine war, gab Viktor Reimann Ausdruck: »Für viele Katholiken bedeutete die Erklärung der Bischöfe sogar eine Gewissenserleichterung. Sie konnten und wollten nicht gegen den Strom ankämpfen und fühlten sich nun seelisch von einer Last befreit.« Der 1915 geborene Viktor Reimann, neben Maximilian Liebmann einer der beiden wichtigen Innitzer-Biografen, war eine schillernde Figur. Er gehörte der Widerstandsgruppe des später hingerichteten Augustiner Chorherrn Roman Scholz an und wurde in der NS-Zeit zu zehn Jahren Zuchthaus verurteilt.

Nach dem Krieg wurde er stellvertretender Chefredakteur der »Salzburger Nachrichten« sowie Mitbegründer und Abgeordneter des »Verbandes der Unabhängigen« und später Leiter der Pressestelle der österreichischen Bundestheater. Der VdU, aus dem später die Freiheitlichen hervorgingen, war das Sammelbecken der mehr oder weniger, meist aber ganz und gar nicht ehemaligen Nationalsozialisten. Später schrieb Reimann für die »Kronen Zeitung« in der Ära Falk eine unsägliche Artikelserie über »Die Juden«.

Innitzers Kardinalserhebung und die Abschaffung der Demokratie fallen zeitlich zusammen. Dies sichert dem neuen Wiener Kardinal ein besonderes Gehör in der Öffentlichkeit. Er könnte sein Missfallen andeuten, könnte auch vielsagend schweigen. Doch er begrüßt den Putsch von oben mit Worten, die uns nur zu gut bekannt vorkommen, als »Anbruch einer neuen Zeit«. Der erst 40-jährige Dollfuß hält ständig Kontakt mit dem neuen Erzbischof, bei dem, ähnlich wie zu Piffls Zeiten, »regelmäßig ein Roundtablegespräch der führenden Politiker mit Dollfuß an der Spitze stattfand«, wie Viktor Reimann von Weihbischof Weinbacher erfuhr. Reimann: »Der hoch gewachsene, hagere Innitzer fand Gefallen an dem kleinen, quirligen Politiker, dessen Treue zur Kirche über jeden Zweifel erhaben war und dessen politische Begabung für Innitzer feststand. Deshalb herrschte zwischen beiden bald ein politisches Einverständnis, das von Seiten Innitzers kaum Vorbehalte kannte, aber auch keine Vorsicht, sodass Wiens Erzbischof einer der lautesten Propagandisten für die ›Dollfuß-Straße‹ wurde und im Volk das Witzwort die Runde machte, Bundespräsident Miklas halte Predigten anstatt Reden, Innitzer aber politische Reden anstatt Predigten. War des Kardinals erste Sympathieerklärung für Dollfuß verständlich – wenn auch nicht im Sinne der klugen Zurückhaltung seines Vorgängers Piffl –, da Dollfuß als christlichsozialer Bundeskanzler ja politisch die Interessen der Kirche vertrat, so wurde sie in

dem Augenblick gefährlich, als sich Dollfuß zu Handlungen hinreißen ließ, die gegen die Verfassung verstießen.«
Reimann fand unter den in Innitzers Privatwohnung aufgefundenen, als Nachlass an das Erzbischöfliche Archiv übergebenen Papieren einen gespenstisch anmutenden Brief, den Bundespräsident Miklas drei Wochen nach dem 12. Februar 1934, an dem der Bürgerkrieg ausbrach, dem Kardinal geschrieben hatte. Der Bundespräsident hatte einen Leitartikel Friedrich Funders in der »Reichspost« in die falsche Kehle bekommen und beklagte sich sofort bei Innitzer:
»In der ›Reichspost‹ von heute (4. 3. 1934) lese ich den Leitartikel ›Es ist ein Jahr ...‹. Er ist im Ton eine gedämpfte Jubelfanfare. Auch inhaltlich ist im Allgemeinen nichts einzuwenden, aber einen Passus aus dem Leitartikel habe ich mir besonders ad notam genommen: ›So war es und daraus erwuchs das sittliche Notwehrrecht tapferer Männer. Sie übten es für Rettung von Volk und Vaterland. Pharisäer und Sadduzäer reden von Verfassungsverletzung, als ob von dem Sinn und Geist der Verfassung zuvor noch etwas lebendig gewesen wäre.‹ Auf wen Herr Dr. Funder das bezieht, will ich nicht untersuchen. Ich bin aber so frei, mich selbst als Mitbetroffener zu melden, und zwar in doppelter Hinsicht: Fürs Erste, was das sittliche Notwehrrecht anlangt, das ich immer verteidigte, freilich insolange und insoweit es eben moralisch begründet ist, und fürs Zweite bezüglich des Pharisäer- und Sadduzäertums, das von Verfassungsverletzung redet, obwohl von Sinn und Geist der Verfassung angeblich nichts mehr lebendig ist ...
Mit Herrn Funder, einem der geistigen Führer des gegenwärtigen, nur wenig getarnten austrofaschistischen Systems, werde ich mich über Verfassung und deren Sinn und Geist in keine Polemik einlassen. Ich anerkenne auch sein gutes Recht, eine andere Meinung als ich zu haben, nur das Monopol, dass nur seine und die offizielle Regierungsmeinung katholisch und österreichisch sei, werde ich nicht anerken-

nen. Schließlich brauche ich mir weder von Herrn Dr. Funder meinen Katholizismus noch von der Heimwehr mein Österreichertum punzieren zu lassen. Was mich weit mehr interessiert, ist die Frage, ob auch Euer Eminenz und die Hochwürdigsten Bischöfe Österreichs, in deren Mitte ich fünf Stunden lang meine Gewissensbedenken und Auffassungen darlegen durfte, derselben Meinung sind wie das führende katholische Blatt Österreichs, und ob sie meine Darlegungen auch für Pharisäertum halten. Sollten die Hochwürdigsten Bischöfe jedoch finden, dass der Bundespräsident denn doch vielen gerechten Grund habe, aus Pflicht und Gewissen heraus wider das heutige Regime Klage zu führen, so wolle man das gütigst auch der katholischen Presse bedeuten, damit sie in Hinkunft nicht meinetwegen, wohl aber um der katholischen Wahrheit und Gerechtigkeit willen vorsichtiger urteile und schreibe ...«

Der amtierende Bundespräsident kommentiert hier das Geschehen, als wäre er ein unbeteiligter Beobachter. Er weiß zwar, dass alle anderen berufenen Akteure ausgeschaltet oder mundtot gemacht wurden, sieht darin aber keinen Grund, zu handeln. Offenbar ist er darüber, was vor dem 4. März 1933 von Sinn und Geist der Verfassung noch übrig war, ganz anderer Meinung als die christlichsozialen Machthaber und deren publizistisches Sprachrohr. Doch er äußert sich wie ein ohnmächtiger Zuschauer und nicht wie der Mann, der die notwendige Machtfülle in der Hand hatte, um einzuschreiten, als die Verfassung gebrochen wurde. Ist er denn nicht noch immer Bundespräsident?

Kein anderes Dokument illustriert so krass die Abhängigkeit dieses Mannes vom hohen Klerus. Offenbar hatte Innitzer beträchtlichen politischen Einfluss. Fünf Stunden lang hat das Staatsoberhaupt Seiner Eminenz und den Hochwürdigsten Bischöfen seine Bedenken dargelegt. Drückt ihn das Gewissen? Was die Bischöfe geantwortet haben, erfahren wir leider nicht. Haben sie sein Gewissen beschwichtigt?

Jetzt sollen sie Funder gütigst klarmachen, dass er rücksichtsvoller schreiben soll. Warum fährt ihm das Staatsoberhaupt nicht selbst über den Mund? Innitzers Antwort ist verschollen, doch überliefert Reimann dessen mündlichen Kommentar »zu seinen Mitarbeitern« (man darf auf Sekretär Weinbacher tippen): »Der Miklas ist doch ein richtiger Skrupulant!« Reimann hält diese Äußerung für einen größeren Fehler als den Hitlergruß an Gauleiter Bürckel.
Der Bürgerkrieg und die Beschießung der Wiener Gemeindebauten im Februar 1934 haben sich tief ins Gedächtnis der Wiener eingegraben. Ein Beispiel für die selektive österreichische Verdrängung: Major Karl Biedermann, der 1945 kurz vor Kriegsende gemeinsam mit Hauptmann Huth und Oberleutnant Raschke von den Nazis am Floridsdorfer Spitz gehenkt wurde, ging als Held des österreichischen Widerstandes in die Geschichte ein. Dass derselbe Karl Biedermann als Offizier des Bundesheeres im Februar 1934 die Beschießung des Karl-Marx-Hofes durchgeführt hatte und dass der Gemeindebaukomplex bis zum März 1938 Biedermanns Namen trug, verfiel hingegen als nicht opportun der Vergessenheit.
Nach dem Bürgerkrieg laufen Hilfsaktionen für die Hinterbliebenen der Opfer an. Die ersten, öffentlich gesammelten Hilfsfonds sind für Angehörige derjenigen bestimmt, die an der Seite der Regierung gekämpft haben. »Dann kündigte am 18. Februar die ›Reichspost‹ unter der Überschrift ›Ein großherziges Werk brüderlicher Liebe‹ an, dass auf Anregung des Kardinals Innitzer und unter seinem besonderen Schutz die Frau des Kanzlers darangegangen sei, eine Hilfsaktion zugunsten der Witwen und Kinder von Sozialdemokraten einzuleiten. Die Ausführung folgte gleich nach und bald wurden Lebensmittelpakete geliefert. Aber wie der ›Daily Herald‹ schrieb: ›Die Familien im schwerbeschädigten Schlingerhof, die Pakete erhielten, fanden in jedem eine Beitrittserklärung zur Vaterländischen Front. Einige

Familien schickten daraufhin die Nahrungsmittel zurück.‹«, berichtet Charles Gulick in seinem aus der Perspektive der Sozialdemokratie geschriebenen, großartigen, aber leider in der Übersetzung miserabel redigierten Werk über Österreich in der Zwischenkriegszeit.

Für die politische Versöhnung tat Innitzer nichts. Er ergriff weiter lautstark die Partei der Regierung. Dollfuß hörte immerhin noch auf den Kardinal und hielt engen Kontakt. Dem von den Nazis ermordeten Dollfuß folgte Schuschnigg: scheu, kontaktunfähig, ein guter Fachminister vielleicht, aber selbst in ruhigen Zeiten völlig ungeeignet für das Amt eines Regierungsschefs. Er hörte auf niemanden, beriet sich mit niemandem, auch nicht mit dem Kardinal, der trotzdem weiterhin seine Loyalität verkündete. Im Ministerrat wurde angeblich kaum über Politik gesprochen. Schuschniggs Finanzminister Neumayer wollte nach dem Krieg als Angeklagter über die politischen Vorgänge nicht mehr gewusst haben als der Mann auf der Straße, womit er nicht einmal unglaubwürdig war. Das ausführlichste Referat, behauptete er, habe Außenminister Guido Schmidt gehalten, als er sich 1937 über seine Eindrücke bei den Krönungsfeiern für König Georg VI. in London verbreitete. Einsam fasste Schuschnigg seine verhängnisvollen Entschlüsse. Dollfuß hatte eine konsequent katholische Politik in enger Verbindung mit der Kirche betrieben. Selbstverständlich war auch Schuschnigg Katholik, aber er hatte außerdem einen starken Hang zum Deutschnationalen.

Österreichs Situation im März 1938 hat in mancher Hinsicht fatale, was wörtlich bedeutet: schicksalhafte, Ähnlichkeit mit jener vom November 1918. Vor 1914 war viel zu wenig geschehen, um die nationalen Spannungen im »Völkerkerker« abzubauen und den Tschechen mit ihrem Nachholbedarf an nationaler Identität entgegenzukommen. Und es war nichts geschehen, um den ungarischen Nationalismus, der die Südslawen gegen Österreich aufbrachte, zu

bremsen. Der Ausgleich mit den Tschechen wurde dem deutschnationalen Chauvinismus geopfert. 1918 wurde die Rechnung der Tschechen präsentiert. Die Monarchie hat nicht zuletzt dafür mit ihrem Untergang bezahlt.
20 Jahre später bietet Österreich ein trauriges Beispiel für den historischen Wiederholungszwang. Die Ernennung von Ernst Karl Winter zum dritten Wiener Vizebürgermeister durch Dollfuß am 6. April 1934 sollte ein Schritt zur Versöhnung werden. Der Versuch, die sozialdemokratischen Arbeiter in öffentlichen Versammlungen mit freier Diskussion für den Ständestaat zu gewinnen, scheiterte schon nach zwei Wochen. Bei der letzten Versammlung verhaftete während Winters Eröffnungsreferat einer der im Saal verteilten Kriminalbeamten einen Zwischenrufer. Der Diskussionsbeitrag eines zweiten Arbeiters wurde von hereinstürmenden Polizisten unterbrochen, die die Arbeiter mit Gummiknütteln hinausjagten und 15 Personen festnahmen, darunter die Frau des Korrespondenten der Chicagoer »Daily News«. Damit war die »Aktion Winter« gestorben. Zwischen 1934 und 1938 unterblieb jeder ernsthafte Versuch, die Kluft zu überbrücken. 1938 hat Österreich, falls es noch zu retten war, dafür mit seiner Existenz bezahlt. Man kann daran zweifeln, dass es zu retten war, aber die Möglichkeit lässt sich nicht abstreiten. Beide Katastrophen wurden nachträglich für unvermeidbar oder für fremdverschuldet erklärt oder beides. Wer nicht ausgesprochen deterministisch denkt, das heißt, die jeweils eingetretene Entwicklung für die von vornherein einzig mögliche hält, kann sich damit schwer anfreunden.
Innitzer und der Episkopat trugen den klerikalen Ständestaat bereitwillig mit. Sie hatten sich mit dem Parlamentarismus nie identifiziert. Von der Ära Franz Josephs geprägt, tendierten sie zu autoritären Regierungsfomen. Der von Engelbert Dollfuß errichtete Ständestaat versprach ihnen die Rückkehr zu den vertrauten Verhältnissen: Alles Heil

von oben. Der Nationalsozialismus war ihnen unsympathisch. Doch die Sozialisten fürchteten sie noch mehr als die Nazis. Die Sozialisten blieben der erste Feind der Menschheit. In dieser Hinsicht hatte sich seit Kardinal Gruscha wenig geändert. Innitzer hatte viel für die Arbeiterschaft übrig und machte sich gern zu ihrem öffentlichen Fürbitter. Die Forderung der christlichen Gewerkschaft, die das Prinzip des vollkommenen Ruhetages wieder eingeführt haben wollte, unterstützte er im Mai 1937 sofort. Schließlich wurde ja das Hauptgewicht auf die Sonntagsruhe gelegt. Aber er teilte die verkehrte Optik, die in den Augen der Bischöfe und klerikalen Politiker die Gefahr von links ins Gigantische vergrößerte und die Gefahr von rechts verniedlichte. Sie alle konnten und wollten den parlamentarischen Mehrparteienstaat mit seinem unvermeidlichen Pluralismus der Werte nicht akzeptieren.
Damit waren Innitzer und die österreichischen Bischöfe im schönsten Einklang mit dem Vatikan. Ein Kreis schloss sich. Ein Menschenalter zuvor war Österreich das erste Land gewesen, in dem eine politische Partei die päpstliche Enzyklika »Rerum novarum« auf ihre Fahnen schrieb. Karl Lueger hatte mit der christlichen Sozialpolitik triumphale Wahlsiege errungen. Jetzt war Österreich das erste Land, in dem eine katholische Partei die Macht ergriffen hatte und dabei war, den reinen katholischen Staat zu errichten. Ein uralter Traum. Im 18. Jahrhundert war der ideale Staat, der Jesuitenstaat, in Paraguay gescheitert. Noch einmal »Das heilige Experiment«. Diesmal unter dem vollen Schutz und Schirm der Kirche. Im Herzen von Europa, eine Lieblingsfloskel aller abendländisch Bewegten. Warum sollte es nicht diesmal klappen? Die ewige Wiederkehr der totgesagten Ideen. Es gibt nicht nur die fortschrittliche, es gibt auch die konservative Faszination. Die Christlichsozialen sind ihr erlegen. Die Ausstrahlung des Gedankens vom heiligen Abendland war gewaltig. Fritz Hochwälders 1943 im

Schweizer Exil uraufgeführtes Stück »Das heilige Experiment« wurde im Österreich der Nachkriegszeit zum katholischen Kultstück. Im Scheitern des paraguayischen Jesuitenstaates sahen sie das christlichsoziale Scheitern. Das alles war nun Geschichte, Theaterstück, ferner Nachhall, verblasster, vergangener, zerronnener Traum.
Im Februar 1934 war es blutige Gegenwart. Ein heiliges Experiment gegen den größeren Teil der Bevölkerung. Andere Träume waren nicht zugelassen, der deutsche Traum aber immer noch eher als der demokratische oder gar der sozialistische Traum. Österreichs Sozialisten waren zwar keine Indios, aber man würde um ihre Seelen kämpfen und sie schon überzeugen und für die gute Sache gewinnen. Francos katholische Diktatur in Spanien war erst ein verdächtiges Glitzern in den Augen eines ehrgeizigen Generals in der malorquinischen Provinz. Benito Mussolini in Italien: ein Partner, mit dem man sich arrangieren konnte. Aber ein Exsozialist und kein treuer Sohn der Kirche wie dieser kleine Dollfuß.
Die Konkordatsgespräche hatten schon zu Lebzeiten Seipels begonnen. Nun ging der Vatikan noch über die Zugeständnisse der Bischöfe hinaus. So einverstanden sie mit der engen Bindung der Kirche an den Ständestaat waren: Den vom Staat geforderten Pflichtvorlesungen für die Theologiestudenten in vaterländischer Theorie mit Prüfung hatten sie nicht zugestimmt. Der Vatikan, genauer: Kardinalstaatssekretär Eugenio Pacelli, war selbst damit einverstanden. Nicht nur der Episkopat, auch die vatikanische Zentralmacht setzte gegen die labile Demokratie voll aufs Pferd des katholischen, autoritären, antiparlamentarischen Ständestaates. Fast 70 Jahre später wird gerade hier, in Österreich, zwischen Wien und Sankt Pölten, aber auch schon wieder besonders deutlich, dass der Anpassungsprozess der katholischen Kirche mit ihren hierarchischen Strukturen an den mittlerweile fest eingewurzelten Parlamentarismus offenbar noch lange nicht ausgestanden ist.

Der Ständestaat wurde von links und rechts bekämpft, auf der einen Seite von den Sozialdemokraten und Kommunisten, von den Nationalsozialisten auf der anderen. Nach der Niederlage vom Februar 1934 konnte von der Sozialdemokratie gerechterweise keine Initiative zur Überbrückung der Kluft mehr erwartet werden. Auch die Gegenseite war an einer baldigen Versöhnung nicht interessiert. Winston Churchills Motto, dass man Kriege und Gewaltmaßnahmen mit aller Macht bis zum vollkommenen Sieg durchkämpfen, dann aber dem Besiegten die Hand zur Freundschaft reichen soll, wurde noch selten befolgt. Es war auch nicht nach dem Geschmack des austrofaschistischen Regimes.
Doch die Ermordung von Bundeskanzer Dollfuß durch die Nazis am 25. Juli 1934, nur fünf Monate nach dem Bürgerkrieg, änderte schlagartig die Situation. Nun wurde die in die Illegalität abgedrängte Sozialdemokratische Partei zu einer der letzten und zur wichtigsten potentiellen Ressource im Abwehrkampf gegen Hitler. Hätte der »Millimetternich« angesichts der rapid wachsenden Gefahr in den sauren Apfel der Versöhnung mit der Linken gebissen? Hätte Hitler von Österreich ferngehalten werden können? Damit, dass der Nachfolger und seine Berater auf diese Option verzichteten, besiegelten sie auf jeden Fall das Schicksal des Landes. Bundeskanzler Schuschnigg wusste sich dabei eines Sinnes mit Innitzer. Durch die autoritäre Präferenz war Mussolinis faschistisches Italien zur Schutzmacht Österreichs prädestiniert. Das tiefe Misstrauen, mit dem man in den westlichen Demokratien diesem Österreich begegnete, war nur die logische Folge. Als dieses Österreich am 11. März 1938 außer mit Rom, wo plötzlich kein »Duce« mehr ans Telefon kam, auch mit Paris, London und Prag Kontakt suchte, war es zu spät.
Theodor Innitzer eine Affinität zu den Nazis nachzusagen, wäre trotzdem ebenso töricht, wie Kurt von Schuschnigg Sympathien für Hitler anhängen zu wollen. Doch für kei-

nen von ihnen kam die Sozialdemokratie als Bündnispartner in Betracht. Vielmehr spricht alles dafür, dass, wenn ihnen gar keine andere Wahl mehr blieb, sowohl Schuschnigg als auch Innitzer in Adolf Hitler das immer noch kleinere Übel sahen. Trotz allem, was sie an ihm auszusetzen hatten. Wahrscheinlich erschien ihnen auch der Anschluss an NS-Deutschland weniger erschreckend als der Gedanke, in einem unabhängigen Österreich die Macht mit der Linken teilen zu müssen. Gerechterweise sei angemerkt, dass sich die österreichische Bevölkerung 1919 mit einer überwältigenden Mehrheit für den Anschluss an Deutschland entschieden hatte. Die Siegermächte hatten ihn verhindert. Selbst Otto Bauer, der Führer der Sozialdemokratie, schrieb noch nach dem März 1938 im Pariser Exil in einem Beitrag für die illegale sozialistische Zeitschrift »Kampf«, Hitler werde vorbeigehen, aber der Anschluss werde bleiben.

Mit Schuschniggs Einzug in das Bundeskanzleramt beginnt die große Zeit der Brückenbauer. Innitzer liebte die Brückenbauer. Die Brückenbauer im Klerus wollten nicht etwa Brücken nach links bauen, sondern zum nationalen Lager. Eines der entschiedensten Bekenntnisse in dieser Richtung konnte man bereits im April 1933 lesen. Der Führer des »Bundes Neuland«, Anton Böhm, war ein Mann der Katholischen Aktion. Er schrieb: »Die Christlichsozialen werden sich um neue Koalitionsgenossen umsehen müssen, wenn sie die Verantwortung nicht verlassen wollen. Es werden nur die Nationalsozialisten sein können: der Weg nach links ist verrammelt. Mit diesem Gedanken wird man sich allgemein vertraut machen müssen. ... Wäre es nicht sehr zweckmäßig, heute schon das Verhalten gegenüber den Nationalsozialisten darnach auszurichten, dass man in ihnen Koalitionsgenossen zu gewinnen hat?« Ein Jahr später, in einer Denkschrift im schicksalsschwangeren Februar 1934, erinnert Böhm daran, er und seine Gesinnungsfreunde im Bund Neuland hätten »schon seit Jahren das Positive in der

nationalsozialistischen Bewegung erkannt und anderen geraten, dieses Positive ins eigene Programm zu übernehmen.«
Am einen Ende des katholischen Spektrums finden wir die entschieden NS-gegnerische Zeitschrift »Der christliche Ständestaat«. Der Titel lässt nicht gerade an eine Zeitung denken, der es um die Verteidigung der parlamentarischen Demokratie ging. Doch um den »Christlichen Ständestaat« und den aus Deutschland emigrierten Münchner Philosophieprofessor Dietrich von Hildebrand scharten sich die schärfsten katholischen NS-Gegner. Hildebrand hatte seine Wiener Antrittsvorlesung unter Polizeischutz halten müssen. Innitzer lehnte die Zeitschrift ab.
In der Bischofskonferenz war der profilierteste NS-Gegner der erzkonservative, kompromisslos für Zucht und Sitte eintretende, jeder Neuerung abholde Linzer Bischof Johannes Maria Gföllner. Auf dem Gegenpol standen Bischof Alois C. Hudal, der aus Graz stammende Rektor der Nationalstiftung »Maria del Anima« in Rom, der erwähnte Anton Böhm vom Bund Neuland und der Katholischen Aktion und andere. Dazwischen öffnet sich eine Bandbreite vorwiegend taktisch bestimmter Haltungen. Kardinal Innitzer nimmt eine Mittelposition ein. Nur unter Berücksichtigung dieses Umfeldes mit wenigen entschiedenen NS-Gegnern und wesentlich mehr Brückenbauern und Taktierern ist eine gerechte Beurteilung des Kardinals möglich.
Der damals 65-jährige Linzer Bischof Gföllner legte der Bischofskonferenz bereits im November 1932 den Entwurf eines Hirtenbriefes über wahren und falschen Nationalismus vor. Darin hieß es, die NS-Moral sei »mit dem katholischen Moralbegriff völlig unvereinbar, völlig unkatholisch und vom Standpunkt der katholischen Religion völlig unannehmbar«. Es sei »unmöglich, gleichzeitig guter Katholik und wirklicher Nationalsozialist zu sein«. Auch der nationalsozialistische Rassenstandpunkt sei »mit dem Christentum völlig unvereinbar und muss daher entschieden abgelehnt werden«.

Die Bischofskonferenz konnte sich mit dem Text nicht anfreunden, unter anderem, weil der neue Wiener Erzbischof das Ergebnis der Geheimverhandlungen seines Vertrauten Hans Eibl mit verschiedenen Nazigrößen abwarten wollte. Der Wiener Professor für Philosophie und Pädagogik Eibl galt als katholischer Publizist, der die Vorgänge in Hitlers Deutschland besonders wohlwollend kommentierte. Die Geheimverhandlungen Eibls und anderer katholischer Persönlichkeiten gingen ohne erkennbares Ergebnis bis zum Juliabkommen Bundeskanzler Schuschniggs mit Hitler von 1936 weiter.

Gföllner publizierte seinen von der Bischofskonferenz abgelehnten Text nach Hitlers Bestellung zum Reichskanzler im Jänner 1933 in seiner Diözese im Alleingang. Doch auch in dieser in mehreren Auflagen publizierten und selbst in den USA beachteten Verurteilung des Nationalsozialismus lesen wir ein entsetzliches Bekenntnis zu jenem angeblich geistig-ethischen Antisemitismus, mit dem sich die Kirche von den Nazis »abgrenzte«: »Will darum der Nationalsozialismus nur diesen geistigen und ethischen Antisemitismus in sein Programm aufnehmen, so ist er durch nichts daran gehindert. Diesen schändlichen Einfluss des Judentums zu bekämpfen und zu brechen ist nicht nur gutes Recht, sondern strenge Gewissenspflicht eines jeden überzeugten Christen, die moderne Zeit braucht zwar die Juden nicht des Landes zu verweisen, sollte aber in Gesetzgebung und Verwaltung einen starken Damm aufrichten gegen all den geistigen Unrat und die unsittliche Schlammflut, die vorwiegend vom Judentum aus die Welt zu überschwemmen drohen. – Dabei sei rückhaltlos zugegeben, dass es auch im Judentum edle Charaktere gibt.«

Welch edle Einschränkung!

Nach dem Dollfuß-Mord stand Gföllner in der Bischofskonferenz allein. Vorher gab es eine Phase, in der sich die deutschen Bischöfe bereits anzupassen versuchten, während

Österreich noch standhielt. Am 10. April 1933 beklagte sich der Münchner Kardinal Michael Faulhaber in Rom bei Kardinalstaatssekretär Pacelli, »dass die deutschen Bischöfe dem Nationalsozialismus ihr Vertrauen ausgesprochen haben, während der Herr Bischof von Linz gleichzeitig alle Verbote gegen die Nationalsozialisten neu verkündet«. Er, Faulhaber, könne deswegen jetzt seine bereits gedruckten pastoralen Anweisungen für den bayrischen Klerus wegwerfen. Gesetzt den Fall, Hitler hätte die Kirche nicht bekämpft, sondern wie Franco in Spanien als staatstragende Kraft in sein System eingebaut: Wann hätten die Bischöfe wohl von sich aus den Bruch mit dem Nationalsozialismus vollzogen? Wann wären sie aufgewacht, wie kraftvoll hätten sie auf die »Endlösung« reagiert?

Im September 1933 ersuchte Pius XI. den österreichischen Episkopat um seine Meinung über den Nationalsozialismus im Allgemeinen und in Österreich im Besonderen. Innitzer eilte sofort nach Linz und bat Bischof Gföllner um ein Konzept für die Antwort. Der endgültige, von Innitzer unterschriebene Text unterschied sich nur durch einige vom Salzburger Oberhirten Waitz vorgenommene Änderungen von Gföllners Entwurf. Die Bischöfe stellten mit Gföllners Worten fest, das am 20. Juli 1933 abgeschlossene Reichskonkordat zwischen Rom und Hitlerdeutschland bedeute keinerlei grundsätzliche Stellungnahme oder gar Anerkennung der nationalsozialistischen Grundsätze und Bestrebungen durch den Heiligen Stuhl. Der österreichische Episkopat sehe sich daher »in seiner grundsätzlichen Ablehnung und Verurteilung der nationalsozialistischen Irrtümer und Bestrebungen in keiner Weise behindert oder zu einer Neuorientierung veranlasst«.

Als Hitler am 12. März 1938 für zwei Tage nach Linz kam, nahm Gföllner keine Notiz von ihm. Als sich der »Führer« zur Dombesichtigung ansagte, schickte Gföllner einen Prälaten, wie sein Biograf Richard Kutschera anmerkt. Der

Bischof blieb auch am 5. Juli standhaft, als Josef Himmelreich, der Unterhändler des Gauleiters Bürckel, bei ihm erschien, um seine Unterschrift unter ein »Befriedungsabkommen« einzufordern. Obwohl Kardinal Innitzer, der Salzburger Fürsterzbischof Waitz und Fürstbischof Hefter von Gurk bereits unterschrieben hatten, verweigerte er die Unterschrift. Hefter soll Himmelreich besonders herzlich aufgenommen haben. Auch Himmelreichs dezenter Hinweis, dass Gföllner »jetzt eine Gelegenheit habe, der Partei gegenüber eine positive Haltung einzunehmen, nachdem er früher in seinen Hirtenbriefen den Nationalsozialismus in keiner Weise anerkannt habe«, verfing nicht.

Vertreter einer eher taktischen Mittelposition war der einst von Nuntius Taliani einer fortschrittlichen Einstellung verdächtigte Salzburger Fürsterzbischof Sigismund Waitz, der »Primas Germaniae«. Nach einem von Waitz gehaltenen Referat bekundete die Bischofskonferenz Mitte November 1937 ihre innigste Anteilnahme an allem, »was im Deutschen Reich vor sich geht, wo der Staat in voller Anwendung seiner Gewalt, wie sie sich im Laufe der letzten Jahre immer mehr ausgebildet hat, bis zum Äußersten geht, um die christliche Religion, besonders aber die katholische Kirche, in diesem Reiche auszuschalten und zurückzudrängen«. Viele seien bemüht, »solche Verhältnisse, wie sie bei euch sich herausgebildet haben, auch in unserem Staat entstehen zu lassen und der Gottlosigkeit zum Siege zu verhelfen«. Es hatte den deutschen Bischöfen also nichts genützt, dem Nationalsozialismus ihr Vertrauen auszusprechen. Diese Solidaritätsadresse an die deutschen Kollegen war die letzte Stellungnahme der österreichischen Bischöfe zum Nationalsozialismus vor dem März 1938. Wieder kritisieren sie die Unterdrückung der Kirche, nicht aber die generelle Unmenschlichkeit des Regimes.

Wenige Tage nach der Okkupation vertraut Waitz seinem Tagebuch Überlegungen zur bevorstehenden Anschluss-

Volksabstimmung an: »Ich werde bitten, nicht zur Abstimmung gehen zu müssen, werde so meine Erklärung abgeben. Ich will nicht gegen die Regierung stimmen, aber man soll es mir erlassen, zur Abstimmung zu gehen, weil das sehr schlecht ausgelegt werden würde. Ich werde eine Erklärung abgeben, dass ich dem Klerus Weisung geben werde, nach den bestehenden Gesetzen sich zu verhalten, nichts gegen die Regierung zu unternehmen, Ruhe und Frieden zu halten. Kirche macht nie Revolution, sie hat die Pflicht, Seelsorge zu üben, und zwar nach den Verhältnissen, die sie vorfindet. Wir betreiben weder 1. politischen Katholizismus noch 2. nationalsozialistischen Katholizismus. Wir haben die bisher bestehende Regierung unterstützt, weil sie die Kirche unterstützt. Zwischen Staat und Kirche muss ein freundliches Verhältnis bestehen, gegenseitiges Auskommen, einander nicht hinderlich zu sein, einander zu unterstützen. Wenn die Kirche auf die Leute Einfluss nimmt, dass sie gewissenhaft seien, davon hat die Regierung mehr als von politischer Agitation.«

Die Regierung, mit der die Priester Ruhe und Frieden halten sollten, hatte längst mit der Verfolgung Andersdenkender begonnen und Konzentrationslager errichtet. Zu den bestehenden Gesetzen, nach denen sich der Klerus verhalten sollte, gehörten seit 1935 die Nürnberger Rassengesetze. Vielleicht hat Sigismund Waitz seine Tagebucheintragungen mit dem Gedanken an eine Hausdurchsuchung verfasst. Doch Bedenken wegen des undemokratischen Charakters des NS-Regimes sind in den Überlegungen der österreichischen Bischöfe vor wie nach dem Anschluss nicht fassbar. Es ging ihnen offenbar nur um ihre eigenen Belange, um die Kirche. Erst der Druck eines zu keinerlei Entgegenkommen bereiten Regimes und die eigene Verfolgung öffneten ihnen die Augen. Alle österreichischen Bischöfe der Ständestaat-Ära waren noch von der Monarchie geprägte Männer, die meisten vor Ende des Ersten Weltkrieges inthronisiert. Die Ausrufung der Republik hatte den Zusammenbruch ihrer Welt bedeutet. Die wenigsten konnten sich mit den neuen politischen Verhältnissen anfreunden. Auch der Fürstbischof der Diözese Gurk Adam Hefter habe sich, schreibt Liebmann, »im Allgemeinen vom politischen Leben ferngehalten und, obwohl kein Freund der Republik, die politischen Gegebenheiten doch akzeptiert«, was immer man darunter verstehen mag. Dass auch seine Haltung gegenüber den Nationalsozialisten taktisch bestimmt war, ist in seinem Fall verständlich. Schon vor der jugoslawischen Besetzung des teilweise slowenisch besiedelten Südkärnten, vor dem »Abwehrkampf« und der Volksabstimmung von 1920, war das Klima in dem für deutschnationales Gedankengut besonders anfälligen Bundesland emotional aufgeheizt. Der im Februar 1915 inthronisierte Hefter habe sich »gegenüber der nationalsozialistischen Bewegung, die in dem Grenzland Kärnten erheblichen Zulauf fand, in jeder Hinsicht zurückgehalten, aber auch jede entschiedene Erklärung des österreichischen Episkopates zu dieser Frage abgelehnt, da er einen Massenaustritt aus der Kirche befürchtete«. Friedrich Heer meint, der gebürtige Deutsche Hefter habe dem Nationalsozialismus zeitweise näher gestanden als Innitzer.

Den Weihnachtshirtenbrief vom 21. Dezember 1933, mit dem die Bischöfe den antinationalsozialistischen Kurs der Regierung Dollfuß unterstützten, hat Hefter zwar mit beschlossen, aber im Verordnungsblatt der Diözese Gurk »aus pastoralen Gründen«, sprich: aus Rücksicht auf die vielen braunen Schäfchen in seiner Herde, nicht veröffentlicht. Hitlers »Steigbügelhalter« und außerordentlicher Gesandter in Wien Franz von Papen hat sich denn auch besonders um Hefter bemüht. Nach dem »Juliabkommen« wurde neben Innitzer vor allem Hefter verdächtigt, den Artikel in der »Reichspost« vom 23. Juli 1936 geschrieben zu haben, in dem ein österreichischer Kirchenfürst die Katholiken unverhohlen zum Engagement in der Nazibewegung aufforderte.

Am 11. Juli 1936 wurde Österreich von einem Knalleffekt erschüttert. Mit dem unter strengster Geheimhaltung vorbereiteten »Abkommen zur Normalisierung der deutsch-österreichischen Beziehungen« läutete genau 20 Monate vor dem 11. März 1938 das Sterbeglöcklein Österreichs. In den geheimen Durchführungsbestimmungen verpflichtete sich Schuschnigg zu einer weitreichenden politischen Amnestie. (Die NSDAP mit allen ihren Gliederungen war in Österreich seit dem 20. Juni 1933 verboten.) Er versprach, Vertreter der »bisherigen so genannten Nationalen Opposition« an der politischen Willensbildung zu beteiligen. Die Folgen wurden schnell spürbar, auch in der Kultur. Da österreichische Filme wieder in Deutschland gezeigt werden sollten, stießen jüdische Schauspieler plötzlich auf eine Mauer der Ablehnung. Während der »Christliche Ständestaat« Schuschnigg vorwarf, den christlichen Ständestaat verraten zu haben, begrüßte der Kardinal im Namen der österreichischen Bischöfe, die mit ihren Gläubigen immer wieder »in heißen Gebeten um den Frieden im deutschen Volke zum Himmel« gefleht hätten, »mit aufrichtiger Freude und ehrlicher Genugtuung dieses Werk des Friedens«.
Am 23. Juli erschien in der »Reichspost« der Beitrag »Der 11. Juli von katholischer Warte – Von einem österreichischen Kirchenfürsten«. Dunkle Elemente der Linkspresse, behauptete der Autor, hätten aus selbstsüchtigen Interessen die Spannungen zwischen Deutschland und dem österreichischen Ständestaat geschürt. Die Linkspresse und die Presseorgane der deutschen Emigranten sehen »in dieser Versöhnung geradezu den Anfang vom Ende eines katholischen Österreichs« (wie Recht sie doch hatten). Im dreijährigen Kriegszustand zwischen Österreich und dem deutschen Reich seien bereits Tausende zum Protestantismus abgefallen, der die politischen Spannungen geschickt genützt habe, sich als die deutsche Form des Christentums darzustellen (womit der Anonymus tatsächlich nicht ganz dane-

ben lag) und der eigentliche Sieger dieser drei Jahre geblieben sei. Die jüdische Presse spiele auf empörende Weise das Österreichertum gegen das Deutschtum aus, »niemals wäre es dem wirklich bodenständigen Österreicher eingefallen, sich als Antipoden deutschen Wesens oder Träger einer antireichsdeutschen Außenpolitik zu betrachten«. Daran, dass in Deutschland weite Kreise dem Nationalsozialismus reserviert gegenüberstünden, sei dessen linksradikaler Flügel schuld, in den sich die Träger der früheren marxistischen Bewegung geflüchtet hätten. Es müsse noch einmal versucht werden, »die nationalsozialistische Bewegung in die religiöse Einstellung des Faschismus herüberzuziehen«, von Österreich müsse die Verchristlichung des Nationalsozialismus ausgehen, damit auch in Deutschland »jene Kreise, die aus dem Marxismus in die Bewegung hinübergeschwommen sind, zum Schweigen verurteilt werden, statt aus angeborenem Antiklerikalismus Kirchen, Christentum und Religion aus den Herzen der deutschen Jugend zu reißen«.
Dass man Innitzer oder Hefter für den Verfasser hielt, wirft ein Licht auf den Ruf, den sie bei den NS-Gegnern genossen. Dabei hatte Hefter Hitlers Gesandten Papen herzlich empfangen, während ihm Innitzer ein halbes Jahr lang jedes Gespräch verweigerte. Als sich der Kirchenfürst schließlich stellen musste, war es weder Innitzer noch Hefter, sondern Alois Hudal, dessen berühmt-berüchtigtes Buch »Die Grundlagen des Nationalsozialismus« dann im Herbst 1936 in Wien erschien. Hitler ließ dem Autor für das ihm gewidmete Exemplar herzlich danken. Bereits im Oktober 1934 hatte der Anima-Direktor Pius XI. in einer Privataudienz sein Vorhaben dargelegt. Als er den Arbeitstitel »Die geistigen Grundlagen des Nationalsozialismus« erwähnte, unterbrach ihn der Papst: »Da haben Sie den ersten Fehler gemacht. Von Geist kann man in dieser Bewegung nicht sprechen. Sie ist ein massiver Materialismus.«
Mit dem finstren Verdacht, die Nazis seien von Linksradi-

kalen unterwandert worden und diese Linksradikalen seien die eigentlichen Bösewichte des Regimes, stand Hudal nicht allein. Es war ein Verdacht ganz aus dem Geist des Ständestaates. Und es war ein Verdacht ganz im Geiste des umfassenden Sich-mit-den-Nazis-Arrangierens. Hudal schlug mit seinem Skandalartikel bloß in dieselbe Kerbe wie bereits Anfang Juli, ebenfalls in der »Reichspost«, eine »hohe kirchliche reichsdeutsche Stelle«. Der Kampf der Nationalsozialisten gegen die Kirche hatte zwischen April und Juli 1936 mit einer Welle von Sittlichkeitsprozessen gegen katholische Geistliche einen neuen Höhepunkt erreicht. Wie sollte, wie konnte sich da das klerikale Österreich mit ihnen arrangieren? Der Ausweg: Die Linken waren wieder einmal schuld. Sie und die Juden. Im Beitrag einer hohen kirchlichen reichsdeutschen Stelle wurden linksradikale sowie liberale Elemente in der NSDAP für die Prozesse verantwortlich gemacht. Linksradikale und Liberale: »Liberal wurde damals weithin mit jüdisch-liberal gleichgestellt«, lesen wir in Kurt Schuschniggs Rechtfertigungsbuch »Im Kampf gegen Hitler«. Die Juden hatten also selbst die Nazis unterwandert und stachelten sie gegen die Kirche auf. Dies war einer der abstoßendsten antisemitischen Ausfälle im Vorfeld des Anschlusses.

So riegelte sich Österreich jahrelang nach links ab und öffnete sich nach rechts. 1938 vertrieb der Pesthauch des Nationalsozialismus die Stickluft des Ständestaats. Äußerlich herrschte bis zuletzt eine absurde Normalität. Die Neujahrsnummer der »Neuen Freien Presse« kennzeichnet die Stimmung, welche die Zeitungen den ganzen Jänner und Februar hindurch verbreiteten: »Optimismus trotz alledem.« Nein, das alte Jahr habe »der Welt die heiß ersehnte Beruhigung nicht gebracht«. Bürgerkrieg in Spanien, die Welt sieht besorgt zu, wie die Japaner in China vordringen. Auch in Österreich spitzt sich die Lage zu, aber die Welt erfährt es nicht. Während sich die Illegalen klammheimlich auf Hitler freuen, freuen sich Wiens Zeitungen auf »Das Land des Lächelns« in der Staatsoper. Dem Land des Lächelns ist das Lächeln bereits vergangen. Trotzdem wird Shanghai wenige Monate später das rettende Ufer für Zehntausende österreichische Juden sein. Österreich, lesen wir, habe »im letzten Jahr seinen vorgezeichneten Weg unbeirrbar fortgesetzt, die Ruhe im Innern bewahrt, seine Verfassung fester verankert und die Aufbautätigkeit unverdrossen weitergeführt«. Die Österreicher sollten nichts erfahren, was ihre Wachsamkeit geweckt hätte. Ein Lehrstück für den Unterschied zwischen Demokratie und Diktatur. Schuschniggs Ständestaat war zwar das harmloseste Diktaturl Europas und wegen Hitler machten sogar der Moralist Karl Kraus und der Dichter Franz Werfel ihren Frieden mit diesem Diktaturl. Aber es verzichtete leichtfertig auf seine wichtigsten Reserven gegen Hitler.

Im Jänner veranstalten die Monarchisten im Einverständnis mit der Regierung Kundgebungen in ganz Österreich. Es kommt zu Störungen durch die Nazis, Raufereien, Hunderten Festnahmen. Das Nordlicht, das am 25. Jänner stundenlang den Himmel rot färbte, wurde wesentlich ausführlicher kommentiert. Es war etwas Neues. Von den Aktivitäten der Nazis konnte man dies nicht behaupten. Sie hatten den Obrigkeitsstaat längst unterwandert und ausgehöhlt. Doch die Zeitungen pflegen das Bild eines Landes friedfertiger, loyal hinter ihrer Regierung stehender Patrioten.

Die Konfrontation kommt überstürzt. Schuschniggs »Einladung« auf Hitlers Berghof ist eine Vorladung. Am vierten Jahrestag des 12. Februar 1934 – Hitler ist ein Meister solcher Nadelstiche – steht er ihm gegenüber. In den Morgenzeitungen alles, aber kein Wort über Berchtesgaden. Zu Mittag treffen sich bei Staatssekretär Karwinsky einige Herren zum Essen, um über die finanziellen Ansprüche des Hauses Habsburg zu sprechen. Plötzlich zieht der Chef des Bundespressedienstes, Minister Ludwig, seine Uhr und sagt: »Meine Herren, ich habe Ihnen eine wichtige Mitteilung zu machen. Zu der gleichen Stunde, da wir uns zu Tisch setzen, ist Schuschnigg bei Hitler. Die Nachricht war bisher streng geheim, aber nunmehr geht bereits das Kommuniqué darüber an die Abendblätter.« Die Herren, erzählte später einer von ihnen, seien einigermaßen überrascht gewesen und hätten Ludwig gefragt, was davon zu halten sei. Die Persönlichkeit des Kanzlers, meinte Ludwig, sei stark genug, um den Sieg über Hitler davonzutragen. Die starke Persönlichkeit kommt derweil in Berchtesgaden kaum zu Wort. Dass Hitler dem Kettenraucher die Zigaretten verbietet, erhöht den Druck. Mehrmals brüllt er »Keitel!« und schickt den Kanzler wie einen Schulbuben aus dem Raum. Er lässt den Feldmarschall sich hinsetzen und warten. Der Bluff wirkt.

Schuschnigg kommt gebrochen zurück. Das Ausmaß, in dem er den Nazis vertraute, ist und bleibt unbegreiflich. Offenbar hat er vor der Abreise dem Obernazi Seyß-Inquart und einem zweiten seine geheimste Strategie anvertraut und sich über den »Vertrauensbruch« gewundert, als sie alles brühwarm Hitler steckten. Nun bildet er nach Hitlers Diktat seine Regierung um und macht Seyß-Inquart zum Innenminister. Ebenso gut hätte er Hitler gleich um den Anschluss bitten können. Die »Neue Freie Presse« faselt von zwei »scharf umrissenen Persönlichkeiten«, in der »Reichspost« steht, alles berechtige zur Hoffnung, »dass Reichskanzler Hitler und Bundeskanzler Schuschnigg ... von Mann zu Mann einander näher gekommen sind.« Wieder wird wochenlang verniedlicht, geheim gehalten, die letzte Frist vertan. Als Hitlers Wehrmacht tatsächlich vor der Tür steht und in London und Paris (wo gerade Regierungskrise angesagt ist) niemand mit dem Schlauch in der Hand bereit steht, um Feuerwehr zu spielen, sind die Verantwortlichen sehr überrascht. Auf große Teile der Arbeiterschaft hätte sich Schuschnigg bis zuletzt stützen können. Sie stell-

te bis zum Einmarsch stets den Teil der Bevölkerung dar, von dem die illegale NSDAP im Verhältnis die wenigsten Mitglieder bezog.
Kardinal Innitzer, der 12. März 1938, die Wochen und Monate danach: Der Grazer Kirchenhistoriker und langjährige Vorstand des Instituts für Kirchengeschichte Maximilian Liebmann hat diese tragische Geschichte an Hand der historischen Quellen minutiös nachgezeichnet.
Mit seinem Eintreten für die »Dollfuß-Straße« und den Ständestaat lag der Kardinal auf der Linie des Vatikans. Mit seiner weichen Linie gegenüber den Nazis nicht. Als Hitler in Österreich einmarschierte, hatten Papst Pius XI. und Kardinalstaatssekretär Pacelli längst keine Illusionen über Hitler mehr, sollten sie je welche gehabt haben. Offenbar machte man sich im Vatikan größere Sorgen um Österreich als im Bundeskanzleramt. Als im Juli 1936 Österreichs Gesandter beim Vatikan Pius XI. beruhigen wollte, unterbrach ihn der Papst: »Ich habe Angst!« Der Kardinalstaatssekretär versuchte sogar, Frankreich zur Unterstützung Österreichs zu bewegen. Nach dem Erscheinen der Enzyklika »Mit brennender Sorge« im März 1937 äußerten sowohl Pius XI. als auch Pacelli immer öfter die Befürchtung, »dass Österreich das erste Opfer des nationalsozialistischen Imperialismus sein werde« und Blutvergießen der Preis seiner Unabhängigkeit sein könnte. Wien beschwerte sich beim Heiligen Stuhl »ob dortiger allzu pessimistischer Äußerungen«.
Auch der Kardinal war weit entfernt von moralischer Zustimmung zum Nationalsozialismus. Aber Illusionen hatte er eben doch. Noch. Und es gab eine gewisse diffuse Affinität. Wie Schuschnigg glaubte er, mit Hitler reden und zu Abmachungen kommen zu können. Weil er Hitler nicht in seiner vollen Skrupellosigkeit und den Nationalsozialismus nicht in seiner vollen Unmenschlichkeit durchschaute, meinte er, man könne friedlich zusammenleben. In seinem Verhalten im Jahre 1938 mischte sich unentwirrbar das

nüchterne Bestreben, möglichst gute Bedingungen für die Kirche herauszuholen, mit der deutschnationalen Emotion, die von der sudetendeutschen Abkunft des Kardinals herrührte. Zu einer gewissen Deutschtümelei hatte er immer schon geneigt. Vor allem aber machten gerade jene Eigenschaften, die dem Seelenhirten so zugute kamen, Innitzer für alles Politische völlig ungeeignet: seine Naivität, seine Vertrauensseligkeit, seine Spontanität, die Neigung, zuerst zu handeln und erst dann zu denken – und die von mehreren, die ihn kannten, erwähnte Oberflächlichkeit seines Denkens. Er war geradezu prädestiniert, von Typen wie Hitler und Gauleiter Bürckel (»Bierleiter Gaukel«) übertölpelt zu werden. Er war zu diesem Zeitpunkt der klassische falsche Mann zur falschen Zeit am falschen Platz.

Als Hitler am 14. März an Schönbrunn vorbei in Wien einfuhr, läuteten die Glocken. Die Brückenbauer hatten von Innitzer eine politische Tat im neuen Geiste verlangt. Für den nächsten Morgen um 10 Uhr fädelte Botschafter Papen den »Höflichkeitsbesuch« des Kardinals bei Hitler im Hotel Imperial ein. Innitzer war in Begleitung seines Sekretärs Jakob Weinbacher und eines Geistlichen namens Johann Jauner-Schrofenegg aus dem engeren Kreis der Brückenbauer. Er wurde bei der Ankunft wie auch beim Verlassen des Hotels beschimpft und bespuckt. Zeuge des Gesprächs mit Hitler war nur Jauner, der sofort nach der Rückkehr in die Rotenturmstraße ein Gedächtnisprotokoll verfasste. Es enthält leider nur die Äußerungen Hitlers und nicht die des Kardinals. Hitlers Kernsätze: Wenn sich die Kirche restlos hinter den Staat stelle und auf ihr eigenes Gebiet beschränke, werde sie ihr Vertrauen nicht zu bereuen haben. »An dieses Wort«, schreibt Liebmann, »klammerten sich der Kardinal, die Bischöfe und die österreichische Kirche viel fester, als es ihnen guttat.«

In der Freude über Hitlers vage Zusicherung und unter dem Einfluss der Brückenbauer entstand eine Pastoralanweisung, in der davon die Rede war, Gott zu geben, was Gottes, und dem Staate, was des Staates sei. Es war aber auch die Rede vom weltgeschichtlichen Kampf des Führers gegen den verbrecherischen Wahn des Bolschewismus, von der Macht und Ehre des Reiches und vom offenkundigen Segen der Vorsehung. Sie entfesselte im Ausland einen Sturm der Entrüstung, wurde aber im Inland nicht publiziert. Gauleiter Bürckel wollte keine Pastoralanweisung, sondern eine propagandistisch verwertbare Äußerung zur Volksabstimmung über den Anschluss, die im ganzen Deutschen Reich stattfinden sollte.

Bürckels Taktik waren die sechs regierenden Erzbischöfe und Bischöfe (Weihbischöfe waren noch nicht Mitglieder der Bischofskonferenz) mit dem Kardinal an der Spitze nicht gewachsen. Diese Taktik war brutal, raffiniert, wirkungsvoll. Sie war eine Mischung von Täuschung und Zwang. Das grundsätzliche Vertrauen der Bischöfe war einkalkuliert. Einerseits ermutigte sie der Gauleiter, ihre Wünsche sowie die Beschwerden über Gewaltakte, Verhaftungen und Übergriffe gegen Einrichtungen der Kirche, die längst eingesetzt hatten, auszusprechen. Er stellte Gespräche über alle Probleme in Aussicht und ließ sein Wohlwollen durchblicken. Je mehr sich die Nazis zuschulden kommen ließen, desto länger wurde auch die Beschwerdeliste der Bischöfe. Desto schwerer fiel es ihnen aber auch, da sie doch so viel von Bürckel wollten, ihm die kleine Vorleistung zu verweigern, die er forderte. Den Beitrag der Kirche zum Erfolg der Volksabstimmung am 10. April.

Bürckel leitete den Bischöfen einen Entwurf zu, kündigte seine Teilnahme an einer Bischofskonferenz am 18. März an und ließ die versammelten Hirten im Glauben, mit ihm über die Endfassung des Textes verhandeln zu können. In der Einleitung zum Entwurf war denn auch von einer Unterredung der Bischöfe mit dem Gauleiter die Rede. Statt des Vielbeschäftigten erschienen aber dessen Mitarbeiter, die sich die Klagen der Bischöfe anhörten, wieder ein längeres Gespräch mit dem Gauleiter in Aussicht stellten und die von den Bischöfen umformulierte Erklärung entgegennahmen. Die Bischöfe hofften, »diese brisante Angelegenheit einigermaßen gemeistert« zu haben, nicht ahnend, dass Bürckels eigentlicher Coup gerade bevorstand.

Er war, selbstverständlich, mit der Umredigierung seines Textes nicht einverstanden. Seine Mitarbeiter kehrten zu den Bischöfen zurück. Ihr Sprecher Klaus Selzner erklärte, »Bürckel meine es sehr ehrlich und sei bereit, über die vorgebrachten Beschwerden der Bischöfe nach dem Abstimmungstag mit ihnen im Detail zu unterhandeln. Mit der Erklärung aber, die sie ihm hätten zukommen lassen, könne er nicht einverstanden sein; schließlich habe er an der Besprechung überhaupt nicht teilgenommen, was aber in der Einleitung derselben zu lesen sei. Darauf zog Selzner eine neue Erklärung aus der Tasche, verlas sie und stellte fest, dass eine Änderung unmöglich sei, Bürckel habe es nämlich sehr eilig, er sei beim Abflug nach Berlin zum Reichstag. Die Bischöfe sollten die Erklärung unterschreiben und am übernächsten Tag (20. März) in den Domkirchen und am Sonntag darauf (27. März) in allen Seelsorgestationen Österreichs verlesen lassen. Da sie diese Erklärung nur für die innerkirchliche Verkündigung in Österreich im Auge hatten, bei der sie ... ohnehin noch das letzte Wort hatten ... kamen sie dem Verlangen nach Unterzeichnung des ›Bürckel-Oktroi‹, der so genannten ›Feierlichen Erklärung‹, nach und unterschrieben.«

Was in den Kirchen verlesen wurde, war für den Gauleiter aber von zweitrangiger Bedeutung. Dafür prangte die Feierliche Erklärung mit den faksimilierten Unterschriften von Lübeck bis Radkersburg an den Plakatsäulen und wurde als Flugblatt in Millionen Exemplaren verteilt. Die Bischöfe erkannten darin »aus innerster Überzeugung und mit freiem Willen ... freudig an, dass die nationalsozialistische Bewegung auf dem Gebiet des völkischen und wirtschaftlichen Aufbaues sowie der Sozialpolitik für das Deutsche Reich und Volk und namentlich für die ärmsten Schichten des Volkes Hervorragendes geleistet hat und leistet«. Die nationalsozialistische Bewegung habe »die Gefahr des alles zerstörenden gottlosen Bolschewismus abgewehrt«. Die Bischöfe »begleiten dieses Wirken mit ihren besten Segenswünschen und werden auch die Gläubigen in diesem Sinne ermahnen«. Am Tage der Volksabstimmung sei es »für uns Bischöfe selbstverständliche nationale Pflicht, uns als Deutsche zum Deutschen Reich zu bekennen«.

Obwohl die Bischöfe der ganzen Angelegenheit zunächst noch keine allzu große Bedeutung beimaßen, äußerte der Kardinal nach der Unterzeichnung noch am selben Nachmittag gegenüber Bürckels zeitweiligem Mitarbeiter Josef Himmelreich, einem katholischen Nazi, den er zum Kaffee eingeladen hatte, dezidiert den Wunsch nach Änderung oder Ergänzung, »was Himmelreich fast die Sprache verschlug«. Er tat es wahrscheinlich auf Veranlassung von Nuntius Cicognani, der sofort erkannte, dass die Erklärung »schlimm wirken« werde und »ernste Vorstellungen« machte. Nun versuchten Innitzer und Waitz dem Gauleiter wenigstens ein Vorwort zur Feierlichen Erklärung abzuringen, in dem zumindest ein Nebensatz wie »unbeschadet der Rechte Gottes und der Rechte der Kirche« oder »unter Wahrung der göttlichen und kirchlichen Autoriät« vorkommen sollte. Bürckel verhielt sich beim Besuch der Oberhirten im Parlamentsgebäude, nun »Gauhaus«, verdächtig freundlich. Alles, was die Bischöfe am 21. März erreichten, war folgendes Vorwort:

»Nach eingehenden Beratungen haben wir Bischöfe von Österreich angesichts der großen geschichtlichen Stunden, die Österreichs Volk erlebt, und im Bewusstsein, dass in unseren Tagen die tausendjährige Sehnsucht unseres Volkes nach Einigung in einem großen Reich der Deutschen ihre

Erfüllung findet, uns entschlossen, nachfolgenden Aufruf an alle unsere Gläubigen zu richten. Wir können das umso unbesorgter tun, als uns der Beauftragte des Führers für die Volksabstimmung in Österreich, Gauleiter Bürckel, die aufrichtige Linie seiner Politik bekannt gab, die unter dem Motto stehen soll: Gebet Gott, was Gottes ist, und dem Kaiser, was des Kaisers ist.«

Selbst dafür wurde eine Gegenleistung gefordert. Der Kardinal sollte in sein kleines Begleitbrieflein zur Feierlichen Erklärung vom 18. März doch nachträglich den im ganzen Deutschen Reich üblichen, den offiziellen, den amtlichen, den schließlich selbstverständlichen Gruß einfügen. Der Kardinal fügte also handschriftlich ein: »und Heil Hitler!« Auf einem etwas späteren Brief schrieb er es gleich ganz von selber. Das erste »und Heil Hitler!« aber wurde faksimiliert und prangte im ganzen Deutschen Reich auf den Plakaten mit der Feierlichen Erklärung.

Halb zog es sie, halb sanken sie hin. Allzu weit von dem, was die Bischöfe auch aus freien Stücken erklärt hätten, war der Text auf den Plakaten nicht. Doch die Gegenleistung ließ auf sich warten. In der Hoffnung auf diese Gegenleistung, blauäugig den Zusicherungen vertrauend, manövrierte sich Kardinal Innitzer sodann in den Konflikt mit dem Vatikan hinein.

Der Papst und der Kardinalstaatssekretär hatten das Spiel, das Hitler und Bürckel mit Innitzer trieben, längst durchschaut und waren mit seiner Gefügigkeit ganz und gar nicht einverstanden. Er wurde aufgefordert, sich schleunigst in Rom einzufinden. Bürckels Hinhaltetaktik erreichte ihren Höhepunkt. Er kündigte dem Kardinal an, er werde Gelegenheit zu einem zweiten Zusammentreffen mit Hitler haben, bei dem alle Probleme offen ausgesprochen werden sollten. Innitzer setzte in seiner unseligen Vertrauensseligkeit in dieses Gespräch so große Hoffnungen und wurde von den NS-Dienststellen so unter Druck gesetzt, dass er die Reise nach Rom zweimal zu- und wieder absagte und sich dabei fast mit dem Vatikan überwarf. Erst der ultimative Reisebefehl zwang ihn, nach einem grotesken Hin und Her buchstäblich in letzter Minute den Zug nach Rom zu besteigen. Gegen 19 Uhr kam der Nazi-Emissär Himmelreich mit der »freudigen Botschaft« eines baldigen Gesprächs mit dem »Führer«, Innitzer solle unbedingt in Wien bleiben. Etwa um 20 Uhr ließ der nach Wien gereiste päpstliche Nuntius in Berlin einen Begleiter des Kardinals wissen, dieser riskiere, im »Osservatore Romano« die Mitteilung von seiner Suspendierung zu lesen. Gegen 20 Uhr teilte ein Polizeibeamter Innitzers Sekretär Weinbacher mit, der Kardinal könnte an der Grenze Schwierigkeiten bekommen. Um 21.50 Uhr stürzte der Stationsvorsteher in das Abteil des Kardinals, Gauleiter Bürckel sei am Telefon und wünsche den Kardinal zu sprechen. Bürckel wollte ihn mit allen Mitteln zum Bleiben veranlassen, doch diesmal hielt Innitzer stand. Während sich der Zug in Bewegung setzte, meinte er lächelnd, zum ersten Mal in seinem Leben habe ein Schnellzug auf ihn warten müssen.

Innitzer unterschrieb am 6. April 1938 im Vorzimmer des Papstes einen von Kardinalstaatssekretär Pacelli entworfenen Text, der sofort im »Osservatore Romano« veröffentlicht wurde. Mit ihrer Feierlichen Erklärung vom 18. März hätten die Bischöfe keine Billigung dessen ausgesprochen, was mit dem Gesetz Gottes und der Freiheit und den Rechten der Kirche unvereinbar sei, sie binde nicht das Gewissen der Gläubigen und dürfe nicht propagandistisch verwertet werden. Für die Zukunft beharrten sie auf dem Konkordat, vor allem im Schul- und Erziehungswesen. Hitler zog daraufhin in einem zweiten Gespräch mit Innitzer alle Zusagen zurück. Pacelli hatte Innitzer wissen lassen, es gebe in der Geschichte der Kirche keine beschämendere Episode als die Feierliche Erklärung der österreichischen Bischöfe.

Noch im Herbst 1938 kommt es zur offenen Konfrontation. Den Anlass bildet eine schon oft geschilderte Sympathiekundgebung katholischer Jugend im Stephansdom und auf dem Stephansplatz. Am nächsten Abend verwüstet Hitlerjugend das Erzbischöfliche Palais und wirft einen Kaplan aus dem Fenster. Innitzer muss sich verstecken. Wenige Tage später, am 13. Oktober, hält Gauleiter Bürckel auf dem Heldenplatz vor 200000 Menschen betrunken eine beispiellose Hetzrede gegen Kirche und Judentum. Auf Spruchbändern steht: »Pfaffen an den Galgen« oder »Ohne Juden, ohne Rom wird erbauet Deutschlands Dom.« Sprechchöre werden gebrüllt: »Innitzer und Jud, eine Brut« und »Zwei, drei, vier, Innitzer, krepier.«

Viktor Reimann war Augenzeuge auf dem Heldenplatz. In seiner Innitzer-Biografie steht über die Nazikundgebung ein Satz, den man zweimal lesen muss, um seinen Augen zu trauen: »Wiens antiklerikale Heerschar, bestehend aus Nationalsozialisten, Sozialdemokraten, Kommunisten und Freimaurern, feierte den größten Triumph ihrer Geschichte.« Reimann war wirklich zum Mitbegründer des Nazi- und Neonazi-Sammelbeckens VdU berufen. Doch in seinen paranoiden Unterstellungen klingt die hohe kirchliche Stelle nach, die 1936 die Nazis von linksradikalen und liberalen, sprich: jüdischen Elementen unterwandert sah, klingt Gruscha nach, für den alle Kinder des Teufels Freimaurer waren.

An diesem 13. Oktober 1938 war es mit der Hoffnung auf eine friedliche Koexistenz zwischen NS-Staat und katholischer Kirche längst vorbei. Sie hatte sich den Nazis aber nie so angeschmissen, wie es die evangelische Kirche nun tat. Am selben 13. Oktober schrieb der Präsident des Evangelischen Oberkirchenrates A. und H.B. in Wien Robert Kauer einen Anbiederungsbrief »an den Reichskommissar, den Reichsstatthalter, die Gauleiter und den Bürgermeister von Wien«. Er schloss mit einem Bekenntnis »zur Abwehr jüdischen Geistes, wie er auch aus den eben erlebten Exzessen des Katholizismus sprach«.

Doch nicht die Kirche hatte mit dem Nationalsozialismus gebrochen. Eine vom Staat als »katholischer Exzess« gewertete Solidaritätskundgebung der katholischen Jugend war vom Regime als Vorwand benützt worden, auf einen so rüden Konfrontationskurs zu gehen, dass sich jeder weitere Brückenbau erübrigte. Hitler verstieß die Kirche, die auf einem Minimum von Rechten beharrte. Damit stand Theodor Innitzer vor dem Scherbenhaufen seiner Versuche, sich ohne völlige Selbstaufgabe anzupassen.
In den folgenden Monaten verfolgte er eine härtere Linie gegenüber den Nationalsozialisten als die meisten Bischöfe. Am 2. Juli 1939 wurde er bei einer Visitation in Königsbrunn mit Steinen und faulen Eiern beworfen. Schon im Februar 1936 hatte er erklärt, dass »wir ... in einer Zeit ... in der den Juden das elementare Lebensrecht abgesprochen wird ... diese Auffassungen nicht nur nicht teilen, sondern sie so niedrig hängen, wie sie es verdienen. Möge sich ein Strom des Segens ergießen über die Angehörigen des Judentums, die guten Willens sind.« Nun wurde der »Nazifreund« unter den deutschen Kardinälen zum für die Juden hilfreichsten Bischof. Innitzer wurde zum rechten Mann zur rechten Zeit am rechten Platz. Die Erzbischöfliche Hilfsstelle für nichtarische Katholiken verhalf vielen, die für die Kirche Katholiken und für die Nazis Juden waren, zur Auswanderung. Der Kardinal nahm dabei ein großes persönliches Risiko auf sich: »Mehr als erschlagen können sie mich ja nicht.« Dass man ihm nicht mehr nahe treten würde, konnte er nicht wissen. Er sammelte unermüdlich Geldmittel ein, fallweise auf Pump, wobei er persönlich bürgte. Während ein Polizeibeamter in seinem Vorzimmer saß, wurden Juden und Frauen von KZ-Häftlingen über eine Hintertreppe in sein Zimmer geführt. Nach der Einführung des Judensterns ließ er die Pfarren wissen, Christen mit Judenstern dürften an den Gottesdiensten teilnehmen. Die Hilfsstelle konnte unter den Augen der Gestapo bis Kriegs-

ende arbeiten. Diese Lebensleistung Theodor Innitzers konnte nur zum Teil rekonstruiert werden, er selbst hat davon kein Aufhebens gemacht.
Wien 1945. Tausende strömen täglich in die Luftschutzkeller der Innenstadt. Sie wurde noch nie bombardiert. Nun werden am 12. März bei einem einzigen amerikanischen Luftangriff die Staatsoper, die Albertina, das Kanzleramt, der Heinrichs- und der Philipphof (an dessen Stelle heute Alfred Hrdlickas antifaschistisches Denkmal steht), das Parlament, Teile der Kärntner Straße und etliches mehr, darunter ein Trakt des Erzbischöflichen Palais, ganz oder teilweise zerstört. Der Angriff hatte, wie nach dem Krieg nicht sehr glaubwürdig erklärt wurde, mit dem 12. März 1938 nichts zu tun. Wenige Wochen später steht die »Ostfront« am Donaukanal. Der erste Bezirk ist bereits von der Roten Armee eingenommen, während die deutsche Wehrmacht den zweiten Bezirk noch tagelang hält. Mehrere Gebäude auf dem Stephansplatz werden in Brand geschossen. Funkenflug setzt Dachsparren der Stephanskirche, die seit dem 12. März frei liegen, in Brand. Da es kein Wasser gibt, bleiben die verzweifelten Versuche, den Entstehungsbrand einzudämmen, vergeblich. Das Feuer erfasst den gesamten gotischen Dachstuhl, die brennenden Trümmer durchschlagen die Gewölbe. Nur Türme, Mauern und Pfeiler überstehen die Katastrophe. Die Pummerin schmilzt und stürzt in die Tiefe.
1945 ist Versöhnung angesagt, wo immer sie möglich erscheint. Bald wird sie weit übers Ziel schießen. Die Festschrift zum 70. Geburtstag Theodor Innitzers im Dezember 1945 bietet kleine Meisterwerke damaliger Umschreibungskunst. »Das Jahr 1934«, lesen wir, »schuf schließlich eine Situation, für die es in der österreichischen Geschichte kein Vorbild gegeben hatte. Sie ließ mehrere Deutungen zu und die Gegner suchten bedenkenlos ein Höchstmaß an Kritik auf den kirchlichen Sektor des öffentlichen Lebens zu laden. Zudem hämmerten unbarmherzige Feinde von außen

und innen gegen die Grundfesten des Staates, der sich nun einmal als bewusst christliche Gemeinschaft deklariert hatte. Man muss rückblickend diese innen- und außenpolitische Situation Österreichs zwischen 1934 und 1938 immer wieder kühl überdenken, um zu einem gerechten Urteil auch über die Haltung der kirchlichen Führung in Stadt und Land, zumal des Wortführers der österreichischen Bischöfe, eben Dr. Theodor Innitzers, zu gelangen. Man sollte sich aber dabei hüten, etwa leichtfertig und vorschnell aus rein politischer Perspektive zu urteilen.«

Das Jahr 1938 betreffend müsse man »billigerweise bedenken, dass der Erzbischof wohl jeweils mit bestimmten gegebenen politischen Möglichkeiten rechnen musste, dass aber der Radius seiner Verantwortung weit darüber hinausreichte und Gebiete umfasste, die zu schützen ihm heiligste Pflicht war und für die äußerstenfalls selbst gewiss sehr schmerzliche Zugeständnisse gewagt werden mussten. So viel zu einem Thema, das man besser erst späteren Generationen zur endgültigen Beurteilung überlassen sollte.«

Die letzten zehn Lebensjahre des Kardinals verliefen ruhig. Sie waren seinem wichtigsten Anliegen, dem Wiederaufbau der Seelsorge, sowie der Fürsorge für die Armen, deren es nun genug gab, und der Beseitigung der Kriegsfolgen in den Pfarren gewidmet. Die Wiedereröffnung des Doms 1952 sowie der Österreichische Katholikentag im selben Jahr und der Guss der neuen Pummerin waren die herausragenden Ereignisse. Als Innitzer 1952 als Päpstlicher Legat für den Katholikentag auf dem Südbahnhof von der Regierung und vom Episkopat empfangen wurde, sagte er zu Bundespräsident Körner: »Es ist doch seltsam, Herr Präsident – der Rote kommt schwarz, und der Schwarze rot!«

Der Katholikentag brachte auch das Mariazeller Manifest, das die Identifizierung der Kirche mit einer politischen Partei beendete. Der Weg, den der Nachfolger so konsequent beschreiten sollte, war vorgezeichnet.

Ehrfurcht, Toleranz, Friedensliebe und Solidarität

Franz König
*1905; Erzbischof 1956–1985,
Kardinal seit 1958.

Wahlspruch: Veritati in caritate –
Der Wahrheit in Liebe

Der Erzbischof im Ruhestand schuldet nur noch Gott und seinem Gewissen Rechenschaft. Niemand kann ihm verbieten zu sagen, was er sagen will. Diese Chance wird freilich nur in Ausnahmefällen genützt. Kardinal Franz König ist so eine Ausnahme. Österreichs Kirche wäre viel erspart geblieben, säße er noch im Erzbischöflichen Palais.

Andererseits wurde Kardinal König erst im Ruhestand, von den Zwängen der Hierarchie befreit, ganz und gar derjenige, der er heute ist: eine überparteiliche und überkonfessionelle Autorität, eine unangefochtene moralische Instanz über allen politischen Lagern.

Eine herausragende Persönlichkeit der österreichischen Kirchengeschichte und der bedeutendste Wiener Erzbischof des 20. Jahrhunderts, wahrscheinlich aller Zeiten, war er schon vorher. Aber er galt auch als distanzierter, zurückhaltender, jeden Satz abwägender Mann. Insider waren sich uneins, ob er seine Worte aus Vorsicht oder aus natürlicher Zurückhaltung so bedachtsam setzte. Doch mit den Jahren wurde er immer freier und der erste Besuch von Papst Johannes Paul II. in Wien bedeutete eine Zäsur.

Der ehemalige Generalvikar Helmut Schüller erinnert sich an eine aufschlussreiche Episode. Kurz nach dem Papstbesuch unternimmt der Priesterrat der Erzdiözese Wien 1983 mit der Bahn eine gemeinsame Reise nach Matrei am Brenner. Auf der Fahrt wirkt der sonst so distanzierte, introvertierte Kardinal für seine Verhältnisse geradezu ausgelassen. Gut gelaunt geht er von Abteil zu Abteil, unterhält sich mit allen, gibt, was vorher bei ihm geradezu undenkbar gewesen wäre, dem einen oder anderen im Gespräch einen freundlichen Schubs, er wirkt befreit von einer schweren Last. Franz König dürfte während des Papstbesuches unter einer ungeheuren Anspannung gestanden sein. Doch kein Misston, keine Panne hatte das Ereignis, das den Höhepunkt in der Laufbahn des Kardinals darstellte, beeinträchtigt.

Er zweifelte oft an sich selbst. In Gesprächen erwähnte er oft das Gefühl, einer Aufgabe nicht hundertprozentig gewachsen zu sein. Während des Papstbesuches hatte er eine Welle von Sympathie zu spüren bekommen, sodass er sich seiner Beliebtheit in Wien und damit seines Lebenserfolges als Oberhirte vielleicht erst jetzt so richtig bewusst wurde. Der klassische Volksbischof war er ja nie gewesen: zu ernst, zu scheu, zu spröde. Obwohl er mit jedem reden konnte. Zugleich neigte sich seine Laufbahn dem Ende zu. Nachdem sich König völlig auf das Gelingen des Papstbesuches konzentriert hatte, wurde nun der Austritt aus der Hierarchie und der Eintritt in eine neue Freiheit greifbare Wirklichkeit. Gelöst fuhr der Kardinal also nach Südtirol.

Im Ruhestand sagte er nun immer wieder Sätze, die ihm im Amt nicht so leicht über die Lippen gekommen wären. Zum Beispiel auf eine Frage nach dem neuen Kirchenrecht, das die Kollegialität zurückgedrängt habe: »Hier zeigt sich sicher ein sehr starker römischer Zug im Kirchenrecht. Aber das Kirchenrecht ist kein Evangelium.«

Über die Bischofsernennungen: »Bischofsernennungen können nur von zwei Seiten erfolgen: unter Mitwirkung der Diözese und des Vatikan, nicht nur vom Vatikan allein. Das war eigentlich immer so ...«

Über die Aufgabe der Bischöfe: Bischöfe seien »nicht dazu da, wie manche behaupten, um die Instruktionen des Papstes auszuführen«.

Über Geburtenkontrolle: »Da gibt es individuelle Probleme, die muss das eigene Gewissen entscheiden.«

Über die Priesterweihe für Frauen: »Das ist vom Papst abgelehnt worden. Aber bitte, das Leben geht weiter. Eine weitere Entwicklung ist eigentlich nicht ausgeschlossen.«

Über Sakramente für Geschiedene: »Bei allem Festhalten an der kirchlich geschlossenen Ehe gibt es Gewissensfälle, wo nur der einzelne Seelsorger regelnd eingreifen und Hilfe leisten kann.«

Über den Zölibat: »Die Möglichkeit, in der lateinischen Kirche diese Verpflichtung wieder aufzuheben, ist grundsätzlich sicher gegeben. Persönlich bin ich der Meinung, dass die Aufhebung der Zölibatsverpflichtung keine Wunder bewirken würde.«
Anlässlich seines 90. Geburtstages schrieb die Historikerin Erika Weinzierl: »Ich kenne Kardinal König seit Jahrzehnten, ich bewundere ihn außerordentlich. Er ist ein Mann von höchstem Intellekt, zugleich aber auch von großer Humanität ... zur Zeit des Konzils ist er in einer amerikanischen Publikation zu jenen zwölf Männern gezählt worden, die ›das Konzil gemacht haben‹. Ganz besonders hat er sich im Konzil für die Ökumene und gegen die Aufrechterhaltung der Diskriminierung der Juden in der Kirche eingesetzt. Dafür ist er stets auch in Österreich eingetreten. König vereinigt mit den schon genannten Eigenschaften eine stete Lernbereitschaft und eine mit dem Alter noch zunehmende Toleranz. Er ist ein Wissenschafter von höchsten Graden. Er beherrscht eine große Zahl von Sprachen und ist dennoch in der Lage, so zu den Menschen zu sprechen, dass ihn alle verstehen, auch über Kirchen und Glaubensgrenzen hinaus. König wird als die höchste moralische Instanz angesehen.«
Und der sozialdemokratische Präsident des Österreichischen Nationalrats Heinz Fischer meinte: »Dass sein Wort auch heute noch – und gerade heute noch – so großes Gewicht hat, ist eine Gnade für Kardinal König und ein Glück für unser Land. Seine Bescheidenheit und seine Fähigkeit zum richtigen Wort zur richtigen Zeit sind sprichwörtlich. Und wenn ich noch etwas Persönliches hinzufügen darf: Seit meine Familie und ich ihm zu seinem 80. Geburtstag mit einer Ansichtskarte von einer Bergtour in den Schladminger Tauern gratuliert haben und er in so freundschaftlicher und unkomplizierter Weise zurückgeschrieben hat und seit ich gesehen habe, wie gut er auch mit Kindern umgehen

und komplizierte Dinge erklären kann, ist eine große menschliche Sympathie für den Kardinal zu der allgemeinen Verehrung hinzugekommen. Dass sein Beitrag zu einem sachgerechten Verhältnis zwischen Kirche und Sozialdemokratie ein historischer und sein Blick für Entwicklungen in Osteuropa und in der Ostkirche ein besonders scharfer ist, muss nicht noch speziell unterstrichen und betont werden, sondern ist Bestandteil unserer Geschichtsbücher.«

Österreichs viel gelobte, aber auch geschmähte Konsensdemokratie ist Geschichte. Wahrscheinlich wird man sie in Zukunft mehr zu schätzen wissen als zu ihren Lebzeiten. Sie hat 55 Jahre lang durchgehalten: eine Leistung, für die es wenige Beispiele gibt. Je weiter sie in der Vergangenheit entschwindet, desto deutlicher wird das Land erkennen, was es an ihr gehabt hat. Zwar wurde sie vordergründig gern mit der Sozialpartnerschaft gleichgesetzt, aber die Basis der Sozialpartnerschaft war der zwar mühsam, aber doch gelebte Ausgleich zwischen den Bürgerkriegsgegnern von 1934.

Der äußere Druck, unter dem in der Besatzungszeit von 1945 bis 1955 die großen Koalitionen entstanden, war dabei ein Segen. Im engen Clinch konnten die einstigen Feinde einander nicht an die Gurgel fahren. Alle vier Jahre wurde in den Wahlkämpfen der Dampf von 1927, von 1933, von 1934 abgelassen. Im Vergleich mit den Wahlkämpfen der Nachkriegszeit muten die heutigen geradezu wie ein Austausch von Streicheleinheiten an – trotz dem viel zitierten Erlebnis der Lagerstraße im KZ, das ohnehin nur ein eher kleiner Teil der Politiker verschiedener Couleur miteinander geteilt hatte. Mit dem Staatsvertrag von 1955 waren die Besatzungstruppen und damit der äußere Druck weg. Als die Zwangsehepartner nach weiteren zehn Jahren 1965 ihre Fesseln lösten und die ÖVP die erste Alleinregierung der Zweiten Republik bildete, fürchtete kein »Roter« mehr, die »Schwarzen« könnten noch einmal nach der ganzen Macht

im Staate greifen. Konsensdemokratie und Sozialpartnerschaft hielten weitere 35 Jahre bis an die Schwelle des Jahres 2000: trotz aller negativen Begleiterscheinungen, Stichwort: Filz, eine einmalige Erfolgsgeschichte.
Welche entscheidende Rolle dabei die Aussöhnung zwischen der katholischen Kirche und der Sozialdemokratie gespielt hat, erkennt man heute wahrscheinlich deshalb so schwer, weil auch die ideologische Befriedung von den führenden Exponenten der Lager mit solcher Selbstverständlichkeit vorgelebt wurde. Dasselbe gilt für die Rolle Kardinal Königs in diesem Aussöhnungsprozess. Im Rückblick sieht das allerdings alles viel leichter aus, als es war. Papst Pius XII. hatte noch beschlossen, Österreich bekomme keinen Kardinal, solange das vor dem Zweiten Weltkrieg geschlossene Konkordat nicht erneuert werde. Eine der ersten Verfügungen Johannes' XXIII. war sodann die Erhebung Franz Königs zum Kardinal. König: »Johannes XXIII. hat mir gesagt: Ich mach es umgekehrt, ich ernenne den Erzbischof zuerst zum Kardinal, dann geht das andere auch leichter. Und so war es!«
König war dabei aber nicht das passive Objekt taktischer Überlegungen an höchster Stelle, sondern wurde unter dem Roncalli-Papst schnell zum Akteur. Dabei hatte er auch sehr viel Glück. Er kam als der richtige Mann zur richtigen Zeit an den richtigen Ort. Als richtiger Mann: hochintelligent, hochgebildet, vielsprachig, von einer natürlichen Vornehmheit, dabei umgänglich, sehr gerade und prinzipientreu, trotzdem offen und tolerant und ein begnadeter Diplomat.
Zur richtigen Zeit: Der Kalte Krieg stand zwar noch in seiner giftigen Blüte, aber Stalin war tot. Das Feld war für eine vorsichtige Annäherung bereitet. Für den Abbau gefährlicher Spannungen ohne Preisgabe von Standpunkten. Die Ära Pius' XII. mit ihren scharfen Abgrenzungen und der daraus resultierenden Dialogverweigerung neigte sich dem

Ende zu. Mit Johannes XXIII. begann eine Phase der Öffnung und der Gespräche. In den sechziger Jahren fielen einem Kardinal mit Königs Qualifikationen und Eigenschaften geradezu selbstverständlich wichtige Aufgaben zu.
Am richtigen Ort: dies sogar in doppelter Hinsicht. Nirgends in Europa hatte die katholische Kirche am Beginn des 20. Jahrhunderts noch eine solche Machtposition eingenommen wie in Österreich. Nirgends außer in Spanien und Portugal hatte sie ihr Schicksal so fest mit dem eines diktatorischen Regimes verbunden, nirgends solche Belastungen im Verhältnis mit dem demokratischen Staat aufzuarbeiten, solche Gräben zuzuschütten. Zugleich blickten die Katholiken in den »Volksdemokratien« sehnsüchtig nach Wien. Nach dem Zusammenbruch der Monarchie war das einst so wichtige Österreich auch für die vatikanische Diplomatie zu einem Ferner-liefen-Land herabgesunken. Nun wurde es wieder zu einer ihrer Drehscheiben.
Franz König wurde am 3. August 1905 in Rabenstein an der Pielach geboren. Eine Gebirgsbauerngegend. Sein Elternhaus, das er als mittelgroßen Vierkanter bescheibt, ist nur wenige Minuten von der Station Tradigist der Mariazeller Bahn entfernt. In der Basilika von Mariazell feierte er am 12. Juli 1998 ein seltenes Jubiläum: den 40. Jahrestag seiner Kardinalserhebung. Der Mariazeller Superior Karl Schauer betonte Königs enge Verbindung mit dem Wallfahrtsort, doch dachte man dabei nicht so sehr an die Nähe des Geburtsortes wie an das Mariazeller Manifest, mit dem 1952, noch vor Königs Zeit, die Aussöhnung zwischen Kirche und Arbeiterschaft eingeleitet wurde. Und der Kardinal sprach vom Vorhang des Misstrauens, der an die Stelle des »Eisernen Vorhangs« getreten sei und den es jetzt abzubauen gelte.
Wer weiß, wovon das Kind träumte, das nicht weit von der Basilika in den Jahren vor dem Ersten Weltkrieg vor einer ungeliebten Familiensituation in seine Bücher flüchtete.

Gewiss von keiner großen geistlichen Karriere. Das einschneidende Ereignis in der Kindheit Franz Königs war der frühe Tod des Vaters kurz nach Beginn seiner Schulzeit. Zum Stiefvater fand er keinen Zugang. Es ist sicher kein Zufall, dass der Kardinal in einem Rückblick auf seine Kindheit nicht einfach schrieb, seine Mutter habe noch einmal geheiratet, sondern sie habe sich mit ihrer Kinderschar genötigt gesehen, dies zu tun. Immerhin waren Franz König und seine fünf jüngeren Geschwister nach der zweiten Heirat der Mutter nun echt k.u.k., kaiserlich und königlich. Der Stiefvater hieß Kaiser.

Dieser Kaiser war ein fleißiger Mann, der später Abgeordneter im niederösterreichischen Landtag wurde. Er war wortkarg und etwas jähzornig, aber geschlagen hat er die Kinder nie. Keine Selbstverständlichkeit in jener Zeit. Er war aber der Ansicht, sie sollten lieber im Haus oder in der Landwirtschaft mithelfen statt zu spielen oder zu lesen. Lob für Leistungen gab es vom Stiefvater nicht, auch keine Herzlichkeit, keine Ermutigung. Dabei brachte Franz stets gute Noten nach Hause. Der Vater sah sie schweigend an und gab sie ihm bestenfalls mit der Bemerkung »Na ja, ist schon recht« zurück. Kardinal König hat wohl erst spät aufgehört, dagegen zu protestieren, dass ihm die Anerkennung vorenthalten blieb – und aufgehört, dem Vater die Zeugnisse für immer mehr und noch mehr Leistung in die Ewigkeit zu reichen.

Die Kälte des Vaters macht die fröhliche, das Haus mit Leben erfüllende Mutter traurig, doch ändern kann sie nichts. Auf einem alten Familienfoto sehen wir sie jung: ein apartes, nachdenkliches Gesicht. Aus einem späteren Bild blickt uns eine Frau entgegen, der man ansieht, wie hart sie gearbeitet und dass sie viel mitgemacht hat. Die erwachsenen Kinder stehen um den Tisch herum, an dem sie sitzt, das Gruppenbild mit Dame muss ein Geburtstagsfoto sein. Der Tisch vor dem Vierkanter ist schön gedeckt, eine Vase mit

Blumen steht darauf. Kein Wunder, dass die Mutter trotzdem sorgenvoll schaut, das Foto dürfte in den Zeiten nach dem Ersten Weltkrieg entstanden sein. Die Familienähnlichkeit der »königlichen Geschwister« und der Mutter ist übrigens frappant. Vor allem ihren Mund haben sie alle. Ob sie etwas munterer blicken würde, wüsste sie, an welcher vornehmen Wiener Adresse sie ihren Lebensabend verbringen wird? Kardinal Königs Mutter starb Anfang Mai 1967 90-jährig im Erzbischöflichen Palais.

Schon vor dem Schuleintritt, in der glücklichen, unbeschwerten ersten Phase seiner Kindheit, hat sich Franz König sehr fürs Lesen interessiert, es auch schon einigermaßen gelernt und immer wieder neugierig in Schulbüchern geblättert. Nach dem Tod des Vaters zieht er sich in sich zurück, flüchtet in die Welt der Bücher, baut sich seine eigene Welt auf. Auch die Mutter leidet unter seiner Einkapselung. Ein äußerst schüchternes Kind war er sowieso. Der Kaplan der Gemeinde, der in der Schule Religion unterrichtete, verstand es, mit den Kindern so umzugehen, dass sie Vertrauen fassten und selbst der Schüler König es wagte, gelegentlich eine Frage zu stellen.

In seinem Kopf kreisen die Fragen sowieso. Er interessiert sich nicht nur für Religion, sondern grübelt auch bereits über etwas nach, was wie ein Motto über seinem weiteren Leben stehen wird: Warum haben andere Menschen einen anderen Glauben als ich? Der Erste Weltkrieg verzögert den Eintritt in das Melker Stiftsgymnasium um ein Jahr. Der Stiefvater hat wissen lassen, von ihm sei dafür kein Groschen zu erwarten. Die Mutter kann mit Hilfe von Bekannten ein Stipendium auftreiben, »das in mir allerdings das Gefühl einer demütigenden Abhängigkeit von anderen erzeugte«. Aber offenbar lebt der Knabe in Melk auf. Unter den Kameraden gilt er als munter und gelöst und begeisterter Fußballspieler. Er wird Klassensprecher. In dieser Funktion hat er den Klassenvorständen zu Weihnachten und vor den Ferien alles Gute zu wünschen. Es ist sein Ehrgeiz, dies auf Lateinisch und Griechisch zu tun. Die lebenden Sprachen sind Freigegenstände. Er wählt beide angebotenen: Englisch und Französisch.

Bei der Reifeprüfung fällt seine Hausarbeit dem Vorsitzenden der Prüfungskommission so positiv auf, dass er ihm ein einjähriges Stipendium für ein Studium in England anbietet. Aber König hat bereits ein Rom-Stipendium in der Tasche. Dieses verdankt er dem Lateinlehrer, den der 20-Seiten-Aufsatz über die Frauen zur Zeit Homers ebenfalls beeindruckt hat. König hat ihn nämlich als Einziger der Klasse in lateinischer Sprache geschrieben. Er entscheidet sich nach kurzer Überlegung für Rom.

»Wenn ich heute rückwärts blicke auf meinen Lebensweg«, meinte er 1999, »dann würde ich sagen, dass ich mich nicht zufällig für das römische Studium entschieden habe und gegen England, wofür ich von Haus aus eine große Sympathie hatte. Wenn ich dorthin gegangen wäre, ich glaube, ich wäre nicht katholischer Priester geworden.« Dies, obwohl eine für seine geistige Entwicklung sehr wichtige Figur Engländer war: der 1801 geborene John Henry Newman, Theologe, Dichter und Konvertit vom calvinistischen zum katholischen Glauben, »eine der aufwühlendsten Gestalten der Kirche«. Der als einfacher Priester in England lebende Newman wurde von Papst Leo XIII. zum Kardinal ernannt.

König studiert in Rom zuerst Philosophie und erst anschließend Theologie an der berühmten Jesuiten-Universität Gregoriana. Zwei tiefe Eindrücke sind ihm lebenslang in Erinnerung geblieben. »Es muss gleich in den ersten Wochen gewesen sein, da ging ich auf das Kapitol mit meinen Vorstellungen aus dem Gymnasium über das Römische Reich, die griechische Kultur. Ich blicke vom Kapitol hinunter auf das Forum Romanum – in meiner Vorstellung prächtige Straßen, Bauten – und ich sehe ein riesiges Trümmerfeld.« Er ist in diesem Moment, davon hat er öfter gesprochen, entsetzt. »Ja, um Gottes willen, das ist das alte Rom? Und so vergehen also die Dinge in der Geschichte und ändern sich die Verhältnisse.«

Auch seine erste Papstmesse im Petersdom, an der Menschen aus allen Erdteilen teilnehmen, beeindruckt ihn tief: »Ich erinnere mich noch sehr lebhaft an diesen großen Raum mit der Kuppel, die vielen Menschen, das Gemurmel, dann zog der Papst ein, damals noch in diesem Tragsessel, sichtbar, es begann Unruhe, dann Applaus. Er zog zum Papstaltar, es beginnt die Messe. Und unvergesslich bleibt mir: Auf einmal wird es still, es ist etwas, das diesen Raum erfüllt ...« Ein anderes Mal sagt er: »In meiner Jugend wurde ja der Papst noch in den Vatikan getragen, heute spaziert er auch zu Fuß hinein.«

Während der Reifeprüfung ist König spontan der Gedanke gekommen, Russisch zu lernen. Noch nach Jahrzehnten kann er sich daran erinnern. Er hat das Glück, noch vor dem Zweiten Weltkrieg auch ein Stipendium für ein zweisemestriges Journalistik- und Soziologiestudium an der Katholischen Universität von Lille zu bekommen. Dort ist einer seiner Lehrer ein russischer Emigrant, der ihm hilft, sich in die Grundlagen des Russischen einzuarbeiten: »Ich spreche es nicht perfekt, aber sehr gerne.« Bei seinem späteren historischen ersten Polenbesuch sprach er aber fast nur Deutsch. Als ihn Kathpress-Chefredakteur Richard Barta fragte, warum er denn nicht Polnisch spreche, meinte er: Russisch könne er halt viel besser, er fürchte, irrtümlich ein russisches Wort zu verwenden.

Das Interesse an Religionen und das Interesse an Sprachen konkurrieren nicht in Königs Kopf, sondern fördern einander. Nachdem er sich schon in Wien ein Semester lang mit semitischen Sprachen beschäftigt hat, erfasst ihn in Rom das Interesse an der persischen Geschichte und Religion. Und an der Sprache, »denn um an die Religionsquellen heranzukommen, muss man die Sprache beherrschen. Ich musste dazu das Avestische, verwandt mit dem Sanskrit, Mittelpersisch und das moderne Persisch lernen, um danach aus der Avesta übersetzen zu können – den ältesten erhaltenen Texten des Zarathustra.«

König, der Polyglott. Sein Interesse an Sprachen, sein Talent für Sprachen ist legendär. Italienisch, Englisch, Französisch, Spanisch spricht er fließend, Latein ist eine Umgangssprache, die er liebt, Russisch kann er etwas weniger gut, aber auch auf Polnisch und Ungarisch unterhält er sich, und mit iranischen Taxifahrern redete er in den Jahren nach seiner Pensionierung, in denen er mit Vorliebe die U-Bahn oder das Taxi benutzte, zwanglos persisch. Hebräisch und Arabisch hat er auch gelernt.

In seinen Erinnerungen, die als Interview mit der französischen Journalistin Yvonne Chauffin entstanden sind, berichtet der 75-jährige Kardinal von einer Liebesenttäuschung, die er als 18-Jähriger erlebte: »Wir kannten einander gut. Besser gesagt, ich glaubte sie gut zu kennen. Wir führten endlose Gespräche und waren in allem einer Meinung. Nach ihrer Matura habe ich sie nicht mehr gesehen und ich erfuhr, dass sie in ein Kloster eingetreten war. Ich empfand ein schmerzendes Gefühl tiefer Einsamkeit. Ich hatte nicht verstanden, nicht zu deuten gewusst, was sie mich erahnen lassen wollte. Sie hatte mich nicht geliebt. Zumindest nicht in dem Sinn, wie ich dies geglaubt hatte.« Dieses Erlebnis ließ ihn erkennen, »dass ich ein liebesbereites Herz hatte; ich erkannte aber auch, dass mir die irdische Liebe allein nicht genügen würde. Ich verlangte nach der einzig wahren Liebe: Nach jener, die man empfindet, wenn man Gott liebt, und die man, aus Liebe zu Gott, auch für die Menschen fühlt. Doch nahm ich dies nur allmählich wahr.«

Auf die Frage, ob für das Mädchen nur Freundschaft gewesen sei, was für ihn Liebe war, antwortete der Kardinal: »Ich habe diese Unterscheidung zwischen Liebe und Freundschaft nicht sehr gerne. So als dürfte die Liebe nur im Sinne körperlichen Besitzes, die Freundschaft nur als eine abgeschwächte Form der Liebe verstanden werden. Das ist ein Spiel mit Worten. Es gibt Stufen in der Liebe, bevor sie zu der äußersten Liebe gelangt. Ich habe kürzlich Marcel Proust gelesen, er schreibt, dass Swann und Odette nach ihrer Trennung die Nutzlosigkeit körperlichen Besitzes erkannt haben, wobei man im Übrigen nichts besitzt.«

König wollte nicht Bischof von St. Pölten und schon gar nicht Erzbischof von Wien werden, sondern Gelehrter, und als er plötzlich als Koadjutor des Bischofs wieder nach St. Pölten gehen sollte, hatte er eine Berufung an die Universität von Münster und die Einladung für eine einjährige Gastprofessur in den USA in der Tasche. Der Gelehrte ließ sich aber nicht unter dem Erzbischof begraben. Er kommt immer wieder zum Vorschein. Aber auch der einfache Seelsorger der Diözese St. Pölten, der er zehn Jahre lang war, kommt immer wieder hervor.

Er hatte seine Theologie-Dissertation gerade abgeschlossen und bereitete sich auf die Abschlussprüfungen vor, als Bischof Memelauer schon einen Abgesandten nach Rom schickte, um dem jungen Priester klarzumachen, dass er keinen Studierten brauche, sondern einen Kaplan, und das dringend, und dass er schleunigst heimkommen sollte. König musste für die Prüfungen noch einmal nach Rom fahren; daheim hieß es, der Herr Kaplan sei wohl durchgefallen. Von 1934 bis 1937 ist er Kaplan in verschiedenen Pfarren seiner Heimatdiözese, wie viele Bergstraßen es da gibt, merkt er im Winter, wenn er mit den Sterbesakramenten zu den Bauernhöfen fährt. Nach seinem Aufenthalt in Lille wird König 1938 Domkurat und übernimmt die Schüler- und Studentenseelsorge. Er ist Feldgeistlicher in Lazaretten und Kriegsgefangenenseelsorger, wird wegen verbotener Aktivitäten in der Jugendseelsorge denunziert und in Wien von der Gestapo verhört; so nebenbei studiert er schon wieder, diesmal Orientalistik und Rechtswissenschaft in Wien.

Der Aufstieg vom Kaplan zum Universitätsprofessor war der einzige geplante, über die Habilitation (1946) angestrebte Karrieresprung seines Lebens. Der, so schien es, endgültige Einstieg in die Welt der Bücher, der Sprachen, der Religionen. Das, was er sich immer gewünscht hatte. Zunächst arbeitete der Privatdozent aber als Religionslehrer in Krems. Als er 1948 die Professur für Moraltheologie an der Salzburger Universität erhielt und zum ersten Mal sein Zimmer in einem alten Kloster auf dem Nonnberg betrat, sah er sich am Ziel seiner Wünsche, seiner bewussten Lebensplanung: »Wie man mich in dieses Zimmer hineinführt, denk ich mir – das war so ein Gedanke, der einem so durch den Kopf schießt –, so also, jetzt habe ich sozusagen meine Endstation erreicht. Jetzt bin ich in Salzburg Professor, gut, damit ist wenigstens im Großen und Ganzen mein Lebensprogramm erfüllt.«
Alles andere kam von selbst. Oft überfallsartig.
Dabei war das Endstation-Gefühl auf dem Nonnberg nicht resignativ. Es war das, was das in seine Bücher vergrabene Kind vielleicht als ferne Ahnung angeweht haben mag. Die weiteren Aufstiege erfolgten nicht nur ohne sein Zutun, sondern auch mehr oder weniger gegen seinen Willen. In Salzburg arbeitete er vor allem an der Herausgabe des dreibändigen Standardwerks »Christus und die Religionen der Erde«, das 1951 erschien. Als er als Koadjutor nach St. Pölten berufen wurde, dachte er, St. Pölten sei eigentlich keine sehr große Diözese und er werde schon noch Zeit für wissenschaftliche Arbeit finden. Tatsächlich erscheint 1956 das Religionswissenschaftliche Wörterbuch.
Franz König war auch noch Koadjutor, als Kardinal Innitzer starb. Einige Monate später, erzählte er in einem Interview mit Cornelius Hell, wurde er von Nuntius Dellepiane »etwas geheimnisvoll eingeladen und er teilte mir mit, dass ich vorgesehen sei, Erzbischof von Wien zu werden. Ich habe ihm spontan geantwortet, das Bischofsamt nicht anzu-

nehmen. Ich fühlte mich mit einer so großen und schwierigen Diözese überfordert. Der Nuntius meinte daraufhin, das sei mein gutes Recht, er könne leider nicht von sich aus nach Rom fahren, um über die Gründe meiner Ablehnung zu berichten. Ich könne das ja selbst tun, nur dürfe es niemand erfahren. Unter dem Vorwand, ich müsse eine kranke Tante besuchen, gelangte ich inkognito nach Rom und erhielt bei Papst Pius XII. eine Audienz, getarnt als Prälat aus Deutschland. Ich habe ihm alles erklärt. Und der Papst zeigte Verständnis für meine Gründe, wollte aber beim Abschied wissen, ob ein zweiter Versuch von vornherein aussichtslos wäre. Das konnte ich nicht gut ablehnen.«
König fährt nach Hause und glaubt, alles sei erledigt. Etwa zwei Wochen später ruft ihn Bischof Memelauer und sagt: »Gerade hat mich Außenminister Figl mit den Worten aufgesucht: ›Hurra, ein St. Pöltner wird Erzbischof von Wien. Der Vatikan hat offiziell am Ballhausplatz angefragt, ob König als Oberhirte akzeptiert würde.‹«
König wusste, dass er nicht nur eine große und schwierige Diözese übernahm. Auch ein menschliches Problem würde er lösen müssen. Pius XII. hatte im Jänner 1950 Franz Jachym zum Koadjutor Innitzers bestellt – trotz des väterlichen Verhältnisses Innitzers gegenüber Jachym und der Freundschaft der beiden Männer nicht gerade zum Entzücken des Kardinals. Die gemischten Gefühle der Bischöfe für ihre Koadjutoren sind ein eigenes Kapitel in der Bischofspsychologie. Der 1910 in Wien geborene Jachym war 1950 mit der Begründung, er sei nicht würdig, von seiner Bischofsweihe im Stephansdom geflohen – kein einmaliger Vorgang – und wurde dann am 19. Mai desselben Jahres in der Kirche Santa Maria dell'Anima in Rom zum Bischof geweiht. Die Bundesregierung soll Einspruch gegen Jachyms Ernennung erhoben haben, weil er ihr als zu »links« galt. Angeblich befürchteten Bundeskanzler Julius Raab und Außenminister Leopold Figl, Jachym könnte sich über

ihren Kopf hinweg mit der SPÖ verständigen. Doch auch die gegenteilige Lesart kursiert.
Franz König wird also am 10. Mai 1956 von Papst Pius XII. zum Erzbischof von Wien ernannt. Am 7. Juni legt er dem Metropolitan- und Domkapitel seine Ernennungsbulle vor. Auf die Begrüßungsansprache von Kapitelvikar Erzbischof-Koadjutor Jachym antwortete er, er sei schon oft nach Wien gefahren, doch nie sei ihm der Weg so schwer geworden wie diesmal: »Ich habe nach diesem Onus weder die Hände ausgestreckt noch einen Finger gerührt, um dieses schwere Amt zu übernehmen. Ich möchte vielmehr in diesem Kreise erklären, dass ich alles getan habe, um heute nicht vor Ihnen zu stehen. Nun hat der Heilige Vater entschieden und ich musste gehorchen. Diese Entscheidung hat alle getroffen; besonders Erzbischof Jachym, der in diesen Wochen eine Haltung an den Tag gelegt hat, die ihm bei allen Bewunderung und Hochachtung eintrug. Ich hoffe, dass er dem neuen Erzbischof seine Mitarbeit nicht versagen wird. Die Entscheidung traf auch das Metropolitan- und Domkapitel, das normalerweise hätte erwarten können, dass ein Wiener Diözesane den Erzbischöflichen Stuhl einnehmen werde. Am meisten hat mich selbst die Entscheidung des Heiligen Vaters getroffen. Ich bin nicht jener ›Valde Idoneus‹, jener ›vorzüglich Geeignete‹, von dem die Päpstliche Bulle spricht. Ich kenne die Grenzen meiner Fähigkeiten. Ich kann von mir nicht sagen, dass ich die hohen Führerqualitäten mitbringe, die das hohe Amt eines Wiener Erzbischofs erfordert ... Ich bringe aber viel guten Willen mit und vor allem eine große Liebe zur Seelsorge.«
Die Schwäche Kardinal Königs, die er selbst sehr gut kannte, wurde zu einer Stärke. Er war kein Manager. Er hatte nie eine harte Hand. Er ließ sich und anderen gerne Zeit. Er war nicht der richtige Mann, Dinge »durchzuziehen«. Es fehlte ihm die Lust zum Durchgreifen. Er ließ seinen Mitarbeitern viel Freiheit – solange sie nicht missbraucht wurde.

Nicht nur seine Ehrlichkeit und Geradlinigkeit, sondern auch sein Gewährenlassen erinnert – bei allen gewaltigen Unterschieden – an den Vorvorgänger Piffl.
Es gelang König, ein sehr gutes Verhältnis zu Jachym herzustellen. Die zu Lebzeiten Kardinal Innitzers zurückhaltend eingeleitete Verständigung zwischen Kirche und SPÖ aber war überfällig. In seiner eigenen Darstellung schritt er geradezu nachtwandlerisch in seine politische Rolle hinein: »Unbelastet von der Geschichte hatte ich eine eher unbeschwerte Auffassung von dem teilweise sehr bitteren Gegensatz der sehr kirchenfeindlich eingestellten Sozialistischen Partei und der Christlichsozialen auf der anderen Seite. Ich hatte damals, kurz nach meinem Einzug in Wien, Gelegenheit, beim damaligen Bundespräsidenten Schärf einen Beileidsbesuch zu machen. Ich habe es gemacht, aber ich hatte nicht damit gerechnet, welches Aufsehen das auslösen werde. Das Medienecho am nächsten Tag war schrecklich. Ein ›roter‹ Kardinal geht zum sozialistischen Staatspräsidenten! Ich wurde geradezu zu einem Sozialisten gestempelt, der ich nicht war und nicht sein wollte. In weiterer Folge musste ich auch manches einstecken, bis man einsah, dass die Kirche die große Kluft, die seit Generationen bestand, überbrücken muss und zu einer gewissen Aussöhnung beitragen könnte.«
Reaktionen, die heute kaum mehr vorstellbar sind. Damals »stand die ÖVP Kopf, sie hätte mich fast exkommuniziert«, erzählte König vor Jahren. Hass und Misstrauen waren zehn Jahre nach dem Zweiten Weltkrieg längst abgebaut. Aber es ging darum, die katholischen Wähler bei der Stange zu halten. König wurde nun das Etikett des »roten Kardinals« angesteckt. Das jahrzehntelange Weiterwirken erinnert immer wieder daran, dass die Aussöhnung zwar überfällig, aber nicht allseits willkommen war.
Dass er Freimaurer sei, hört man immer wieder. Es ist zwar keineswegs ehrenrührig, Freimaurer zu sein, aber dem Ruf

eines Kardinals kann es schaden, denn die Zugehörigkeit zur Freimaurerei zieht die Exkommunikation nach sich. So sah es Anfang Mai 1967 auch der Presserichter. Er verurteilte das »Salzburger Volksblatt«, das den Kardinal gleich zum Meister vom Stuhl einer Hochgradloge ernannt hatte. Die »Furche« meinte, vielleicht gebe es Leute, welche die Dummheit »verwenden wollen, um den Mann, der ihnen ein Dorn im Auge ist, ins Zwielicht zu stellen, der ihnen unbequem ist, eben weil er eine klare Haltung einnimmt in Österreich und der Welt; weil sein Name hier Symbol ist für die Lösung der Kirche aus manchen Bindungen, in denen manche sie noch gerne sehen möchten, weil er in der Welt mit jenen spricht, mit denen man eben nicht sprechen darf. Vielleicht kommen sie sich auch noch als gute Katholiken vor, so wie sich jene als gute Katholiken vorkamen, die den Papst Johannes als einen Agenten des Kommunismus bezeichneten, der täglich seine Weisungen aus dem Kreml erhalte. Mit Dummköpfen soll man Mitleid haben, den Biedermännern aber, die hier als Brandstifter durch die Gegend ziehen, soll man auf ihre schmutzigen Finger klopfen.«
Kardinal König hatte tatsächlich Kontakt zu den Freimaurern aufgenommen, und zwar öffentlich und im Einvernehmen mit Papst Paul VI. Das wurde damals als schwerer Tabubruch empfunden. Die Sozialisten waren nicht mehr der erste Feind der Menschheit, die Freimaurer nicht länger Kinder des Teufels, gar mancher verstand die Welt nicht mehr.
»So bin ich«, sagte er in einem »Furche«-Interview wenige Tage vor Beginn des Österreichischen Katholikentages 1974, »eigentlich irgendwie mit innerem Widerstreben das geworden, was ich geworden bin. Und eher mit Minderwertigkeitsgefühlen in gewissen Dingen. Ich musste in vielen Dingen über meinen eigenen Schatten springen und das hat eine Zeit gebraucht. Auch in Wien. Ich bin aus St. Pölten gekommen.«

Mit König ist Österreichs Kirche über ihren Schatten gesprungen. Erst mit König wurde die Welt des Kardinals Gruscha endgültig Vergangenheit.
Das Bild des jugoslawischen Staatschefs Tito, das er nach einem schweren Unfall von einem Spitalsbett in Varaždin aus neun Tage lang betrachten konnte, ließ in Kardinal König den Entschluss reifen, sich stärker mit Osteuropa zu beschäftigen. Er hatte am 12. Februar 1960 mit seinem Zeremoniär Helmut Krätzl Wien verlassen, in Graz übernachtet und war nun zum Begräbnis des am 10. Februar verstorbenen Kardinals Stepinac unterwegs, das um zehn Uhr in Agram beginnen sollte. Die Visa waren, für damalige Verhältnisse, in einem Rekordtempo ausgestellt worden. Trotzdem waren sie in Zeitnot. Bei Varaždin wollte Königs Fahrer Martin Stadler einem Radfahrer ausweichen, übersah einen entgegenkommenden Tiefkühltransporter, kam beim Bremsen auf Glatteis ins Schleudern und stieß mit 90 Stundenkilometern gegen den Lastwagen. Hätte man damals schon Anschnallgurten verwendet, hätte es wohl nur Verletzte gegeben. Königs Fahrer war sofort tot, König und Krätzl waren bewusstlos. Der Gemeindearzt eines Nachbarortes, der unmittelbar nach dem Unfall vorbeikam, hielt Privatautos an und brachte Kardinal und Zeremoniär ins Spital. Mit wem man es zu tun hatte, stellte sich erst heraus, nachdem die Polizei den Kofferraum des verunglückten Mercedes geöffnet hatte.
Kardinal König hatte beim Aufprall auf die Vordersitze einen Stirnbeinsprung, einen dreifachen Kieferbruch und Gesichtsverletzungen erlitten, Krätzl einen Schädelbasisbruch und mehrere Knochenbrüche. Beide waren nicht transportfähig, aber menschlich und medizinisch in besten Händen. Als die Krankenschwestern erfuhren, mit wem sie es zu tun hatten, gaben sie sich als ehemalige geistliche Schwestern zu erkennen, und der Hausarzt des Kardinals, Professor Herbert Kraus, fand am Krankenbett bereits mehrere jugosla-

wische Professoren vor, darunter einen Schüler des berühmten Chirurgen Sauerbruch.

Johannes XXIII. war seit gut einem Jahr Papst. Erzbischof König war es gegangen wie vielen, als er in Finnland das Ergebnis des Konklave erfuhr. Pius XII. hatte ihm mit seiner vergeistigten, asketischen Gestalt imponiert. Und nun plötzlich dieser sympathische, einfache Bauer. Welcher Kontrast! Man kannte Angelo Giuseppe Roncalli als bescheidenen Mann von tiefer Frömmigkeit. Aber er hatte entweder keine Gelegenheit gehabt oder sich gehütet, seine Intelligenz und seinen Weitblick allzu deutlich erkennen zu lassen. In der Vorbereitungsphase des Zweiten Vatikanischen Konzils ergab sich die Affinität Roncallis und Königs. Das schwere, mit Halbedelsteinen besetzte goldene Bischofskreuz, das er trägt, hat ihm Johannes XXIII. kurz vor seinem Tod geschenkt. Es stammte aus keinem Fundus, sondern war von ihm selbst getragen worden. König ist der letzte lebende noch von ihm kreierte Kardinal.

Und er zählt zu jenen wohl nicht Allzuvielen, die Roncallis Kurs der Öffnung und der Reformen nicht aus Gehorsam und Anpassung, sondern mit voller Überzeugung mitgetragen und mit ihm verwirklicht haben. Er wird zum Mitgestalter des Konzils (1962–1965), wobei ihm seine Sprachkenntnisse sehr zustatten kommen, und ruft Karl Rahner als Konzilstheologen zu sich. Königs Themen sind Ökumenismus und Religionsfreiheit.

Im Zuge der Öffnung unternimmt Kardinal König in den frühen sechziger Jahren seine Reisen nach Osteuropa. Bei einem seiner umjubelten Auftritte in Polen sieht er in der Nähe der Grenze zum ersten Mal den jetzigen Papst: »Karol Wojtyla war damals – was ich nicht wusste – erst seit kurzem Weihbischof von Krakau und ich hab mir gedacht, da hinten steht ein schüchterner Kaplan, der sich nicht traut, zu den anderen nach vor zu kommen. No, davon kann ja beim Papst heut keine Rede mehr sein.«

König war es bekanntlich, der beim zweiten Konklave des Jahres 1978 den Namen Wojtyla ins Spiel brachte. Als er zu Kardinal Wyszynski bemerkte: »Vielleicht hätte Polen einen«, bezog Wyszynski das irrtümlich auf sich. Der zweimalige Konklave-Teilnehmer Franz König selbst war in den Medien als möglicher Papst im Gespräch, soll aber heftig abgewunken haben. Falls das kein Gerücht ist, darf man es es für eine schwere Fehlentscheidung halten.
1963 besuchte er den ungarischen Kardinal József Mindszenty in der amerikanischen Botschaft in Budapest. Der Primas Hungariae war 1948 in einem Schauprozess zu lebenslanger Haft verurteilt und 1956 beim ungarischen Aufstand aus dem Gefängnis befreit worden und beim Zusammenbruch des Aufstandes in die US-Botschaft geflohen. Er war seither für Ungarn, die USA und den Vatikan gleichermaßen ein Problem. Die Amerikaner wären den Kardinal, der in der Botschaft zwei Zimmer bewohnte, gerne losgeworden. Schließlich wollten ihn auch die Ungarn ziehen lassen, doch weigerte er sich, Ungarn zu verlassen.
Papst Johannes XXIII. bat Kardinal König, zu ihm zu reisen: »Ich entgegnete ihm, dass es für den Erzbischof von Wien schwierig sei, die ungarische Grenze zu passieren, und dass mir kein Visum bewilligt würde. Mit seiner gewohnten Gutmütigkeit und seinem schelmischen Lächeln setzte er fort: ›Aber Sie sind ein allernächster Nachbar! Ich würde sagen, in greifbarer Nähe, und ganz selbstverständlich für diesen Besuch bestimmt.‹ – ›Wie soll dies aber praktisch vor sich gehen?‹, fragte ich ihn. Er ließ nicht locker: ›Das ist kinderleicht; gehen Sie in Wien zum Bahnhof und lösen Sie Ihre Fahrkarte nach Budapest.‹ – ›Ich werde Ihrer Hilfe bedürfen, Heiliger Vater, ohne die ich niemals die Grenze überschreiten kann.‹ – ›Nun, so zählen Sie auf mich!‹«
König suchte bei den ungarischen Behörden um ein Einreisevisum an, das ihm auch erteilt wurde, doch sickerte dabei

die Nachricht von der geplanten Reise zu den Zeitungen durch. Sie musste aber unter strengster Geheimhaltung stattfinden, ein Tross von Journalisten war das Letzte, das sich König und die Ungarn wünschten. Daher verschob sie der Kardinal. Als ein Schweizer Radiosender die Falschmeldung verbreitete, er werde am Donnerstag, 11. April, nach Budapest fahren, beschloss er, es einen Tag vorher tatsächlich zu tun. Er traf sich im Morgengrauen in einem Winkel der Stephanskirche mit einem Vertreter des Innenministeriums und einem der Polizei, doch sprang der von den österreichischen Behörden zur Verfügung gestellte Wagen nicht an, worauf ein anderer besorgt werden musste. Die Journalisten, die seit Tagen die Grenze beobachteten, waren auf die Schweizer Radiomeldung hereingefallen und weggefahren. Der Wagen, in dem der Kardinal saß, wurde durchgewinkt, und als die Journalisten in Wien Verdacht schöpften, wurde ihnen im Erzbischöflichen Palais ebenso treuherzig wie wahrheitsgemäß mitgeteilt, der Kardinal sei zwar abwesend, doch sein Wagen stehe in der Garage und sein Reisepass liege am gewohnten Ort (das Visum war auf einem losen Blatt ausgestellt worden).

König schildert die Begegnung: »Wir waren beide sehr ergriffen. Er hatte ein unnatürlich blasses Gesicht und fast aus ihren Höhlen tretende Augen. Man sah, dass er ein kränklicher Mann war, ein Mann, der schrecklich gelitten hatte. Sobald ich dann einen der beiden Räume betreten hatte, die ihm als Wohnung dienten, stellte er sein Rundfunkgerät auf die höchste Lautstärke, um zu verhindern, dass eventuell installierte Mikrofone unsere Unterhaltung aufnahmen ... Ich entsinne mich seiner ersten Worte: ›Quid desiderat Summus Pontifex a me?‹, das heißt: ›Was wünscht der Heilige Vater von mir?‹ Ich antwortete ihm: ›Er sendet Ihnen seinen herzlichsten Segen und beauftragt mich, Sie zum Konzil einzuladen. Er wäre glücklich, wenn Sie diese Einladung annehmen!‹ Wir hatten versucht, uns auf Englisch zu unterhalten, doch war seine Aussprache schwer verständlich, sodass wir sehr bald zum Latein zurückkehrten ... Viele Jahre später, als er sich nach Österreich zurückgezogen hatte, fand er auch sein Deutsch wieder und unsere Unterhaltungen erfolgten in dieser Sprache. Wir verbrachten damals vier Stunden miteinander. Er sprach fast die ganze Zeit über. Er erläuterte die augenblickliche Lage, wie er sie aus den Nachrichten des Budapester Rundfunks kannte. Er schien mir aber etwas unrealistisch zu sein. Er stellte sich zum Beispiel vor, dass die Amerikaner nichts anderes zu tun brauchten, als Ungarn von den Russen zu befreien, damit das Land Frieden und Freiheit wiederfinde.«

Mindszenty hat die amerikanische Botschaft damals noch nicht verlassen. Erst 1971 fuhr er nach Rom, wo er sich unglücklich fühlte und stante pede wieder nach Ungarn zurückkehren wollte. Kardinal König musste sofort nach Rom eilen und ihn überzeugen, dass das nicht ging, worauf Mindszenty wenigstens in der Nähe seiner Heimat sein wollte. Er wurde also »ein bisschen bei Nacht und Nebel« nach Wien gebracht. Im hiesigen ungarischen Kolleg, dem Pazmaneum, verbrachte er seine letzten Jahre und hier starb er 1975. Er hatte sich geweigert zurückzutreten. Seine Amtsenthebung durch Papst Paul VI. im Jahre 1974 hatte eine jener Debatten über die vatikanische Ostpolitik ausgelöst, die immer auch Gelegenheit boten, Kardinal König als »roten Kardinal« zu apostrophieren.

König wehrte sich stets gegen den Ruf des vatikanischen Diplomaten: »Dafür waren andere da.« Er legte immer Wert darauf, Erzbischof von Wien zu sein – was freilich auch heiße: Erzbischof der den Oststaaten historisch und geografisch nächsten Diözese. Als Kurienkardinal nach Rom zu übersiedeln, weigerte er sich. Von 1965 bis 1980 leitete er daher als Pendler zwischen Wien und Vatikan das Sekretariat für die Nichtglaubenden. Dank König bekam der seit Innitzer und dem Ständestaat belastete Begriff des

Brückenbauers wieder einen positiven Sinn. Einige seiner Brückenbauten: Der Besuch beim Patriarchen von Konstantinopel Athenagoras I. in Istanbul, es ist der erste offiziöse Kontakt der römisch-katholischen mit der orthodoxen Kirche seit der Kirchenspaltung im Jahre 1050; das von ihm geleitete Religionsgespräch mit Vertretern des Hinduismus, des Islam und der Parsi beim Eucharistischen Weltkongress 1964 in Bombay; die Errichtung der Stiftung »Pro Oriente« zur Vertiefung der Kontakte mit der Orthodoxie 1964 in Wien; die große Rede in der islamischen Universität Al-Azhar 1965 in Kairo; der Empfang des Dalai-Lama in Wien 1973; seine Gespräche mit Mitgliedern der Akademie der Wissenschaften in Peking usw.

Mit Datum vom 16. September 1985 nimmt Papst Johannes Paul II. das zweite Rücktrittsansuchen Kardinal Königs an. Wie ein pensionierter Arzt einen Teil seiner alten Patienten weiter betreut, so muss auch der alte Bischof für die Menschen, die ihm seit langem vertrauen, weiter da sein. Der Kalender ist noch jahrelang voll mit geplanten Reisen, der Tag noch immer voll mit Terminen. Der Seelsorger kommt aber auch zum Vorschein, wenn der Kardinal im Altenheim der Barmherzigen Schwestern in Gumpendorf, in dem er mit seinen Tausenden Büchern drei Zimmer bewohnt, zum Frühstück erscheint und darauf achtet, niemanden durch Bevorzugung anderer zu kränken, und trachtet, seine Aufmerksamkeit und Gesellschaft gerecht zu verteilen. In gewisser Weise hat er hier jetzt, was er sich ursprünglich für seinen Lebensabend erträumte: Pfarrer in einer möglichst kleinen Gemeinde zu sein.

Die Österreicher lieben ihn – und kennen ihn auch. Ihn und seine leisen Töne. Jeder weiß, dass er das vernichtendste Urteil in eine verbindliche, fast freundlich wirkende Formulierung zu kleiden weiß. Deshalb wird auch nur wenigen Menschen so genau zugehört. Seine Nicht-Antworten werden genau so aufmerksam registriert wie seine Antworten.

Nicht-Antwort auf die Frage, warum es zum Rückfall in ein autoritäres Kirchenverständnis gekommen sei: »Diese Frage kann ich oder will ich nicht beantworten.« Nicht-Antwort auf die Frage nach seinem Verhältnis zum damaligen Weihbischof Kurt Krenn: »Ich lebe bewusst etwas außerhalb des Zentrums und werde hauptsächlich für Aufgaben außerhalb der Diözese eingeladen. Ich übernehme auch in Wien Firmungen oder andere Aufgaben. Ich habe den Weihbischof, zumindest früher, nicht gekannt.«

Dann kommen plötzlich wieder die Blitze. »Dass man seinerzeit seitens der Kirche hier nicht entsprechend entgegengetreten ist jenem irregeleiteten nationalistischen Denken, einem christlichen Antijudaismus, einem religiös verbrämten nationalistischen Denken, einer unrichtigen Auslegung der Passionsgeschichte«, sei eine schwärende Wunde am Leib der Kirche, sagt er in Mauthausen. Die Macht des Bösen könne übermorgen im Kleide einer neuen attraktiven Ideologie mit neuer Überzeugungskraft wiederkommen.

Unter den vielen Auszeichnungen und Ehrungen, die Kardinal Franz König in den letzten Jahren zuteil wurden, war auch der Salzburger Toleranzpreis 1999. Weisheit, Tapferkeit, Besonnenheit und Gerechtigkeit seien die Kardinaltugenden des Altertums gewesen, sagte er aus diesem Anlass in einem Interview mit den »Salzburger Nachrichten«, die vier Hauptttugenden unserer Zeit hätten zu heißen: Ehrfurcht, Toleranz, Friedensliebe und Solidarität.

Satyrspiel

Hans Hermann Groër
*1919; Erzbischof 1986–1995,
Kardinal seit 1988.

*Wahlspruch: In verbo autem tuo –
Auf dein Wort hin*

Große Aufregung im Dunstkreis des Wiener Stephansplatzes. Der Dunstkreis des Stephansplatzes reichte bis in den ÖVP-Klub im Parlament. Am 23. März war im Sekretariat von Kardinal Groër ein Fax des Nachrichtenmagazins »profil« eingegangen. Der Inhalt war kurz, bündig und unangenehm: Der Redaktion liege eine Aussage des ehemaligen Hollabrunner Zöglings Josef Hartmann vor, der an Eides statt erkläre, er sei als Schüler von Groër sexuell missbraucht worden. Zwei Tage später war die drohende Enthüllung in Wiener Kirchenkreisen Tagesgespräch. Klubchef Andreas Khol meinte, sofort etwas tun zu müssen. Bereits am Samstag war ein Schriftsatz des Rechtsanwalts und ehemaligen ÖVP-Generalsekretärs Michael Graff fertig, mit dem am Sonntag sofort die Beschlagnahme der »profil«-Ausgabe Nr. 13 vom 27. März 1995 beantragt werden sollte. Die Sache hatte nur einen Haken: Der Kardinal weigerte sich zu unterschreiben.

Khols Reaktion illustriert das Demokratie- und Medienverständnis vieler Politiker. Am Sonntag explodierte dann die Bombe, welche die österreichische Kirche schwerer erschütterte als alles andere seit Innitzers »Heil Hitler!«. Jedem, der das Interview von Chefredakteur Josef Votzi mit Josef Hartmann damals las, musste klar sein: Die Redaktion verfügte offenbar über ein überwältigendes Beweismaterial. Eine Niederlage wäre für das Magazin eine Katastrophe gewesen. Tatsächlich hatte ein Gespräch mit der Mutter Josef Hartmanns Votzi jeden Zweifel an der Richtigkeit der Vorwürfe genommen. Sowohl Votzi als auch Herausgeber Hubertus Czernin wurden übrigens von den konservativen »profil«-Eigentümern später abgelöst, obwohl sie eine der folgenschwersten Affären der Zweiten Republik siegreich durchgestanden hatten.

Die Kirche kam nicht zur Ruhe. Knapp drei Jahre nach der Aufdeckung von Groërs Verfehlungen in Hollabrunn wurde bekannt, dass er auch Mönche des Benediktinerstiftes

Göttweig sexuell belästigt und die Führung des Klosters nichts dagegen unternommen hatte. Dass es deswegen zu einer ganzen Reihe von Austritten aus dem Orden gekommen war. Dass sich ein Mönch, den Groër für das Stift angeworben hatte und dessen Beichtvater er gewesen war, vom Turm gestürzt hatte. Dass Pater Udo Fischer hartnäckig Aufklärung gefordert und sich damit nur Schwierigkeiten eingehandelt hatte.

Die Hollabrunner Vorfälle lagen damals rund zwei Jahrzehnte zurück. Hans Hermann Groër war seit 1986 Wiener Erzbischof.

Er hatte am 14. September 1986 von Kardinal König im Stephansdom die Bischofsweihe empfangen und wurde am 28. Juni 1988 Kardinal. Franz König, dessen angeblich besonders enges Vertrauensverhältnis zu Papst Johannes Paul II. einige Wiener Zeitungen seit Jahren bei jeder Gelegenheit betonten, war bei der Bestellung des neuen Erzbischofs nicht konsultiert worden. Aber auch Groërs Vorgesetzter im Benediktinerorden, der Abt des Stiftes Göttweig Clemens Lashofer, wurde nicht kontaktiert.

Die Ernennung war eine Überraschung. Die Kolumnisten hatten eben das im Jahr davor, 1985, erschienene Buch »Zur Lage des Glaubens« von Kardinal Joseph Ratzinger nicht gelesen. Der Präfekt der Glaubenskongregation teilt die Linie des Papstes. Den Ohrwurm Seiner Heiligkeit nannte ihn keck Alfred Worm im Magazin »News«. Ratzinger hat in seinem Buch die künftige Marschroute bei Bischofsernennungen verraten: Die Zeit der weltoffenen Kandidaten für das Bischofsamt sei vorbei. Dies konnte nur als Absage an den Typus, den Kardinal König verkörpert, verstanden werden. Als Absage an eine Kirche, die der Welt entgegenkommt. Die Bischöfe seien dazu da, als eifrige Hirten die Stimme des einfachen Glaubens und seiner einfachen Ureinsichten zu verkörpern. Dem schien Groër perfekt zu entsprechen. Außerdem war er geistlicher Leiter der Legio

Mariae. Also ein Priester jener marianischen Ausrichtung, deren Vertreter Papst Johannes Paul II. besonders gerne zu Bischöfen ernennt.
Im Untergrund brodelte es bereits zwischen dem 15. Juli 1986, an dem der Name des künftigen Wiener Erzbischofs bekannt gegeben, und dem 14. September, an dem Groër geweiht wurde. Aber es brodelte noch ganz leise. Noch hielt alles dicht. Hans Hermann Groër trat also sein Amt mit dem vollen Vertrauensvorschuss seiner Diözese an. »Wer den neuen Erzbischof in diesen Tagen kennen lernen konnte, hat ihn als Menschen erlebt, der keinerlei Berührungsängste kennt; der seinem Gesprächspartner offen entgegentritt; der sein neues Amt nicht erstrebt hat, es aber nun, da es ihm auferlegt wurde, mit unerschütterlichem Gott- und Selbstvertrauen, mit Spaß und Freude an der neuen Aufgabe annimmt. Ein Mann mit geöffneten Armen ... Was soll es, ›blankes Entsetzen‹ zu orten, weil er und nicht einer der Kandidaten dieser oder jener Wunschliste erwählt worden ist?«, schrieb Felix Gamillscheg in der »Furche«.
Der Unterschied zwischen Groër und seinem Vorgänger ist allerdings eklatant. Es ist nicht nur der Unterschied zwischen verschiedenen Auffassungen von Kirche, Spiritualität und Priestertum. Es ist auch ein gewaltiger, von vielen schmerzhaft empfundener Unterschied des Niveaus. Die Stimme des einfachen Glaubens: Dies nimmt man Groër – noch – gerne ab. Er spricht die Sprache der einfachen, oft der sehr einfachen Leute. Zum Beispiel in »Regina Legionis«, der Zeitschrift der Legion Mariens: »Wir Legionäre sind von unserem Handbuch angeleitet, ganz schwierig und unmöglich Erscheinendes in einzelne – mögliche – Schritte gleichsam zu teilen. Schließlich ist es ja sogar beim Essen so: Man kann einen großen Brocken Fleisch, eine Stange Wurst, einen großen langen Strudel eben auch nicht auf einmal in den Mund stecken, man nimmt ihn Bissen um Bissen, schneidet sich Spalterln ab – und es geht.«

Hans Groër wurde am 13. Oktober 1919 in Wien geboren. Er war das dritte Kind des Berufsoffiziers Franz Groër und er war zehn Jahre alt, als die Familie nach Brünn übersiedelte und er allein in Wien zurückblieb, um das Bundesgymnasium in Hietzing zu besuchen. 1933 tritt er mit 14 Jahren in das Knabenseminar Hollabrunn ein, das zu dieser Zeit eher den Charakter einer Kadettenanstalt hat. Eine für das Verständnis seiner späteren Entwicklung wichtige Konstellation. Schon damals, beim Eintritt in Hollabrunn, soll sich Groër für den Priesterberuf entschieden haben.
1937 maturiert er mit Auszeichnung und beginnt sein Theologiestudium an der Wiener Universität. Die Familie kehrt nach Wien zurück und bezieht eine Wohnung in der unmittelbaren Umgebung des Stephansdomes. 1941 – im Jahr seiner Weihe zum Diakon – wird Groër als Sanitätssoldat zur deutschen Luftwaffe eingezogen. Am 12. April 1942 wird er in der Andreaskapelle des Erzbischöflichen Palais von Kardinal Innitzer zum Priester geweiht. Die Primizpredigt, die Predigt in seiner ersten heiligen Messe, hält eine Woche darauf im Stephansdom Friedrich Wessely, der später die Legion Mariens in Österreich gründen wird.
Wegen Krankheit aus der Wehrmacht entlassen, tritt der junge Priester seinen ersten Dienst als Kaplan in Petronell an, übersiedelt aber im selben Jahr nach Bad Vöslau. 1946 wird er Studienpräfekt und Religionslehrer am Erzbischöflichen Knabenseminar Hollabrunn, 1949 promoviert er, 1960 wird er Konsistorialrat, 1962 Monsignore. 1969 beginnt er den alten Wallfahrtsort Maria Roggendorf wieder zu beleben. Die Wallfahrten finden am 13. jedes Monats statt – in Erinnerung an die Marienerscheinungen von Fatima. 1970 wird er geistlicher Leiter der Legion Mariens. 1971 ändert die Gemeinde Roggendorf ihren Namen in Maria Roggendorf. 1973 gestattet Kardinal König die Gründung des Zisterzienserinnen-Klosters Marienfeld bei Maria Roggendorf, das 1980 fertig gestellt wird. Das Wiener Pries-

terseminar ist Groër zu liberal. Auch darum gründet er 1974 mit Johannes Kurz, dem Rektor des Erzbischöflichen Knabenseminars, das Aufbaugymnasium in Hollabrunn, dessen Direktor er bis zu seiner Ernennung zum Wiener Erzbischof bleibt.

Er ist ein Priester mit Charisma und einer weit über das Weinviertel hinauswirkenden Ausstrahlung. Er initiiert in Retz, Maissau, Mistelbach, Maria Roggendorf, Gänserndorf und Stockerau Jugendgruppen der Legion mit insgesamt 292 Mitgliedern. Durch seine Lehrtätigkeit prägt er den Priesternachwuchs. Maria Roggendorf zieht nicht nur die Marienbewegten an, sondern viele Katholiken, die zur Basis des reinen, einfachen Glaubens zurückfinden wollen. Die Legio Mariae gewinnt innerkirchlich an Einfluss. Ziel der 1921 von dem Iren Frank Duff gegründeten Marienbewegung ist, wie es in ihrem Handbuch heißt, »die Verherrlichung Gottes durch die Heiligung der Mitglieder im Gebet und aktive Mitarbeit an der Aufgabe Mariens und der Kirche: der Schlange das Haupt zu zertreten und das Reich Christi auszubreiten«. Das Handbuch preist neben Mariens »tiefer Demut und vollkommenem Gehorsam« auch ihre makellose Reinheit. Die Legion strebe nach »ihrer alles umfassenden Abtötung« fleischlicher Gelüste.

Am 13. Dezember 1973 leitet Clemens Lashofer, den die Göttweiger Benediktiner wenige Monate vorher zu ihrem Abt gewählt haben, die 45. Monatswallfahrt nach Maria Roggendorf. Groërs Angebot, mit mehreren Mitgliedern der Legion in den Benediktinerorden einzutreten, muss ihm attraktiv erscheinen. Man spricht über einen Klosterbau in Maria Roggendorf. In den letzten zehn Jahren hatte der Orden im Durchschnitt nur eine Neuaufnahme pro Jahr. Groërs Angebot scheint das Nachwuchsproblem auf einen Schlag zu lösen. Der Abt sollte aber auch wissen, dass sich diese künftigen Benediktiner zum strengen Stillschweigen über alle Angelegenheiten der Legion Mariens verpflichten

mussten. Sieht der Abt nicht das Konfliktpotential, das er sich einhandelt, wenn so viele Mitglieder einer straff organisierten, geheimniskrämerischen Laienbewegung in einen Mönchsorden eintreten, der seinerseits volle Loyalität beansprucht? Groër erhält den Ordensnamen Hermann.
Der Aufstieg dieses Kardinals wirkt auf den ersten Blick geradezu wie ein Musterbeispiel für den Lebensweg eines spirituellen Priesters mit starker Ausstrahlung. Ein durch und durch Vergeistigter, könnte man meinen, dem mit größter Selbstverständlichkeit jene äußeren Ehrungen zufallen, nach denen zu greifen er viel zu bescheiden wäre, und der mit Demut und Beharrlichkeit seiner inneren Berufung folgt. Doch parallel dazu läuft jene der Welt verborgene, von allen Informierten vertuschte andere Karriere, die erst nachträglich ohne Anspruch auf Vollständigkeit rekonstruiert werden kann.
Schon im Schuljahr 1962/63 belästigte Groër mehrere Monate lang einen damals 13-jährigen Schüler. Der Betroffene sprach darüber erst Jahrzehnte später. Im gleichen Schuljahr kam es zum ersten Schülerselbstmord in der Geschichte des Knabenseminars. Der Arzt stellte Sinnesverwirrung fest. Ein Mitschüler las im Tagebuch des Toten. »Rektor Johann Kurz verpflichtete ihn zum Schweigen: Würde er reden, käme er in die Hölle«, berichtet der ehemalige »profil«-Herausgeber Hubertus Czernin in seinem »Buch Groër«.
Bei den Mädchen war Groër eine pädagogische Katastrophe. Eine klinische Psychologin und ehemalige Schülerin des Hollabrunner Bundesgymnasiums schrieb nach den ersten Enthüllungen dem »Standard«: »Wir Mädchen bekamen deutlich zu spüren, dass zum inneren Kreis um den ›geistlichen Führer‹ nur Burschen gehören konnten. Groër hat uns immer unsere Zweitrangigkeit fühlen lassen. Immer wieder ertönte der Appell, unsere Reinheit zu bewahren, schon zu einer Zeit, als wir gar nicht wussten, was damit gemeint sein könnte. Den Satz ›Ein Mädchen muss sein wie

eine feste Burg‹ habe ich bis zum Überdruss von ihm gehört.« Sie berichtet auch von einer »Aura von alles umfassender Sexualisierung, die ständig um ihn lag. Aus dem Jahr, in dem er mein Religionslehrer war, erinnere ich mich keines anderen Themas als der Sexualität ... er schwelgte in Andeutungen, die er mit anzüglichem Lächeln zelebrierte, dadurch laufend unser Interesse neu erweckend und nie befriedigend.«

Offenbar ist er keiner von der Sorte, die ihre Triebziele mühsam einkocht. Einem Nachhilfeschüler trägt er das Duwort an, was dieser aber ablehnt. »›Dann darf ich dir wenigstens einen Bruderschaftskuss geben.‹ Da spürte ich seine rechte Hand auf meinen Genitalien, seine linke auf meiner Schulter und sein Kopf näherte sich mir mit offenem Mund und herausgestreckter Zunge. Ich habe ihm eine volle Breitseite gegen seinen Körper gegeben. Er fiel hin und ich bin davongelaufen.« Es ist schwer vorstellbar, dass ein solches Verhalten nicht aufgefallen, dass der Leitung des Seminars tatsächlich nichts zu Ohren gekommen sein sollte. In Göttweig jedenfalls war Groërs Pädophilie bereits bekannt. Der Prior sprach ihn vor seinem Eintritt darauf an, begnügte sich aber mit der Versicherung, die Sache sei vorbei. 17 der 21 bis 1980 neu eintretenden Mönche verdankt das Kloster Pater Hermann. Sieben dieser 17 werden später Belästigungen unterschiedlichster Intensität durch ihn einbekennen, zwei teilten zeitweise sein Bett. Von einem Vorfall des Jahres 1976, ebenfalls nachzulesen bei Czernin, könnte man schwerwiegende Fragen ableiten. Ein 1974 zugleich mit Groër eingetretenes Ordensmitglied will von einem Schüler, der über Beziehungen zum Knabenseminar Hollabrunn verfügt und ebenfalls der Legion Mariens angehört, Näheres über sexuelle Übergriffe Groërs erfahren. Der Schüler erklärt, solche Geschichten nur vom Hörensagen zu kennen. Der Pater schlägt ihm vor, nach Göttweig zu kommen und das Gehörte als Selbsterlebtes zu schildern. Der Schüler lehnt ab mit dem Satz: »Sie sind ein Schwein.« Der Geistliche machte später unter Groër Karriere in der Erzdiözese Wien.

»Die Sache« war offenbar auch bei der Ernennung zum Wiener Erzbischof nicht vorbei. Im September 1987 versäumte ein erst fünf Tage vorher in Göttweig eingetretener Benediktiner seinen Autobus und übernachtete im Kloster Marienfeld, wo er vom Wiener Erzbischof in sein Zimmer gebeten und bedrängt wurde.

Im Oktober 1994 bietet Groër dem Papst wegen Erreichen der im Kanonischen Recht festgelegten Altersgrenze seinen Rücktritt an. Johannes Paul II. beauftragt ihn, sein Amt bis auf weiteres auszuüben. In Kirchenkreisen wird längst über die Erpressbarkeit des Kardinals geredet. Im März 1995 sprengt er sich mit seinem Fastenhirtenbrief selbst in die Luft. Sein Aufruf zur Reinigung der öffentlichen Moral und die von ihm zitierte Bibelstelle »Täuscht euch nicht! Weder Unzüchtige noch Götzendiener, weder Ehebrecher noch Lustknaben noch Knabenschänder werden das Reich Gottes erben« empören den ehemaligen Groër-Schüler Josef Hartmann derart, dass er Chefredakteur Josef Votzi, der ihm als ehemaliger Hollabrunn-Zögling dem Namen nach bekannt ist, einen Besuch abstattet. Bisher war kein Groër-Opfer bereit, öffentlich zu seinen Anschuldigungen zu stehen. Hartmann ist dazu bereit. Votzi nimmt mit ihm ein ausführliches Interview auf, das notariell beglaubigt wird. Die Tageszeitungen haben eine mehrtägige Schrecksekunde. Dann kommt der Stein ins Rollen.

Sieben Jahre zuvor, 1988, hat sich Hartmann vergeblich um einen Job im Pastoralamt der Wiener Erzdiözese bemüht. In seinem Bewerbungsschreiben wies er ausdrücklich auf seine glückliche Mittelschulzeit im Knabenseminar Hollabrunn und auf seine lange Zusammenarbeit mit dem nunmehrigen Erzbischof hin. Groër sei »das Fundament für mein Leben geworden und auch geblieben«. Wäre Josef

Hartmann der einzige Zeuge gegen Groër, ließe sich mit diesem Brief seine Glaubwürdigkeit in Frage stellen. Doch immer mehr Betroffene und Wissende brechen nun ihr Schweigen. Groër brachte seine Opfer in ein von extremer Ambivalenz gekennzeichnetes Abhängigkeitsverhältnis. Nicht nur Hartmann, sondern auch andere litten noch Jahre, nachdem sie sich von ihm gelöst hatten, unter einem Hin und Her von Abscheu und Bewunderung. Hartmanns Bewerbungsschreiben, in dem Groër-Verteidiger einen Beweis seiner Unglaubwürdigkeit sahen, kann man auch als das Gegenteil lesen, nämlich als Beispiel für die Verwüstungen, die Groër in den Seelen seiner Opfer anrichtete.

Sofort nach Erscheinen des Artikels »Outing eines ehemaligen Lustknaben« stürzt Weihbischof Christoph Schönborn zu Weihbischof Helmut Krätzl, der die von Schönborn formulierte öffentliche Erklärung – die beide bald bedauern werden – ebenfalls unterschreibt. Darin wird die Enthüllung von Groërs Verfehlungen mit den Priesterprozessen der Nazis verglichen, von Verleumdungspraktiken gegen die Kirche, von menschenunwürdigen Praktiken, von Widerstand, Ehrfurcht vor dem geistlichen Amt und Freiwild ist die Rede. Doch diese Erklärung trägt nur dazu bei, dass sich immer mehr Zeugen melden. Eine weitere, mittlerweile verstorbene Hollabrunner geistliche Autorität soll Zehnjährige einzeln in inniger Umarmung ausgefragt haben, »ob wir schon masturbieren und solche Sachen«, ein Schüler, »der immer sehr verstört von diesen Treffen zurückkam«, soll später Selbstmord verübt haben, Schüler seien abends regelmäßig zum so genannten »Betthupferl« in die Wohnung des Betreffenden geholt worden.

Der Kardinal lässt sich im Stephansdom von Mitgliedern der Legion Mariens mit minutenlangem Applaus begrüßen und erzählt ihnen, ein Jurist habe ihm für sein »beharrliches und treues Schweigen« gedankt. Ein in Salzburg lebender Benediktinerpater hält in einem Brief an die Bischöfe Aichern, Kapellari, Krätzl, Stecher und Weber am 8. April 1995 die Geschichte Hartmanns für authentisch. Inzwischen hat er von Betroffenen Dinge erfahren, die seine Befürchtungen übertrafen: »Zungenküsse oder durch Drängen erzwungene gegenseitige Massage (splitternackt) gehörten zum Repertoire.« Er meint, dass »kein homosexuelles Vergehen im engeren Sinn vorliegt, sondern ›nur‹ verschiedene Formen der Homo- bzw. Pädophilie«. Auch ihn selbst hat »der Blitz gestreift«: Er konnte nach einem Zungenkuss weitere Zärtlichkeiten abwehren. Er hat Abt Clemens auf die homophile Atmosphäre um Groër aufmerksam gemacht. In seinem Brief erwähnt er auch Groërs »Art der ›geistlichen Führung‹, die irgendwie sektenähnlichen Verhaltensmuster und ganz spezifische gruppendynamische Strukturen ... die religiöse Abkanzelung (als ›bös‹, ›Judas‹, ›vom Satan Befallene‹) und menschliche Verachtung derer, die ›untreu‹ wurden.«

Am 4. April wird Groër in der Bischofskonferenz noch mit der knappen Mehrheit von acht zu sieben Stimmen zum Vorsitzenden gewählt – mit einem so verheerenden Echo, dass er bereits zwei Tage später in einer Sitzung, die angeblich emotional kaum zu ertragen war, resigniert. Der Grazer Diözesanbischof Johann Weber übernimmt den Vorsitz. Am 13. April wird Weihbischof Christoph Schönborn zum Erzbischof-Koadjutor ernannt. Am 15. Mai entschuldigt sich Christoph Schönborn anlässlich seines Amtsantritts als Erzbischof-Koadjutor für die Anschuldigungen, die er gegen jene gerichtet habe, die den Kardinal beschuldigten. Der Kardinal ist nicht mehr zu halten.

Fast könnte man den Eindruck gewinnen, dass die Affäre Groër Österreichs Kirche einen neuen Aufbruch beschert. Ein neues, positives, leider nur sehr kurz verwendbares Etikett wird geboren: »lernfähig konservativ«. Alfred Worm kreiert es in »News« für Bischof Egon Kapellari. In derselben Ausgabe lesen wir in einem Kommentar des katholischen Publizisten Hubert Feichtlbauer, »dass ein Schwerthieb in dieses System der Selbst- und Welttäuschung einmal fällig war«. Je mehr die Kritik an Groër zu einer Kirchenverfolgung umstilisiert werde, desto mehr werde eine vorurteilsfreie Untersuchung fällig, schon im Sinn von Schadensbegrenzung. Man werde über Kirche, Sexualität und das Frauenbild der Kirche reden und schreiben müssen; was sie Priestern antue, denen sie Partnerschaft und Zärtlichkeit verwehrt, sei eine Frage der Menschenrechte. Mehr denn je müsse »die andere Kirche« bewusst gemacht werden, »die Kirche von Franz König und Helmut Schüller, die Kirche der zahl- und namenlosen Diener in Spitälern und Schulen und Altenheimen, die Kirche der Pfarr- und Entwicklungshelfer, die Kirche der Frohbotschaft und der Freudenquellen vielfältiger Art«. Im Juni unterschreiben 500000 Katholiken das Kirchenvolks-Begehren.

Am 13. September 1995, dem neunten Jahrestag seiner Bischofsweihe, verlässt Kardinal Groër still das Erzbischöfliche Palais. Am Dankgottesdienst für sein Wirken am folgenden Tag nimmt er nicht mehr teil. Groër, der zunächst bei den Zisterzienserinnen in Marienfeld wohnt, tritt bereits Anfang 1996 sein neues Amt als Prior von St. Josef in Maria Roggendorf an. Im Mai tritt eine Integrationsfigur des Konvents deshalb aus Göttweig aus. Damit beginnt nun die Eskalation im Stift. Alles, was mühsam unter die Teppiche gekehrt wurde, quillt hervor. Am 30. November 1997 erklärt der Prior dem Abt, »dass er von einem Vorfall mit Groër wisse, der erst ein Jahr zurückliege«. Abt Clemens stimmt zu, dass Groër als Prior von St. Josef abgelöst werden müsse, bleibt aber weiter untätig.

Die Auseinandersetzungen münden, publizistisch begleitet von laufend informierten Medien, im Rücktritt Groërs vom Amt des Priors und im Ansuchen des Stiftes Göttweig um Apostolische Visitation. Am 27. Februar 1996 erklären Erzbischof Schönborn, seit kurzem Kardinal, und die Bischöfe

Eder, Kapellari und Weber, sie seien zur »moralischen Gewissheit« gelangt, dass die Vorwürfe gegen Groër im Wesentlichen zutreffen. Der Vatikan beauftragt den Abt-Primas des Benediktinerordens Pater Marcel Rooney mit der Leitung der Untersuchungen. Sie beginnen am 2. März 1998.
Der »Standard« vom Gründonnerstag, 9. April, weiß bereits, dass Abt Lashofer wie Phönix aus der Asche steigen wird, Groër aber einbekennen muss, schuldig geworden zu sein: »Das ist nicht viel, aber doch etwas.« Im Lauf des Tages veröffentlicht die katholische Presseagentur Kathpress Teile des Visitationsberichtes. Selbst langgediente Kirchen-Angestellte hätten nach Worten gerungen, »denn der Brief des Kongregations-Präfekten Eduardo Martinez Somalo liest sich wie ein ›Persil-Schein‹ für Göttweig«, schreibt Norbert Stanzel im »Kurier« und Dietmar Neuwirth meint in der »Presse«, Abt Lashofer dürfe sich über »eine in dieser Form wahrscheinlich auch für ihn selbst überraschende Reinwaschung« freuen, »zumindest in den Teilen des Schreibens, die der Öffentlichkeit selektiv weitergegeben wurden (war es nicht Papst Johannes Paul II., der einmal von der Kirche verlangt hatte, sie solle ein Haus aus Glas sein?)«.
Fünf Tage später gibt Groër die erwartete Erklärung ab. Das Echo ist eine Katastrophe. Das »Geständnis« des Kardinals lautet: »In den vergangenen drei Jahren hat es zu meiner Person zahlreiche oft unzutreffende Behauptungen gegeben. Ich bitte Gott und die Menschen um Vergebung, wenn ich Schuld auf mich geladen habe. Selbstverständlich bin ich bereit, einer Bitte des Heiligen Vaters zu entsprechen, meinen bisherigen Wirkungskreis aufzugeben.« Da fehlt nun wirklich nur noch Jörg Haiders berüchtigtes »Meinetwegen«. Mit der resignierten Feststellung, dass »für einen Menschen von solch extrovertierter, ja süßlicher Frömmigkeit, nicht wahr sein kann, was nicht wahr sein darf«, kommentiert Andreas Unterberger in der »Presse« Groërs Erklärung. Im »Standard« stellt Günter Traxler fest,

dass ein Bekenntnis solcher Allgemeinheit »einem gewöhnlich unsterblichen Katholiken in der Ohrenbeichte wohl kaum abgenommen würde«.
Der berühmte anonyme Kolumnist Cato der »Kronen Zeitung« freilich beharrt nach wie vor auf der Unschuldsvermutung und stellt »all die anderen, die inzwischen gegen den greisen Kardinal aufgetreten sind«, auf eine Stufe mit Hartmann, dessen Bewerbung um einen Posten im Pastoralamt er zitiert. Zum guten Teil seien es ehemalige Klosterbrüder, die »über die Mauer gesprungen« seien, »Menschen also, die das Kloster verlassen haben und die jetzt in ihrer Seele Begründungen dafür suchen mögen«. Als würde das Verlassen des Klosters ihre Glaubwürdigkeit beeinträchtigen. Als wären sie nicht gerade Groërs wegen »über die Mauer gesprungen«.
Welche Schlüsse soll man daraus ziehen, dass sich vorwiegend Erzkonservative für einen Kardinal in die Bresche werfen, dessen Sexualverhalten nicht nur keusche Nonnen anwidert? Kardinal Groër sei ein unschuldiges Opfer, teilt Bischof Krenn am 11. Jänner 1998 in der Sendung »Zur Sache« mit und Robert Prantner (S. 113) verkündet am 22. Februar in der gleichen Sendung, er wisse aus höchsten vatikanischen Quellen, dass der Heilige Vater voll und ganz hinter Groër stehe. Es werde für Groër überhaupt keine Konsequenzen geben. Der Kärntner Bischof Egon Kapellari fährt Krenn über den Mund. Die Printmedien beschäftigen sich bereits lang und breit mit der Frage, ob der Papst Groër die Kardinalswürde entziehen oder ihn veranlassen werde, selbst auf sie zu verzichten. Auch Bischof Krenn sehen viele schon in Rom entsorgt. Doch außer der windelweichen »Wenn-ich-Schuld-auf-mich-geladen-habe«-Erklärung und einem mehrmonatigen »Erholungsaufenthalt« bei den Dresdner Nazareth-Schwestern gab es für Groër keine Konsequenzen.
Lässt man den geistigen Background der Beteiligten sowie

Wert und Würde der Institution Kirche außer Acht, gibt es auffallende Parallelen zwischen Groër und dem Kommunegründer Otto Mühl. Beide nützten die Hilflosigkeit Minderjähriger und Abhängiger rücksichtslos aus: Groër die der Seminaristen und Mönche, Mühl die der in seiner Kommune heranwachsenden Mädchen. Beiden war es nicht nur um Sexualität zu tun, sondern um völlige Unterwerfung. Beide drängten ihren Schutzbefohlenen auf, was diese angeblich benötigten. Mühl unterwarf sich die Mädchen seiner Kommune unter Berufung auf eine abstruse sexuelle Emanzipation. Er brauche Zuwendung, brauche Zärtlichkeit, redete Groër Hartmann ein. »Weil Jesus in dir ist«, antwortet er einem anderen auf die Frage, warum er ihn küsse. Der eine hielt sich für den Verkünder des göttlichen Willens, der andere wohl für eine Art Kreuzung aus Weltgeist und Stammeshäuptling. Groër wie Mühl machten sich zum Mittelpunkt einer Sekte oder eines sektenartigen Kults. Beide strebten nach Abschottung. Mühl gründete seine eigene Sekte, Groër begab sich mit seinen Legionären in die Klosterklausur. Mit der Kommunität St. Josef in Maria Roggendorf schuf er sich eine Abschottung innerhalb der Abschottung.

Groër wurde aus dem Verkehr gezogen, im wahrsten Sinn des Wortes. Das eigentliche Problem wurde nicht erörtert: Wie war es möglich, dass der Knabenschänder erst aufflog, als seine Verfehlungen längst verjährt waren? Wie konnte die anzügliche Frage »Bist du auch durch seine Hände gegangen?« zum stehenden Satz unter Klerikern werden, ohne dass die Alarmklingeln schrillten? Hat nicht jeder, der von Groërs Verfehlungen erfuhr, aber untätig blieb, ebenfalls eine Verfehlung begangen? Wieso musste nur Groër sein Amt niederlegen?

Das Hirtenamt lehrt nicht nur durch das Wort, sondern auch durch das Beispiel. Eine vorsichtig ausgesprochene Mahnung schadet keiner Karriere, lautet für alle Stufen der kirchlichen Hierarchie die Lehre aus dem Falle Groër. Doch vermeide alles, was darüber hinausgeht! Denn wer sich beschwert, wird nicht gehört. Wer sich aber zu laut beschwert, wird gemaßregelt wie Pater Udo Fischer. Wer schweigt und andere zum Schweigen bringt, wird hingegen mit Lob in seinem Amte bestätigt. Das Ende der Affäre Groër war eine Apotheose des Gehorsams. Es bestätigte ihn triumphal als höchsten Wert und tiefsten Sinn der Hierarchie, erhaben über alles andere, Gebote, Gewissen, Gerechtigkeitsgefühl. In diesem Sinne ist im Stift Göttweig die Welt wieder in Ordnung.

Die Außenwelt sieht es freilich anders.

Der abgetretene Erzbischof lebt zurückgezogen bei den Zisterzienserinnen in Marienfeld. Es soll ihm trotz eines langsam voranschreitenden Prostata-Karzinoms psychisch und physisch einigermaßen gut gehen. Kardinal Schönborn und Nuntius Squicciarini schauen angeblich dann und wann vorbei. Hämische Kommentare vor dem 13. Oktober 1999, dem 80. Geburtstag Groërs: Mancher Kirchenfürst habe sich das Datum rot angestrichen, weil mit diesem Tag die Gefahr gebannt sei, der Kardinal könnte zu einem etwaigen Konklave erscheinen. Am 4. Dezember reist er mit seinem ehemaligen Sekretär Michael Dinhobl wohl zum letzten Mal nach Rom. Nur Bischof Krenn und der Nuntius haben von dem zwanzigminütigen Vieraugengespräch mit dem Papst anlässlich von Groërs Geburtstag vorher gewusst. Ende Dezember 1999 erschien sein Buch »Maria im Geheimnis Jesu Christi«.

Selbstverständlich ist und bleibt er Kardinal. Doch Wunschdenken oder Schlamperei: Nach dem Abgang des Erzbischofs prangte noch zweimal sein Konterfei auf »profil«-Umschlägen mit der Unterschrift »Ex-Kardinal Groër«.

Zwischen Konstantin und Cyberspace

Christoph Schönborn
*1945; Erzbischof seit 1995,
Kardinal seit 1998.

Wahlspruch: Vos autem dixi amicos – Ich nenne euch Freunde

Christoph Schönborn hat eine positive, sympathische Ausstrahlung. Das unterscheidet ihn von vielen bisher von Papst Johannes Paul II. ernannten Oberhirten. Auch wurde er nach dem Satyrspiel als Erlösung empfunden. Er trat sein Amt also unter unerfreulichen äußeren Umständen an, doch begleitet von den positiven Erwartungen seiner Diözese und mit einem ausreichenden Vertrauensvorschuss. Er gilt als intelligenter, anständiger, liebenswürdiger und frommer Konservativer.

Die Grafen Schönborn stellten seit dem Dreißigjährigen Krieg zahlreiche hohe geistliche Würdenträger. Die Bistümer Würzburg und Bamberg sowie das Erzbistum Mainz wurden ein halbes Jahrhundert lang von Geistlichen der Familie Schönborn regiert. Bis zu fünf Kurfürsten und Fürstbischöfe dieses Namens herrschten zu gleicher Zeit. Der Prager Erzbischof Kardinal Franz Schönborn reiste 1895 nach Rom, um den Papst von der Gefährlichkeit der Christlichsozialen zu überzeugen. Christoph Schönborn selbst wurde am 22. Jänner 1945 als zweiter Sohn von Hugo-Damian Graf Schönborn in Skalsko, Böhmen, geboren und kam bei Kriegsende mit seinen Eltern auf der Flucht nach Vorarlberg. Er ging in Schruns und Bludenz in die Schule, trat mit 18 Jahren in den Dominikanerorden ein, wurde am 27. Dezember 1970 von Kardinal König in Wien zum Priester geweiht und studierte Theologie und Philosophie unter anderem in Wien und Paris.

Der 1979 verstorbene Vater war Künstler, an der psychologischen Wirkung der Farben in der Architektur besonders interessiert und ein aufgeschlossener Mann. Er lebte von der Familie getrennt und hatte auf Christoph Schönborns Entwicklung kaum Einfluss. Starken Einfluss sollen der Schweizer Theologe Kardinal Hans Urs von Balthasar und die österreichische Vorkämpferin für Frieden und Gewaltlosigkeit Hildegard Goss-Mayr ausgeübt haben. Einer seiner Lehrer war der derzeitige Präfekt der Glaubenskongregation Kardinal Joseph Ratzinger, zu dem er nach wie vor einen ausgezeichneten Draht hat. In Paris, wo er promovierte, kam er mit dem Dominikanerpater, Dogmatik-Professor und späteren Kardinal Yves Congar in Berührung, von dem er angeblich stark geprägt wurde. Er beschäftigte sich aber lieber mit den frühen Kirchenlehrern als mit Congars neuer Theologie.

Ab 1975 lehrte Schönborn an der katholischen Universität von Fribourg, Schweiz, katholische Dogmatik und Ostkirchenkunde. Er erwarb sich einen Ruf als erzkonservativer Dogmatiker, dessen Einstellung die Studenten auf die Palme brachte, und wurde 1981 Ordinarius. Ebenfalls 1981 wurde er in die internationale Theologenkommission des Heiligen Stuhls berufen, 1987 sodann Redaktionsmitglied des neuen Weltkatechismus mit Sitz in Rom. Viele Theologen zerzausten das 1992 erschienene Werk, in den Augen des Papstes war dies wohl eher eine Empfehlung.

Kenner Schönborns sind davon überzeugt, dass das Ziel seiner Träume Rom ist, eine Aufgabe in Rom – von der Atmosphäre Roms und des Vatikans sei er »total fasziniert«.

Der Papst ernannte Schönborn am 11. Juli 1991 zum Weihbischof der Diözese Wien und am 13. April 1995 zum Koadjutor Erzbischof Groërs, dessen Nachfolge er am 14. September 1995 automatisch antrat. Am 1. Oktober wurde er feierlich in sein Amt eingeführt. Er bekannte, wenig Erfahrung als Seelsorger zu haben, soll aber sofort begonnen haben, das Versäumte nachzuholen, indem er unerkannt im Beichtstuhl amtierte. Seine populärste Maßnahme war unmittelbar nach seinem Amtsantritt die Ernennung des Caritas-Präsidenten Helmut Schüller zum Generalvikar. »Dream team« schrieb darüber das Nachrichtenmagazin »profil«. Dass er 1996 die Fastenexerzitien für Johannes Paul II. und die Kurie leiten durfte, bedeutete eine besondere päpstliche Gunstbezeugung. Am 18. Jänner 1998 gab Papst Johannes Paul II. beim Angelus-Gebet auf dem Petersplatz bekannt,

dass er den Wiener Erzbischof und 18 weitere zu Kardinälen ernannt hatte.
Schönborn hatte ausgesprochenes Pech. Seinem Amtsantritt als Erzbischof unter unerfreulichen Begleitumständen folgte die Kardinalsernennung ebenfalls unter unerfreulichen Begleitumständen. Sie platzte mitten in die in Göttweig ausgebrochene zweite Groër-Krise hinein. Auch wurde die Freude an der Zeremonie auf dem Petersplatz am 21. Februar durch das unvermutete Auftreten Groërs in Rom getrübt.
Mit der Prophezeiung, Schönborn könne mit dem nötigen Mut noch einer der ganz großen Bischöfe dieser Stadt werden, begrüßt Andreas Unterberger in der »Presse« den neuen Kardinal. Mut gilt derzeit nicht gerade als Eigenschaft, mit der man sich für höhere Aufgaben empfiehlt. Wenn Anton Gruscha und Franz Schönborn Männer waren, die die Welt nicht mehr verstanden, so erscheint Christoph Schönborn eher als jemand, der Rom und die Welt zu gut versteht, um sich gegen die Machtverhältnisse in der Kirche und den von oben vorgegebenen Kurs aufzulehnen. Denn die Kirche wird heute zentralistischer und autoritärer geführt als je zuvor.
Ein berühmter Ausspruch von Pius XII. könnte auch von Johannes Paul II. stammen: »Ich brauche keine Berater, ich brauche ausführende Organe.« In den eineinhalb Jahrtausenden seit dem römischen Kaiser Konstantin war die Machtteilung zwischen dem Papst und den katholischen Herrschern eine Kardinalfrage, ein cardo, eine Türangel der Weltordnung. Die Kirche war Stütze und transzendente Legitimation der Herrschenden und wurde von den Herrschenden gestützt. Dafür hatten die weltlichen Herrscher ein Mitspracherecht in der Kirche. Unter diesem Pakt wurde das Christentum zur Staatsreligion, daran hat sich bis tief ins 19. Jahrhundert wenig geändert. Kardinal Gruscha empörte sich zwar in seiner Jugend gegen die josefinische

Bevormundung der Kirche, aber mit keinem Wort gegen das Recht der Landesfürsten, die Kandidaten für freie Bischofssitze zu nominieren.

Stück für Stück verlor in relativ kurzer Zeit der Papst den Kirchenstaat und die Kirche ihre Macht- und Vorzugsstellungen in vielen Ländern. Hand in Hand damit ging ein innerer Konsolidierungsprozess, der in der Aufwertung der päpstlichen Zentralmacht und schließlich im absoluten päpstlichen Machtanspruch mündete. Die Welt hat sich vom Absolutismus verabschiedet, die katholische Kirche ist ihm verfallen. Erstarrter und unflexibler als je zuvor tritt sie ins Zeitalter des Cyberspace. Ein Modewort, gewiss. Doch es steht für eine bis in den letzten Winkel veränderte Welt, so durchgreifend verändert wie einst die antike Welt durch das Christentum.

Der Kirche müsste vor allem anderen daran gelegen sein, diese Welt mit ihrer Botschaft der Nächstenliebe, die ja hoffentlich noch den Mittelpunkt ihrer Bemühungen bildet, zu durchdringen. Doch in Nebensätzen verrät sich der kleine Mann ebenso wie die Macht. Und in der Hitze des Gefechts besonders leicht. Etwa des Gefechts gegen John Cornwell, dem in seinem Buch »Pius XII. – Der Papst, der geschwiegen hat« der eine oder andere Irrtum unterlaufen ist. Doch um Cornwells Schnitzer geht es hier nicht. Die »Furche« brachte auf zwei Debattenseiten pro und kontra Cornwell auch einen Beitrag des Untersuchungsrichters im Seligsprechungsverfahren des Pacelli-Papstes, Pater Peter Gumpel SJ, gegen die »billigen und verleumderischen Angriffe auf den heiligmäßigen Papst Pius XII.«. Er wirft Cornwell vor, er polemisiere »laufend gegen das Papsttum und die gottgewollten Strukturen der Kirche«. Eine klassische Fehlleistung, in der sich ein Denken verrät. Als wären die Strukturen der Glaube. Jesuitenpater Gumpel weiss natürlich, wie oft die Kirche schon ihre Strukturen verändert hat. Wenn sie gottgewollt sind, waren auch ihre Veränderungen gottgewollt und dann wird es wohl auch die nächste sein. Daher darf man ohne Angst vor Gott auch gegen die derzeitigen Strukturen polemisieren. Dass ein Mitglied der Hierarchie dabei vor dem Papst Angst haben muss, ist eine andere Sache.

Diese Angst vor dem Papst führt allenthalben zum Verlust der Flexibilität und zur Stagnation der Anpassungsprozesse, die für das Überleben der Kirche in einer pluralistischen, demokratischen Medienwelt unerlässlich wären. Die Hirten wissen es. Die Rolle der Kirche in der Gesellschaft werde nicht mehr so groß sein, sie werde zum Minoritätenprogramm, erklärte Erzbischof Schönborn in einer »Pressestunde« des österreichischen Fernsehens nach der Bekanntgabe seiner Kardinalsernennung. Was er gegen die Lebenskrise der Kirche anzubieten hat, orientiert sich jedoch weniger an der Wirksamkeit als am Wohlgefallen Roms. »Mehr missionarisch« müsse man halt sein, grundsätzlich aber sei es die Aufgabe der ganzen Gesellschaft, darauf zu achten, dass religiöse Werte »nicht verdunsten«.

Wirkungsvoller wäre die Aufgabe unhaltbarer Positionen, um die essentiellen um so glaubwürdiger vertreten zu können. Das klassische Beispiel einer essentiellen Position ist das Abtreibungsverbot. Über diesen Schatten kann die Kirche nicht springen. Sie wird also, wie Kardinal König im September 1987 bei einer Konferenz der Katholischen Aktion in St. Pölten, die Fristenlösung weiterhin als »offene Wunde« beklagen und damit leben müssen, dass der Staat seinen Bürgern gestattet, was die Kirche ihren Gläubigen verbietet. Mit diesem Verbot wiederum müssen die Katholiken leben.

Beharrt sie aber mit ihrer vollen Autorität auf sexuellen Normen, die von immer mehr Menschen nur noch als ärgerlich oder komisch empfunden werden, dann wird sie auch mit dem Abtreibungsverbot unglaubwürdig. So wirkt sie immer exotischer und macht sich zum Fremdkörper in der modernen Welt. Das Verbot der Empfängnisverhütung ist für die Kirche so wenig ein absolutes Muss wie der Zölibat, aber erst seit kurzem einzementiert. Papst Paul VI. hat lang um die richtige Antwort auf die Pille gerungen. Unnötiger Weise hat sich Johannes Paul II. dann mit dem zögerlich verkündeten Nein, von dem Kardinal König Paul VI. abgeraten hatte, eingebunkert.

In diesen angeblich gottgewollten Strukturen hat ein Bischof nur noch die Wahl, auf eine weitere Karriere zu verzichten – oder sich um den Preis der Selbstaufgabe anzupassen. Es sei denn, seine Vorstellungen würden sich ohnehin mit denen des Papstes decken. Es spricht vieles dafür, dass dies bei Kardinal Schönborn weitgehend der Fall ist.

Mit der Bestellung Schüllers zum Generalvikar schlug er zunächst zwei Fliegen mit einer Klappe. Schüller hatte als Caritas-Präsident und Motor der populären Bosnien-Hilfsaktion »Nachbar in Not« Kreativität und bemerkenswerte Management-Qualitäten bewiesen. Er schien geeignet, die organisatorischen Probleme der Erzdiözese zu lösen und dem Kardinal Freiraum für seine eigentlichen Aufgaben zu verschaffen. Er hat eine gute Hand für Öffentlichkeitsarbeit, im Gegensatz zum gehemmten, beim Umgang mit den Medien ungeschickten Schönborn. Er war außerdem ein Symbol für zentrale christliche Werte, für Nächstenliebe und soziales Engagement, zugleich auch für Offenheit, Dialogbereitschaft, Modernität.

Die Partnerschaft hielt etwas über drei Jahre bis zum Februar 1999. Wenige Tage, nachdem sich der Kardinal vom Generalvikar ohne Andeutung einer Verstimmung freundlich verabschiedet hatte, hinterlegte er, ohne die Klingel zu betätigen, auf dem Fußabstreifer vor dessen Wohnungstür den Kündigungsbrief. Das Medienecho war wieder einmal vernichtend. Damit war Schönborns Ruf, Konservativer und Reformer in einer Person zu sein, gestorben. So viel hatte der Kardinal schon lang nicht mehr über sich in Zeitungen und Magazinen gelesen und in der Summe derart Unfreundliches überhaupt noch nie.

Vor Schüllers Hinauswurf gab es einen schweren Konflikt zwischen dem Kardinal und dem Bischof von St. Pölten, Kurt Krenn. Indem er Groër öffentlich verteidigt, ist Krenn eine Provokation für die anderen Bischöfe. Indem er seine erzkonservativen Standpunkte aufdringlich und aggressiv vertritt, ist er ein permanentes Ärgernis. Wie er sich in der Bischofskonferenz aufspielt, macht er die Zusammenkünfte anderen zur Qual. Als Störenfried vom Dienst ist er ein Fressen für die Medien, stets gut für einen skandalträchtigen Sager, nie fad. Gerade weil er auf viele provozierend wirkt, bringt er Einschaltquoten. Er hat das Publikum. Der Papst schätzt kompromisslose Erzkonservative. Folglich schätzt er Krenn besonders.

Die Abneigung zwischen Schönborn und Krenn ist notorisch, obwohl sie eine ähnliche Linie vertreten. Im November 1998 kam es zum Konflikt darüber, wann Krenn den anlässlich des Ad-limina-Besuches der österreichischen Bischöfe in Rom fertig gestellten Fünfjahresbericht erhalten und ob er Gelgenheit gehabt hatte, vor der Veröffentlichung und vor seiner Abreise Einwände vorzubringen. Er gipfelte in Krenns auf dem Petersplatz in Rom in eine ORF-Kamera gesprochenem Satz: »Mir genügt's, wenn die Lügner das Maul halten.« Krenns Metropolitanbischof Kardinal Schönborn konnte nicht umhin, ihn auf sich zu beziehen. Die Krenn nahe stehende Zeitschrift »Der 13.« zitierte angebliche Adelskreise, die Schönborn »gräfliche Arroganz, vermengt mit einer gewissen Diplomatie und Lieblichkeit« bescheinigten. Schüller ergriff die Partei Schönborns und forderte offen Krenns Abberufung – in seiner Position sehr fürwitzig.

Die Annahme, Krenn habe seine Beziehungen in Rom spielen lassen und Rom Druck auf den Kardinal ausgeübt, stand im Raum. Schönborn betonte, die Entlassung habe andere

Gründe. Schüller habe die Diözese (mit 3000 Dienstnehmern und einem Budget von über einer Milliarde Schilling!) wie ein Unternehmen führen wollen, doch müssten die spirituellen Anliegen im Vordergrund stehen, erst dann könne »im Nachziehverfahren die Organisation kommen«. Es gibt keinen Grund, ihm nicht zu glauben. Insider berichteten von weiteren Differenzen, unter anderem wegen der von Schönborn geschätzten Erneuerungsbewegungen, denen der Generalvikar skeptisch gegenüberstand, und von der »nicht stimmenden Chemie«. Auch die Erklärung, der Kardinal habe einfach Führungsstärke demonstrieren wollen, machte die Runde.

Dass Schüller in Rom nicht gerade in hohem Ansehen stand, war ohnehin ein offenes Geheimnis. »Governare, cardinale!« (»Regier, Kardinal!«) soll Schönborn dort öfter gehört haben. Doch möglicherweise hat es keines Anstoßes aus Rom bedurft. Schüller wurde, bei aller Prinzipientreue in theologischen Fragen, mit der weltoffenen, gesprächsbereiten, reformfähigen Kirche identifiziert. Mit einer Kirche also, wie sie Kardinal König in idealer Weise verkörperte. Er wurde ganz gewiss nicht mit dem Neokatechumenat, mit Fokolare, charismatischer Erneuerung und so fort identifiziert. »Halleluja-Schlümpfe« nannte sie einmal der katholische Publizist Fritz Csoklich. Diese Erweckungs- und Erneuerungsbewegungen, die »Movimenti«, stehen aber beim Papst hoch im Kurs. Wer unter ihm Karriere machen will, hält besser Distanz zur weltoffenen, gesprächsbereiten, reformfähigen Richtung.

Die Nachfolge Kardinal Ratzingers an der Spitze der sensiblen Glaubenskongregation dürfte im Jahr 2002 aktuell werden. Wenn Schönborn ihr Präfekt werden will, könnte die Entlassung Schüllers zwar als Empfehlung wirken, das ausgelöste Medienecho aber als Gegenteil davon, nämlich als Zeichen, dass er seine Diözese nicht im Griff hat. Angeblich will im Vatikan ohnehin so mancher nicht gleich wieder einen Kardinal deutscher Sprache in dieser Funktion sehen. Mit Petrus harrte das von einem hingerichteten Aufrührer zurückgelassene Häuflein von Anhängern des erwarteten Weltendes. Mit Silvester II., Gerbert de Aurillac, schritt die Kirche vorsichtig, denn Jahrtausendwenden ist nie ganz zu trauen, doch mit Gottvertrauen in ihr zweites Millennium. Mit Johannes Paul II. torkelt sie ins dritte. Silvester, der erste französische Papst, galt als der größte Gelehrte seiner Zeit. Johannes Paul II. beendete die Ära der weltoffenen Bischöfe und setzte eifrige Hirten des einfachen Glaubens an ihre Stelle. Der erste französische Papst erstrebte die Erneuerung des Römischen Reiches im Sinne einer christlichen Theokratie und errichtete die Kirche in Polen. Der erste polnische Papst veranlasst die Christenheit zur bangen Frage, wie sie das nächste Jahrhundert überleben kann.

Mit einem Papst vom Zuschnitt des jetzigen dürfte es ihr schwer fallen, den Niedergang zu stoppen, auch wenn seine Bitte um Verzeihung für die von der Kirche begangenen Sünden ein Schritt in die richtige Richtung war. Nun wird der nächste Papst von einem über 100-köpfigen Kardinalskollegium gewählt, dessen Mitglieder bis auf zwölf (Stand 1. 3. 2000) Johannes Paul II. kreiert hat. Trotzdem muss man sich keine Sorgen machen, der nächste Papst könnte aus demselben Holz geschnitzt sein wie der jetzige. Heiner Boberski belegt in seinem Buch, dass der Versuch vieler Päpste, ihren Kurs durch die Auswahl ihnen ähnlicher »Kreaturen« zu prolongieren, seit 200 Jahren regelmäßig scheitert. Das eindrucksvollste Beispiel ist Pius IX., der nach seinem 32-jährigen Pontifikat – dem längsten in der Geschichte der Päpste – sämtliche Kardinäle kreiert hatte. Das Konklave wählte dann 1878 den Erzbischof Gioacchino Pecci, der damals mit seinen 68 Jahren als Übergangskandidat galt, aber als Leo XIII. sogar noch sein silbernes Papstjubiläum beging. Ruggiero Bonghi hatte Pecci ein Jahr zuvor vorausgesagt. Begründung: Er sei ein Antityp des

Vorgängers, habe sich aber durch seine Pastoralschreiben und als Förderer von Kunst und Wissenschaft empfohlen.
Die Kirche braucht dringend einen Antityp zu Karol Wojtyla. Johannes Paul II. hat sie auf die Position Anton Gruschas eingeschworen: Gott spricht zur Menschheit durch die kirchliche Hierarchie, und wo Gott spricht, hat Demokratie nichts verloren. Doch wenn man auch über die Glaubenswahrheiten nicht abstimmen kann, über die Vergabe der Ämter kann man es sehr wohl. Was der Moraltheologe Josef Scheicher in seinen Erinnerungen einst auf Gruschas Kolpingvereine münzte, trifft heute auf die Strukturen der Kirche zu: Gut für Menschen, die sich »den Vorgesetzten gerne ernennen lassen, die sich gerne fügen, kurz die keine demokratische Ader in sich haben«.
Die Biografie des Kardinals, mit dem Österreichs Kirche soeben ins dritte Jahrtausend schritt, ist noch lange nicht abgeschlossen. Seine Zukunft kann auch davon abhängen, welche Personalentscheidungen Johannes Paul II. noch trifft. Ob Schönborns Weg nach Rom führt und wie viel Mut ein Kardinal brauchen wird, um ein großer Kardinal in Wien zu werden, ist so offen wie die Zukunft der Kirche.

Zitierte Werke

Bischof, Ferdinand: Kardinal Gruscha und die soziale Frage. Dissertation, rechts- und staatswissenschaftliche Fakultät der Universität Wien, Wien 1959

Boberski, Heiner: Der nächste Papst – Die geheimnisvolle Welt des Konklave. Linz 1999

Cornwell, John: Pius XII. – Der Papst, der geschwiegen hat. München 1999

Czernin, Hubertus: Das Buch Groër – Eine Kirchenchronik. Klagenfurt 1998

Ebneth, Rudolf: Die österreichische Wochenschrift »Der Christliche Ständestaat« – Deutsche Emigration in Österreich 1933–1938. Mainz 1976

Fenzl, Annemarie (Hg.): Franz Jachym – Eine Biographie in Wortmeldungen. Wien 1985

Fried, Jakob (Hg.): Kardinal Innitzer. Wien 1945

Funder, Friedrich: Als Österreich den Sturm bestand – Aus der Ersten in die Zweite Republik. Wien 1957

Funder, Friedrich: Vom Gestern ins Heute – Aus dem Kaiserreich in die Erste Republik. Wien 1952

Gulick, Charles A.: Österreich von Habsburg zu Hitler. Wien 1950

Heer, Friedrich: Der Glaube des Adolf Hitler – Anatomie einer politischen Religiosität. München 1968

König, Franz: Glaube ist Freiheit – Erinnerungen und Gedanken eines Mannes der Kirche. Wien 1981

Krenek, Ernst: »Im Atem der Zeit – Erinnerungen an die Moderne«. Hamburg 1998

Krexner, Martin: Hirte an der Zeitenwende – Kardinal Friedrich Gustav Piffl und seine Zeit. Wien 1988

Kunz, Johannes (Hg.): Kardinal Franz König – Ansichten eines engagierten Kirchenmannes. Wien 1991

Liebmann, Maximilian: Die Rolle Kardinal Piffls in der österreichischen Kirchenpolitik seiner Zeit. Dissertation, katholisch-theologische Fakultät der Universität Graz, Graz 1960

Liebmann, Maximilian: Kardinal Innitzer und der Anschluß – Kirche und Nationalsozialismus in Österreich 1938. Graz 1982

Liebmann, Maximilian: Theodor Innitzer und der Anschluß – Österreichs Kirche 1938. Graz 1988

Loidl, Franz: Geschichte des Erzbistums Wien. Wien 1983

Matejka, Viktor: Das Buch Nr. 3. Wien 1993

Mühldorf, Karl: Erzbischof Dr. Theodor Innitzer – Unser Kardinal. Wien 1956

Nostitz-Rieneck, Georg (Hg.): Briefe Kaiser Franz Josephs an Kaiserin Elisabeth. Wien 1966

Posch, Otto: Anton Josef Gruscha und der österreichische Katholizismus 1820 bis 1911. Dissertation, philosophische Fakultät der Universität Wien, Wien 1947

Prantner, Robert: Katholische Kirche und christliche Parteipolitik in Österreich im Spiegel der katholischen Presse der Erzdiözese Wien unter der Regierung Kardinal Piffls von der Gründung der Republik bis zum Tode des Kirchenfürsten (1918–1932). Dissertation, katholisch-theologische Fakultät der Universität Wien, Wien 1955

Reimann, Viktor: Innitzer – Kardinal zwischen Hitler und Rom. Wien 1967

Schuschnigg, Kurt: Im Kampf gegen Hitler – Die Überwindung der Anschlußidee. Wien 1988